Le Chemin du Puy

vers Saint-Jacques-de-
Compostelle

GUIDE PRATIQUE DU PÈLERIN

JEAN-PIERRE SIRÉJOL
LOUIS LABORDE-BALEN

RANDO éditions

ET HOMME ENGAGÉ *que nous sommes tous ici est engagé dans un pèlerinage, ne disons pas vers lui-même, vers la vérité, ou vers l'origine : il est engagé dans quelque chose qu'il ne connaît pas, qu'il ne sait pas, qu'il n'imagine pas. Et qu'est-ce qu'un pèlerinage ?* Le pèlerinage est différent *d'un voyage. Quel est le mot important dans cette phrase ?* C'est le mot différent. *Toute notre histoire tourne autour de ceci :* il y a des différences *!*

Mounir Hafez

Itinéraire et photographies : Jean-Pierre Siréjol
Patrimoine : Louis Laborde-Balen

Cartographie : Pierre Le Hong et Philippe Valentin pour Rando Éditions
Maquette et mise en pages : Pierre Le Hong – Rando Éditions
Imprimé par Pollina (85, Luçon) - L49413

© ESO / Rando Éditions
4, rue Maye Lane – 65420 Ibos
www.rando-editions.com
accueil@rando-editions.com

Dépôt légal : février 2009 (précédent dépôt légal : avril 2008)
ISBN 978-2-84182-379-6

Auteurs et éditeur vous suggèrent des itinéraires. En aucun cas ils ne peuvent être tenus pour responsables d'éventuels accidents ou de modification des conditions de réalisation des parcours décrits dans cet ouvrage (qui dépendent de la forme physique de chacun, des conditions météo, des équipements en plus ou moins bon état, de la signalétique éventuelle…).

Les appellations GR® (balisage blanc et rouge), GRP® (balisage rouge et jaune) et PR® (balisage jaune) sont des marques de la FFRando.

CONSEILS PRATIQUES

Bien évidemment, vous ne partirez pas sur les Chemins de Compostelle uniquement mus par votre intuition. Ce grand départ exige raison et préparation. Comment remplir son sac à dos sans qu'il ne devienne trop lourd ? À quel rythme marcher, selon quel découpage ? Comment s'alimenter, se soigner ?

Sachez tout d'abord que votre chargement ne devra pas dépasser le cinquième de votre poids (vous pesez 60 kg : votre sac à dos se limitera à 12 kg ; contenance : 45 à 60 l). Les éléments les plus lourds iront au fond et ce poids reposera sur les hanches (sur les os davantage que sur la musculature). Vous mémoriserez au plus juste le contenu de votre sac.

Le contenu du sac : duvet et/ou sac de couchage (matelas mousse si vous campez), nécessaire de toilette (allégé : gel douche, shampoing, savon de Marseille, mouchoirs, nécessaire à rasage, papier hygiénique), serviette, pinces à linge (pour faire sécher), gourde et gobelet, boîte(s) étanche(s), briquet, lampe électrique, couteau type "suisse". Pour les vêtements, préférez le coton (sous-vêtements en triple exemplaire), pantalon et short (ou bermuda) de rechange, couvre-chef, coupe-vent, veste Goretex, polaire, gants éventuellement. Pharmacie sommaire (bobos, ampoules). Lunettes de soleil, crème solaire. Sacs plastiques de protection ; carnet et crayon ; matériel photo…

Vos chaussures ne seront pas neuves… Légères, avec des semelles souples et bien crantées (surtout pas de semelles semi-rigides), elles seront remplacées le soir à l'étape par des nu-pieds ou des espadrilles.

Vous n'oublierez pas le bâton de marche, ferré. Il est utile dans les descentes comme dans les montées, réconfortant lors de rencontres avec des chiens.

Vous vous serez entraînés avant le grand départ par des marches de 20, 25 voire 30 km, le sac sur les épaules. Vous pourrez alors partir quand bon vous semblera, le Chemin étant praticable presque toute l'année, en sachant malgré tout que la traversée de l'Aubrac et/ou des Pyrénées sera délicate,

voire impossible (neige) de la Toussaint jusqu'à Pâques. La surfréquentation des mois d'été (avec, de plus, les risques d'insolation ou de déshydratation) vous incitera à choisir plus volontiers mai ou juin (journées assez longues, mais risque de pluie et donc de boue dans le Sud-Ouest), ou septembre, mois très favorable.

Vous partirez tôt le matin, vous reposerez à l'ombre aux heures les plus chaudes, boirez et mangerez convenablement pour parvenir en bon état à Compostelle. Vous ne laisserez aucun déchet derrière vous, mais seulement dans les poubelles des refuges ou des villages traversés. Vous éviterez les nuisances sonores, à commencer par la sonnerie de votre portable… (Il sera d'ailleurs préférable de bien vous renseigner auprès de France Télécom : 0800 202 202.)

Votre portefeuille et votre carte de crédit ne seront pas oubliés dans une poche du sac à dos. Votre sens de la courtoisie et de la tolérance restera vivace : vous n'oublierez pas, par exemple, de téléphoner pour réserver votre hébergement, ou pour le décommander dans le cas contraire. Bien entendu, papiers d'identité, carte de groupe sanguin, cartes Vitale et de mutuelle seront du voyage.

DÉCOUPAGE DES ÉTAPES HÉBERGEMENTS

Les capacités physiques (et financières) des pèlerins sont aussi singulières et différentes que leurs habitudes… Chacun fera donc comme il ou elle pourra ou voudra, que ce soit dans l'épreuve de la distance quotidienne à parcourir ou dans le choix de son mode d'hébergement.

Les étapes proposées dans ce guide sont indicatives, et surtout pas impératives. La météo (composer le 08 92 68 02 + n° du département), un incident de parcours, un bobo, un refuge saturé ou une auberge bondée, votre fantaisie du moment peuvent vous obliger ou vous inciter à modifier le cours de votre étape. Les hébergements sont suffisamment nombreux tout au long de ce Chemin pour que vous puissiez inventer jour après jour votre parcours. Souvent (constat des anciens…), dans le premier quart de l'itinéraire vers Compostelle, les marcheurs suivent le découpage du guide. Puis les choses se modifient : fatigue pour les uns, vitesse de croisière pour les autres, soit plus ou moins une demi étape… Le temps dévolu à l'éventuelle visite des villes sera également un facteur important dans le calcul du kilométrage de l'étape d'arrivée dans la cité, et de celle du départ. Le découpage de chacune des étapes de cet ouvrage répond à l'observance stricte de la moyenne horaire conventionnelle : 4 km/h, les temps d'arrêt devant être ajoutés. Le découpage mesuré en termes de distance sera aussi utile aux cyclistes qui ne le prendront minutieusement pas au pied du chiffre…

Les hébergements du chemin sont de toute nature : refuges publics, associatifs, confessionnels (généralement pas de prix affiché…), privés ; auberges de jeunesse, hôtels, chambres d'hôtes. Les propositions de ce guide ne sauraient être ni exhaustives, ni contractuelles. Si vous choisissez les gîtes d'étapes, vous aurez intérêt à ne pas avoir oublié votre sac de couchage ! Certains hébergements ne vous seront accessibles que sur présentation d'une crédencial (CO). Les marcheurs y sont prioritaires. La participation à l'entretien de certains lieux relève de l'obligation (PO). Si vous choisissez les auberges de jeunesse, la carte FUAJ internationale est obligatoire (www.fuaj.org). Enfin, les campings, plutôt rares, nécessitent le transport de tout un fardeau (popote, réchaud) encombrant. La très grande fréquentation du Chemin du Puy a incité les hébergeurs à se professionnaliser et à adapter prix et prestations. Vous n'oublierez jamais de vous comporter en hôtes courtois, respectueux de l'éthique inhérente à ce qui fonde votre présence en ces lieux partagés par les pèlerins et les randonneurs confondus en une même communauté.

BALISAGE ET SIGNALISATION

Depuis près de deux décennies, le Chemin du Puy connaît un regain de fréquentation. La Fédération française de la randonnée (via ses comités départementaux) a mis en place un abondant balisage qui rend difficile la "sortie de route".

Vous rencontrerez trois types de balisages :

- **Sentier de Grande Randonnée :** les normes d'homologation sont connues des marcheurs. Matière vivante (et non figée, n'en déplaise à certains pour qui il n'existe qu'un itinéraire historique), le tracé du chemin bouge, s'adapte, hésite, contourne : le sentier aménagé relève du mieux à un moment donné.

 Bonne direction

 Tourner à gauche

 Tourner à droite

 Mauvaise direction

© FFRP

- **Flèches jaunes**

Apposées sur toutes formes de supports (arbres, panneaux de signalisation routière, angles de murs, etc.), elles ont le mérite de la simplicité en matière d'orientation – quand des petits malins ne les inversent pas….

- **Le logo de l'Itinéraire culturel du Conseil de l'Europe**

 La coquille stylisée jaune sur fond bleu se fait plus visible, plus fréquente et plus encore en territoire espagnol. Ce logo a été conçu de manière à signifier l'interpénétration entre l'identité d'un territoire et l'universalité européenne : il n'a pas d'immédiate fonction directionnelle. Mais l'usage veut qu'il soit interprété comme tel, ce qui souvent induit confusion et interprétations divergentes.

RENSEIGNEMENTS SUR L'ÉTAT DES SENTIERS, SUR LE BALISAGE, CONSEILS POUR DES ITINÉRAIRES PERSONNALISÉS

**Centre d'Information
de la Randonnée Pédestre**
14, rue Riquet – 75019 PARIS – (métro Riquet)
Tél. : + 33 (0) 01 44 89 93 93

Fax : + 33 (0) 01 40 35 85 67
Courriel : info@ffrandonnee.fr
Site : www.ffrandonnee.fr

CDRP Haute-Loire
21 rue du Collège
FR 43000 Le Puy-en-Velay
Tél. : + 33 (0) 04 71 04 15 95
Courriel : randohauteloire@wanadoo.fr
Site : www.lacroiseedeschemins.com

CDRP Lozère
Route de Coste Ebesse
FR 48700 Rieutort-de-Randon
Tél. : + 33 (0) 04 66 47 17 03
Télécopie : + 33 (0) 04 66 47 17 05
Courriel : cdrp48@worldonline.fr

CDRP Aveyron
Maison du Tourisme – 17 rue Aristide Briand
FR 12008 Rodez Cedex
Tél. : + 33 (0) 05 65 75 54 61
Télécopie : + 33 (0) 05 65 75 55 71
Courriel : cdrp12@aveyronsport.com
Site : www.aveyronsport.com/cdrp12/

CDRP Lot
BP 7 – FR 46001 Cahors Cedex 9
Tél. : + 33 (0) 05 65 35 80 82
Courriel : cdrp46-figeac@tourisme-lot.com
Site : www.randonnees-
lotoises.net/coderando/coderando00.htm

CDRP Tarn-et-Garonne
Maison de la Randonnée :
5 Sente du Calvaire –FR 82200 Moissac
Tél. : + 33 (0) 05 63 04 73 25
Courriel : cdrp82@wanadoo.fr

CDRP Gers
Maison du Tourisme : 3 Bd Roquelaure
BP 106 –FR 32002 Auch
Tél. : + 33 (0) 05 62 05 87 41
Télécopie : + 33 (0) 05 62 05 02 16
Courriel : cdrp32.asso@wanadoo.fr

CDRP Landes
Mairie – FR 40180 Narrosse
Tél. : + 33 (0) 05 58 90 12 84
Télécopie : + 33 (0) 05 58 56 95 94
Courriel : cdrp.40@wanadoo.fr
Site : www.cdrp40.asso.fr

CDRP Pyrénées-Atlantiques
18 rue de La Carrère
FR 64370 Arthez-de-Béarn
Tél. : + 33 (0) 05 59 67 43 46
Courriel : cdrp64@wanadoo.fr
Site : www.cdrp64.asso.fr

DOCUMENTS SPÉCIFIQUES

En bien des endroits, il vous faudra attester de votre qualité de pèlerin en marche pour Compostelle. Ces documents (passeports du pèlerin) seront à chaque étape revêtus d'un tampon apposé par la mairie, le prêtre, l'office de tourisme, le lieu d'accueil. S'ils sont une recommandation de l'organisme qui vous l'a délivré, ils impliquent également un devoir de respect pour vos hôtes et de tolérance pour tous les autres cheminants.

La créanciale : accréditation délivrée à celui qui accomplit le pèlerinage à fin d'authentification de sa motivation spirituelle. Délivrée gracieusement en France par l'Église, après entretien, ce qui n'implique pas d'être un chrétien accompli. S'adresser à votre paroisse ou, mieux, à l'évêché.

La crédencial : document délivré par des associations laïques, des offices de tourisme. Même fonction – et mêmes devoirs – que le document précédent. Recommande le pèlerin auprès de ses hôtes et de ses semblables. Voir la liste des associations jacquaires.

La compostella : certificat officiel instauré au XIVe siècle, rédigé en latin et délivré par le Bureau des pèlerins à la cathédrale de Compostelle. Il symbolise l'accomplissement du pèlerinage (dans une démarche religieuse ou spirituelle) à condition d'avoir parcouru à pied au moins les cent derniers kilomètres avant Santiago (200 km à cheval ou à vélo). Un document analogue est délivré au même lieu aux marcheurs laïcs.

CONSEILS AUX CYCLISTES

Ne jamais l'oublier : les marcheurs ont priorité, en toutes circonstances. Votre deux roues devra être muni d'un timbre discret mais efficace pour signaler votre approche. Vous roulerez sur des petites routes goudronnées, en ville, sur des pistes et des chemins de terre, des sentiers caillouteux, des portions ravinées : votre monture sera donc de préférence un hybride, à savoir un VTC. L'éclairage devra être en état de marche, le porte-bagages équipé de sacoches (moins de déséquilibre qu'avec un sac à dos), la trousse de réparation révisée et complétée avant le départ. Cuissard, casque et gants paraissent indispensables. Pour en savoir plus, contactez la Fédération française de cyclotourisme : www.ffct.org et info@ffct.org (ou 01 56 20 88 88).

(HR)	heure des repas
(HDB)	heure de bureau
ML	machine à laver (service gratuit)
MLP	machine à laver (service payant)
OT	office de tourisme
pdj	petit déjeuner
pers.	personne
pl.	place
poss.	possibilité
Réservation	revêt un caractère obligatoire
SI	syndicat d'initiative
tente	concerne les pèlerins munis de leur tente
TH	table d'hôte
WE	week-end

CARTOGRAPHIE

Le GR 65 est un itinéraire très bien balisé par les bénévoles de la FFRP et des CDRP. Le guide *Le Chemin du Puy* propose une cartographie schématique à une échelle approchant le 1/100 000 (1 cm = 1 km). Pour chaque étape suggérée dans cet ouvrage, nous vous indiquons les références des cartes IGN au 1/100 000 (collection Top 100) et au 1/25 000 (collections Top 25 et/ou Bleue, 1 cm = 250 m) pouvant être utiles, ne serait-ce que pour composer vos propres variantes. La toponymie peut varier d'une série à l'autre, et de la carte à l'usage local.

ABRÉVIATIONS

Acheminement	transport des cheminants jusqu'à l'hébergement ; service payant ou gratuit (se renseigner)
av.	avenue
bd.	boulevard
C.O.	créanciale obligatoire (cf documents spécifiques p.6)
ch.	chambre
CH	chambre d'hôte
Dbl.	double
empl.	emplacement camping
€	euro
H	hôtel
HC	hors chemin
HR	hôtel-restaurant

QUI FAIT QUOI ?

Si vous voulez échanger avec d'anciens cheminants, vous préparer et ne pas marcher seul… contactez les Associations Amis de Saint-Jacques.

Pour élargir votre choix d'hôtels : contactez les offices de tourisme ou les syndicats d'initiatives. Ils renseignent sur les hébergements, les choses et lieux à voir, les manifestations culturelles dans la commune ou le canton. Certains disposent d'informations précises et adaptés aux besoins des cheminants sur les routes vers Compostelle, notamment ceux des principales haltes. Le service offert et la disponibilité sont variables. Pour les retrouver : http://www.tourisme.fr

Les mairies des petites communes peuvent vous fournir une information d'appoint sur les hébergements ou les animations. Attention : ce n'est pas là leur rôle principal ! Les associations réunissent les usagers des chemins vers Compostelle, des particuliers, anciens ou futurs cheminants. Leurs orientations sont diverses : religieuse ou culturelle, privilégiant tantôt l'activité de recherche historique locale, tantôt l'accueil.

Sur les Pas de Saint-Jacques
Présidente : Mme Anglade
BP 3 – FR 48120 Saint-Alban-sur-Limagnole

Association du Bas-Rouergue vers Compostelle
Président : M. Davy
169 route de Montauban
FR 12200 Villefranche-de-Rouergue
Tél. : + 33 (0) 5 65 45 20 15

Association Los Caminaïres Moissaguese
Amis du Chemin de Saint-Jacques
Secrétaire : M. Bulois
6, place Durand de Bredon
FR 82200 Moissac
Tél. : 05 63 04 01 85 (office de tourisme)

Association Lot-et-Garonnaise
des Amis de Saint-Jacques
Président : Mme de Saint-Exupéry
Parron – FR 47170 Mézin
Tél. : 05 53 65 73 39

AUTRES INFORMATIONS UTILES

Au Puy-en-Velay :
- Possibilité de stationner au parking
souterrain de la place du Breuil.
Tarif spécial pour les cheminants.
Renseignements : + 33 (0)4 71 02 03 54
(ouvert de 6h30 à 20h ; fermé dimanche
et jours fériés)
- Toutes informations pratiques sur la ville
dans la brochure gratuite
"Guide d'informations pratiques
à l'usage des pèlerins et des randonneurs"
(disponible en allemand et anglais
courant 2006).
Renseignements à l'office de tourisme
du Puy-en-Velay. Tél. : +33 (0)4 71 09 38 41
ou auprès du CDRP Haute-Loire.
Tél. : + 33 (0) 04 71 04 15 95

Portage de bagages
- Association Factage : transport
du Puy-en-Velay à Logroño
(se renseigner pour d'éventuelles
prestations plus après sur le chemin).
Les Vignals – FR 82110 Lauzerte
Tél. : +33 (0)5 63 94 75 60 (de 18h30 à 22h)
Courriel : factage@free.fr
Site : www.factage.free.fr
- Express Bourricot : transport de bagages
et de personnes de Saint-Jean-Pied-de-Port
à Logroño. Sur réservation au 06 61 96 04 76

SNCF
État du trafic (ligne vocale) :
08 91 67 68 69 (0,23 €/min)
Informations / réservations (ligne directe) :
08 92 35 35 35 (0,34 €/min)
Information régionale : www.ter-sncf.com
Site : www.voyages-sncf.com
Information nationale : 36 15
ou 36 16 SNCF (0,20 €/min)

Avion
Principaux aéroports les plus proches :
Lyon (Saint-Exupéry), Aurillac, Le Puy-
en-Velay (Loudes), Agen (La Garenne),
Rodez (Marcillac)

Numéros vers l'Espagne
Vous téléphonez de France vers l'Espagne :
faites le 00 34 avant l'indicatif régional
et le numéro
Vous téléphonez d'Espagne vers la France :
faites le 00 33 puis le numéro

LE PATRIMOINE MONDIAL UNESCO

"La mémoire est un ressort essentiel de la créativité : c'est vrai des individus comme des peuples qui puisent dans leur patrimoine – naturel et culturel, matériel et imma-tériel – les repères de leur identité et les sources de leur inspira-tion."
"Le patrimoine est l'héritage du passé, dont nous profitons aujourd'hui et que nous trans-mettrons aux générations à venir."
"Les sites du Patrimoine Mondial appartien-nent à tous les peuples du monde, sans tenir compte du territoire sur lequel ils sont situés."

Le Patrimoine Mondial est constitué de deux catégories de biens culturels et natu-rels reconnus pour leur valeur universelle exceptionnelle. En 1998, les "Chemins de Saint-Jacques de Compostelle en France" ont été inscrits sur la liste du Patrimoine Mondial.

		Distance	Marche	Total km
1ère étape	**Le Puy-en-Velay → Saint-Privat-d'Allier**	23,9	6h00	23,9
2ème étape	**Saint-Privat-d'Allier → Saugues**	19,2	5h50	43,1
3ème étape	**Saugues → Saint-Alban-sur-Limagnole**	29,2	7h30	72,3
4ème étape	**Saint-Alban-sur-Limagnole → Aumont-Aubrac**	15,2	3h50	87,5
5ème étape	**Aumont-Aubrac → Nasbinals**	26,3	6h40	113,8
6ème étape	**Nasbinals → Saint-Chély-d'Aubrac**	15,9	4h00	129,7
7ème étape	**Saint-Chély-d'Aubrac → Espalion**	23,7	6h00	153,4
8ème étape	**Espalion → Golinhac**	26,6	6h45	180,0
9ème étape	**Golinhac → Conques**	20,8	5h15	200,8
10ème étape	**Conques → Livinhac-le-Haut**	25,8	6h30	226,6
11ème étape	**Livinhac-le-Haut → Figeac**	25,3	6h20	251,9
12ème étape	**Figeac → Cajarc**	31,6	8h00	283,5
13ème étape	**Cajarc → Limogne → Varaire**	25,7	6h30	309,2
14ème étape	**Varaire → Cahors**	33,1	8h30	342,3
15ème étape	**Cahors → Lascabanes**	22,2	5h40	364,5
16ème étape	**Lascabanes → Lauzerte**	22,8	5h45	387,3
17ème étape	**Lauzerte → Moissac**	26,3	6h40	413,6
18ème étape	**Moissac → Auvillar → Saint-Antoine**	29,6	7h30	443,2
19ème étape	**Saint-Antoine → Lectoure**	24,8	6h15	468,0
20ème étape	**Lectoure → Condom**	26,9	6h45	494,9
21ème étape	**Condom → Montréal → Éauze**	33,5	8h20	528,4
22ème étape	**Éauze → Nogaro**	19,2	4h50	547,6
23ème étape	**Nogaro → Aire-sur-l'Adour**	30,0	7h30	577,6
24ème étape	**Aire-sur-l'Adour → Arzacq-Arraziguet**	32,7	8h15	610,3
25ème étape	**Arzacq-Arraziguet → Arthez-de-Béarn**	31,0	7h45	641,3
26ème étape	**Arthez-de-Béarn → Navarrenx**	32,2	8h15	673,5
27ème étape	**Navarrenx → Aroue**	18,7	4h45	692,2
28ème étape	**Aroue → Ostabat**	24,5	6h15	716,7
29ème étape	**Ostabat → Saint-Jean-Pied-de-Port**	22,5	5h45	739,2
Variante A	**Conques → Cransac**	24,4	6h10	(225,2)
Variante B	**Cransac → Peyrusse-le-Roc**	23,7	6h00	(248,9)
Variante C	**Peyrusse-le-Roc → Villefranche-de-Rouergue**	29,0	7h15	(277,9)
Variante D	**Villefranche-de-Rouergue → Laramière**	18,0	4h30	(295,9)
Variante E	**Laramière → Varaire**	17,8	4h30	(313,7)
Variante 1	**Figeac → Thémines**	33,0	8h45	(284,9)
Variante 2	**Thémines → Rocamadour**	24,6	7h15	(309,5)
Variante 3	**Rocamadour → Le Vigan**	22,7	5h45	(332,2)
Variante 4	**Le Vigan → Salviac**	25,1	6h30	(357,3)
Variante 5	**Salviac → Montcabrier**	32,1	8h20	(389,4)
Variante 6	**Montcabrier → Thézac**	24,0	6h00	(413,4)
Variante 7	**Thézac → Penne-d'Agenais**	26,5	6h40	(439,9)
Variante 8	**Penne-d'Agenais → Pujols**	16,2	4h00	(456,1)
Variante 9	**Pujols → Agen**	35,0	9h00	(491,1)
Variante 10	**Agen → Laplume**	23,8	6h00	(514,9)
Variante 11	**Laplume → La Romieu**	23,0	5h45	(537,9)

La chapelle Saint-Roch

Le Puy-en-Velay
Saint-Privat-d'Allier

E PUY, lové au cœur du Velay, est unique avec ses trois édifices religieux perchés au-dessus de la ville. La chapelle Saint-Michel d'Aiguilhe sur son piton rocheux, la statue de Notre-Dame, et la masse de la cathédrale de style roman dominent un dédale de ruelles médiévales où règne une forte identité jacquaire. Les cheminants doivent ressentir une certaine émotion à descendre les 134 marches de la cathédrale pour partir sur les traces d'un pèlerinage vieux de plus d'un millénaire. Les premiers efforts des pèlerins sur les hauteurs de la ville permettent de jeter un ultime coup d'œil panoramique sur la cité et de partir à la découverte de la beauté du paysage des monts du Velay. C'est votre première journée : prenez le temps d'atteindre Saint-Privat-d'Allier.

🌐 CARTES UTILES

- 🌐 IGN 50 Saint-Étienne – Le Puy, au 1/100 000
- 🌐 2735 E Le Puy-en-Velay, au 1/25 000
- 🌐 2736 E Solignac-sur-Loire, au 1/25 000
- 🌐 2736 O Monistrol-d'Allier, au 1/25 000

👫 RENSEIGNEMENTS PRATIQUES
✤ LE PUY-EN-VELAY (43000)

→ LE PUY-EN-VELAY (43000)

→ OT, 2 place du Clauzel, 04 71 09 38 41, www.ot-lepuyenvelay.fr

→ Tous commerces, services, gares SNCF et routière, nombreux hôtels et restaurants

→ À voir : la cathédrale (UNESCO) et le cloître, l'Hôtel-Dieu Saint-Jacques (UNESCO), le musée d'Art religieux et le baptistère Saint-Jean, le musée Crozatier, les chapelles Saint-Michel-d'Aiguilhe et des Pénitents, la statue de la Vierge noire et la pierre des Fièvres, la tour Pannessac et la vieille ville

→ Gîte maison Saint-François, 19 pl., nuitée 16,50 €/pers., pdj compris, repas 10 €, coin cuisine, 6 rue Saint-Mayol, 04 71 05 98 86

→ Auberge de Jeunesse/Centre Pierre-Cardinal, 72 pl., C.O., nuitée 10,50 €/pers., pdj 3,20 €, coin cuisine, accès internet, pas de repas sur place, du 01/10 au 31/03 ouvert en semaine avec accueil de 14h à 23h30, fermé le week-end

Notre-Dame du Puy

(sauf pour les groupes), les jours fériés et vacances de Noël, le reste de l'année (01/04 au 30/06 et du 01/08 au 30/09) ouvert tous les jours, accueil de 14h à 23h30 sauf dimanche et accueil jours fériés de 20h à 22h, réservation conseillée en juillet et août, 9 rue Jules-Vallès, 04 71 05 52 40

→ Grand Séminaire - Accueil Saint-Georges, 200 pl., nuitée 18 €/pers., 30 €/2 pers., pdj compris, repas 10 €, panier repas 7 €, 4 rue Saint-Georges, 04 71 09 93 10

→ GE des Capucins, 19 pl., nuitée 13,90 €/pers., pdj 4,60 €, coin cuisine, ML, 29 rue des Capucins, Mlle Terrasse, 04 71 04 28 74 (fait également H)

→ Camping municipal de Bouthezard, 88 empl., (tarifs 2007) tente 5,25 €/pers. (+ taxe de séjour), ouvert du 15/03 au 31/10, chemin de Bouthezard / Aiguilhe, 04 71 09 55 09 ou 06 15 08 23 59

❖ Sᵀ-CHRISTOPHE-SUR-DOLAISON (43370)

→ Boulangerie, épicerie, restaurant, bar, poste

→ 1 km après le centre bourg : CH, gîte d'étape, ferme la Maison Vieille, 22 pl., nuitée 12 €/pers., pdj 6 €, repas 13 €, coin cuisine, panier repas, accueil équestre, fermé en décembre et janvier, Tallode, Mme Allègre, 04 71 03 17 78

❖ BAINS (43370) sur variante du chemin

→ Épicerie, médecin, pharmacien, poste

→ CH, 3 ch. 9 pl., nuitée 36 €/2 pers., pdj compris, repas 12 €, coin cuisine, ML, route du Puy, Mme Raveyre 04 71 57 51 79

→ CH, 12 pl., nuitée 30 €/pers., 36 €/2 pers. (+ taxe séjour 0,46 €), pdj compris, coin cuisine, Jalasset, Mme Pélisse, 04 71 57 52 72

❖ MONTBONNET (43370)

→ Bar/snack

→ GE L'Escole, 15 pl., nuitée 12 ?/pers., pdj 4,50 €, 1/2 pension 25 €/pers, coin cuisine, accueil équestre, fermé du 20/10 au 01/03, accueil de 15h à 18h, M. Pinon, 04 71 57 51 03, www.lescole.com

→ CH et TH, 11 pl., nuitée 30 €/pers., pdj compris, repas 20 €, ouvert du 01/04 au 01/11, accueil équestre 3 €, M. de Grossouvre, 06 84 62 77 25

❖ SAINT-PRIVAT-D'ALLIER (43580)

→ Point info (dans le gîte), 04 71 57 25 50, mairie 04 71 57 22 13, www.mairie-saintprivatdallier.fr

→ Épicerie, boulangerie, boucherie (fermées le lundi sauf en été), bar, hôtel-restaurant, poste

→ GE La Cabourne, gîte : (23 pl.), nuitée 10 €/pers, pdj 4 €, coin cuisine ; CH : (6 ch.), nuitée 13 €/ch., ouvert du 15/03 au 15/10, sur réservation hors saison, arrivée à partir de 16 h, départ avant 10 h, le Bourg, Mme Dufour et M. Moing, 04 71 57 25 50, www.lacabourne.fr

→ CH, 16 pl., nuitée 20 €/pers., pdj 5 €, repas 15 €, panier repas 8 €, ouvert de mars à fin nov., le Bourg, Mme Micheli, 04 71 57 29 12

→ Ch. chez l'habitant, 15 places en 5 ch., 20 €/1 p, 25 €/2 p, 34 €/3 p, 8 € pers. sup, repas 15 €, pdj 5 €, panier repas 8 €, au village, M. Mme Michels, 04 71 57 29 12

→ Camping municipal Le Marchat, 18 pl., tente 3,60 €/pers., ouvert du 01/05 à mi-octobre, réservation pour juillet/août, tél. mairie

→ Accueil familial de Pèlerins, 10/11 pl., C.O., coin cuisine, accueil équestre, ML, accès internet, M. Lucien, 06 73 36 82 35 ou 04 71 57 21 56

00,0 Notre-Dame du Puy. Au pied des marches de la cathédrale, descendez la rue des Tables. Au carrefour après la fontaine, prenez à gauche la rue Raphaël. À la bifurcation, continuez à droite puis, en suivant, empruntez la rue Chênebouterie qui mène à la place du Plot. Sur sa droite, suivez la rue Saint-Jacques.

00,5 Feux : traversez le boulevard Saint-Louis pour monter en face la rue des Capucins. Sur le haut, face au mur, tournez à droite en laissant plus loin la rue Antoine-Pitarch, la rue Louis-Pasteur et l'ensemble sportif sur la droite.

01,5 Plus haut, après l'entreprise TADS, prenez à gauche un chemin empierré et large qui longe un grand mur. Plus loin, au croisement multiple, continuez en face entre deux murettes sur un chemin plus rocailleux. Il monte et passe devant la ferme en ruine de Conflans.

04,3 Traversez la D 589 pour un chemin caillouteux en face. 800 mètres plus loin, au croisement, prenez à gauche et poursuivez sur le goudron à la hauteur de la première maison.

1h20 **05,4** Traversez encore la D 589 pour suivre une ruelle en face. Hameau (870 m) de **la Roche** : après la dernière maison, tournez franchement à droite en laissant un chemin herbeux à gauche. Plus loin, laissez à gauche le goudron pour un chemin en face qui se prolonge par un sentier et rejoint rapidement le chemin. Remontez à gauche et, à la sortie du hameau, 40 mètres avant la D 589, prenez un sentier à gauche. Celui-ci reste en bordure d'une dépression, puis rejoint un chemin caillouteux.

06,9 À la bifurcation (croix de pierre), allez sur le chemin à droite. Plus loin, passez un pont, puis retrouvez le gravier et ensuite le goudron.

2h10 **08,5** **Saint-Christophe-sur-Dolaison.** Sur la place, tournez à droite et dépassez l'église par la gauche. Prenez une rue à gauche et sur la route (rue principale) allez à droite. Au carrefour, à la sortie, prenez à droite la direction de Tallode pour passer sous la D 906. Doublez ensuite le hameau de Tallode (926 m) et laissez les chemins de terre sur la gauche.

10,6 Bifurcation de Liac : poursuivez à gauche et, 80 mètres plus loin, prenez à droite. Après le goudron, continuez sur un chemin gravillonné.

2h50 **11,6** Hameau de **Lic.** Juste à la sortie, prenez à droite un chemin d'abord caillouteux, puis herbeux et de nouveaux caillouteux. 400 mètres après le hameau, prenez à gauche sur un chemin.

12,5 Croisez une petite route (laissez la variante par Bain à droite) pour suivre le chemin en face. 400 mètres plus loin, au carrefour de chemins, allez en face.
Puis, à la bifurcation, allez à droite et, au carrefour de chemins suivant, continuez en face. Après l'étable, suivez la D 621 à droite.

Saint-Privat d'Allier

le Chier

D 589

Saint-Roch   Montbonnet

D 621   Ramorouscle

Bains

Lic

Liac

Tallode   D 906

Saint-Christophe-sur-Dolaison

la Roche

D 589

N 88

Le Puy-en-Velay

0   1   2   3 km

La Vierge noire

Traversez le village et laissez un chemin avec une croix à droite ; à la bifurcation continuez à droite.

16,6 Carrefour avec la D 589 : allez à gauche sur 200 mètres avant de bifurquer à droite sur une allée goudronnée, en laissant le GR 40 à gauche. Le chemin devient herbeux. Aux deux premiers carrefours, allez en face, et au suivant prenez à droite en traversant un ruisseau. 300 mètres plus loin, laissez descendre un embranchement à gauche.

18,4 Carrefour à droite d'une ruine : montez tout droit et à l'intersection en Y, 100 m après, poursuivez à droite.

18,7 Au carrefour au-dessus, virez à gauche (retour de la variante de Bains par la droite). Le chemin terreux en sous-bois peut devenir très boueux par temps de pluie. 150 mètres plus loin, laissez le Tour du Velay à droite.

19,4 Petite route (1206 m) que vous suivez à gauche sur 60 m avant de descendre sur un petit chemin à droite. Vous y laisserez deux embranchements à gauche.

21,4 Traversez la D 589 (alt. 1059 m).

5h30 21,8 Le Chier* (1034 m). Allez tout droit (Ouest) en passant devant la mairie. À la sortie du hameau, un chemin remplace le goudron.

22,3 À la bifurcation, prenez à droite (Nord-Ouest) où le chemin descend assez fortement dans la première partie avant de se calmer ensuite. Quand il remonte, prenez à gauche un sentier en creux. Plus bas, passez le ruisseau puis un pont près d'un ancien moulin. Enfin, remontez le goudron. Vous rejoignez la D 589 (881 m) que vous descendez à gauche.

6h00 23,9 Saint-Privat-d'Allier. Carrefour avec bar et pompe à essence.

* Au Chier, les VTT descendent à droite sur la route, passent le Villard, et rejoignent Saint-Privat par la D 589.

3h30 14,2 Ramourouscle. Au carrefour, prenez à gauche direction Montbonnet. À un carrefour, le balisage s'oriente Nord-Ouest. Vous dépassez la chapelle Saint-Roch et, une centaine de mètres après, vous prenez à droite à la bifurcation pour entrer dans Montbonnet.

DES ARVERNES AUX AUVERGNATS

Les habitants du Puy-en-Velay sont des "ponots" ou "podot", parce que leur ville s'appelait en latin *podium* (nom de monticule qui a donné ailleurs des "Pui", "Pouch" ou "Poue"). Il désignait ici l'un des pitons volcaniques. Velay, lui, est un mot celte. La tribu des Vellaves appartenait à l'ensemble arverne, d'où viennent les Auvergnats. Les Romains s'installèrent donc sur le podium où se trouve la cathédrale, qui garde d'eux quelques pierres. À la fin du XIème siècle, Urbain II désigne l'évêque du Puy Adhémar de Monteil comme légat de la première Croisade.
Le XIVème sera assombri par la peste et par les brigandages des "cotereaux". Le XVème siècle sera, au contraire, une période d'expansion qui verra, sur sa fin, naître au Puy la dentelle.

LA CATHÉDRALE DE LAVE

Des origines à nos jours, le pèlerinage de Notre-Dame du Puy a contribué au développement et à la prospérité de la ville.
La rue des Tables nous conduit au pied du grand escalier de la cathédrale (134 marches). De style roman, la cathédrale présente diverses influences venues d'Orient et de l'Espagne mauresque.
Le chœur repose directement sur le rocher mais, pour agrandir la cathédrale aux XIème et XIIème siècles afin d'accueillir les pèlerins toujours plus nombreux, quatre travées supplémentaires ont été audacieusement construites sur le vide pour rattraper un dénivelé de 17 mètres : d'importants piliers soutiennent les hautes arcades.
Il faut voir :
- sous le porche, portes en bois sculpté du XIIème siècle représentant des épisodes de la vie du Christ ;
- la pierre des Fièvres, probablement un ancien dolmen christianisé au Vème siècle par une apparition de la Vierge. Cette pierre plate guérissait ceux qui venaient s'y coucher ;
- les fresques d'influence byzantine et italienne sous le porche et dans le transept nord (en particulier de Saint-Michel) ;
- à l'intérieur de l'édifice, une série de coupoles octogonales sur trompes ;
- sur le maître-autel de 1723, statue vénérée de la Vierge Noire qui remplace la Vierge brûlée par les révolutionnaires en 1794 ;
- le trésor de la sacristie et celui d'art religieux au-dessus du cloître ;
- le très beau cloître roman (XIème-XIIème siècles) qui possède quelques chapiteaux carolingiens et une magnifique grille romane ;
- le baptistère Saint-Jean, à proximité, qui renferme des expositions estivales.

LE PÈLERIN DANS LA VILLE

Il faut voir aussi :
- le rocher Corneille dominant la cité avec sa statue de Notre-Dame-de-France, érigée en 1860 (elle a été coulée dans la fonte de fer de deux cent treize canons pris à Sébastopol) ;
- la chapelle Saint-Michel-d'Aiguilhe (Xème-XIIème siècles) en haut d'un piton de lave de 80 mètres (268 marches). Elle a été commandée sous l'épiscopat de Godescalc. On y a découvert en 1955 un petit trésor religieux de provenance orientale ;
- près du rocher, l'église gothique Saint-Laurent, de l'ancien couvent des dominicains (XIVème siècle) ;
- l'un des tombeaux du connétable Duguesclin, mort en 1380 ;
- en ville, sur la vieille place du Plot, fontaine de la Bidoire (XIIIème siècle) où se tient le marché chaque samedi matin ;
- à l'angle de cette place et de la rue Saint-Jacques, statue de l'apôtre inaugurée en 1990. Plus haut, croix sculptée du faubourg Saint-Jacques (XVIème siècle). On quitte la ville par la rue de Compostelle (point de vue).

LES DENTELLIÈRES ONT LEUR SAINT

À partir du XVIème siècle, la dentelle prospéra, permettant aux dentellières, pour de faibles salaires, de gagner une relative liberté de travailler à domicile. Leur gagne-pain fut menacé en 1640 par un arrêt moralisateur du parlement de Toulouse restreignant le port de la dentelle. Le jésuite François Régis le fit annuler et chargea aussi les missionnaires de faire connaître la dentelle outre-mer… Devenu saint, il est le patron des dentellières.
L'industrie textile a aujourd'hui supplanté cet art, mais on verra de belles expositions de dentelle à l'Atelier Conservatoire national de la Dentelle à la main (2, rue Duguesclin, tél. 04 71 09 74 41), ainsi qu'au musée Crozatier (jardin Henri Vinay, tél. 04 71 06 62 40).

LES PÉNITENTS BLANCS

Le Puy-en-Velay conserve une tradition pascale originale : la procession des Pénitents Blancs, le Jeudi saint à la nuit tombée.
Leur confrérie, la *societas gonfalonis* a été fondée en 1584. Vêtus de leur cagoule et de leur "sac" blancs (escortant les deux porteurs de la Croix, Christ et Simon qui vont pieds nus), tenant des torches et les instruments de la Passion, ils chantent et prient, accompagnés de la foule. La chapelle des Pénitents, très ornée, est du XVIIème siècle.

LE PANORAMA DU GÉOLOGUE

En se retournant rue de Compostelle, on a, sur le bassin du Puy, un point de vue très parlant pour un géologue : un ensemble de formations volcaniques émergées d'un socle cristallin. Tout à gauche, la Denise est un volcan au cœur de scories et, devant la falaise de la Croix de Paille, aux orgues de basalte est un neck, une ancienne cheminée volcanique.

Le plateau basaltique de la plaine de Rome, avec en toile de fond le château et le donjon de Polignac, résulte d'une coulée de lave. Et, sur les pentes de ce plateau tabulaire, se sont comme toujours accumulés des sédiments, marnes et calcaires lacustres de l'oligocène. Dans la vieille ville, les rochers Corneille et Saint-Michel sont d'autres formes de necks.

▣ CHEMIN FAISANT PAR SAINT-CHRISTOPHE

- De la Croix de Jalasset subsiste un fût daté de 1621. On l'appelle aussi "du champ du journal" : selon la légende, un paysan tint le pari de le labourer en une journée mais mourut au soir d'épuisement.
- À droite, la petite montagne du Croustet est, pour les gens d'ici, une "garde" et, pour les géologues, un cône de scories volcaniques qu'on exploite sous le nom de pouzzolanes.

- L'église de Saint-Christophe-sur-Dolaizon, du XIIème siècle, en pierre volcanique rougeâtre, fut mentionnée en 1161, puis en 1204, par les Templiers du Puy : clocher à quatre arcades et, côté sud, des enfeus extérieurs. Une seigneurie et un château étaient cités au XIVème siècle.
- En bordure de la D 31, restes d'un four banal. Les familles de Saint-Christophe y cuisaient leur pain à tour de rôle, les hommes le chauffaient avec des braises de fagot, les femmes apportaient les *tourtes* préparées dans leurs *paillas*, on en scellait la porte avec de la bouse de vache, en défournant trois heures plus tard on laissait les braises pour la famille suivante.
- Au hameau de Lic, une croix en pierre porte, sculptés sur son fût, les instruments de la Passion.
- Des champs de lentilles vertes du Puy se plaisent en ce sol volcanique : plantes de 20 à 30 centimètres, petites feuilles opposées et denses, gousses ne portant que deux lentilles vertes, marbrées de marron ou de noir.

- Sur la Croix de Ramourouscle (1631), voisine de "l'Assemblée", un Christ à l'avers et la Vierge surmontée d'un ange au revers.
- À proximité, porche de 1674 et, en retrait, maison caractéristique où donats et donates, successeurs des servants des Templiers, recevaient les pèlerins.

▣ LE BŒUF ET L'ÂNE REFUSÈRENT LE RAPT DE MONTBONNET

À l'entrée de Montbonnet, une chapelle Saint-Roch du XIème siècle, très remaniée depuis. Une clef de voûte porte les armes de la famille de Montlaur, donatrice, et deux statues honorent saint Bonnet et sainte Bonnette d'Alvier. Selon la légende, les paroissiens de Bains, jaloux, auraient voulu rapporter chez eux la statue de saint Roch de Montbonnet, mais le bœuf et l'âne attelés refusèrent d'avancer et une roche garde la trace de leurs sabots. À la sortie du village, croix dite du pèlerin.

Grange à Escluzels

Saint-Privat-d'Allier

Saugues

NTRE monts du Velay et plateau du Gévaudan, la profonde entaille de l'Allier oblige les randonneurs à effectuer prudemment, à partir du beau site de Rochegude, une grande descente sur la petite ville de Monistrol-sur-Allier ; un dénivelé conséquent qu'il faut regagner au-delà des orgues volcaniques pour récupérer les hauteurs de la Margeride naissante. Heureusement, la suite n'est plus qu'un doux cheminement où d'agréables bosquets bordent les nombreuses prairies. Au bord de la route une sculpture de la bête regarde et domine Saugues, la capitale du Gévaudan. La dernière descente permet d'admirer ce bourg regroupé autour de la tour des Anglais et de la collégiale Saint-Médard.

Au cœur de cette ancienne place forte, les murs de granit "usés" par les affres du temps seront le meilleur refuge pour le terme de cette deuxième étape.

🌐 CARTES UTILES

- 🌐 IGN 50 Saint-Étienne – Le Puy, au 1/100 000
- 🌐 2736 O Monistrol-d'Allier, au 1/25 000
- 🌐 2636 E Saugues, au 1/25 000

🧍 RENSEIGNEMENTS PRATIQUES
✦ MONISTROL-D'ALLIER (43580)

→ Mairie, 04 71 57 21 21, www.monistroldallier.com

→ Boulangerie avec épicerie (fermée le jeudi sauf en été), bar-restaurant, gare SNCF (faire signe au conducteur)

→ À voir : chapelle troglodyte de Sainte-Madeleine (fermée à la visite !)

→ Centre d'accueil, 19 pl., nuitée 8 €/pers., coin cuisine, accueil équestre, fermé de nov. à fév., 04 71 57 22 22 ou mairie

→ GE La Tsabone, 10 pl., nuitée 11 €, pdj 5 €, repas 13 € (poss. repas végétarien), panier repas 7 €, coin cuisine, accueil équestre, le Bourg, réservation, Mme Maniere, 04 71 06 17 23 ou 06 72 57 62 43, www.latsabone.fr

→ CH, 3 ch., nuitée 20 €/pers., 33 €/2 pers., coin cuisine, ML, le Bourg, M. Ditsch, 04 71 57 24 38

→ H des Gorges – Halte du Pèlerin, 5 ch pour pèlerin, C.O., nuitée et repas 20 €/pers.(ch. dble), pdj 6,10 €, ouvert du 01/04 au 30/09, M. Suc, 04 71 57 24 50

→ Camping municipal du Vivier, 47 empl., tente 5,20 €/pers., ouvert du 15/04 au 15/09, 04 71 57 24 14

❖ SAUGUES (43170)

→ OTSI des Gorges de l'Allier, cours Gervais, 04 71 77 71 38, www.saugues.com

→ Tous commerces et services

→ À voir : le musée Fantastique de la Bête du Gévaudan, la tour des Anglais, la chapelle des Pénitents, des sculptures à la tronçonneuse, le diorama Saint-Bénilde, la collégiale Saint-Médard, la procession de la confrérie des Pénitents (le jeudi saint)

→ GE communal, 17 pl., nuitée 10,20 €/pers., coin cuisine, MLP, ouvert à l'année, M. Blanc, 04 71 77 80 62 (hors saison : OT)

→ Centre d'accueil La Margeride, 120 pl., nuitée 11 €/pers., pdj 5 €, 1/2 pension 27 €, repas 11 €, panier repas 8 €, MLP, ouvert du 01/03 à fin octobre, rue des Tours-Neuves, Mme Mouchet, 04 71 77 60 97, info.lamargeride@wanadoo.fr

→ CH et TH Les Gabales, 15 pl., 1/2 pension 65 €/pers (ch. individuelle), 40 €/pers. (ch. partagée), panier repas 8 €, accueil équestre 8 €/cheval/nuit, ouvert du 15/03 au 10/11, route du Puy-en-Velay, sur réservation, M. Gauthier, 04 71 77 86 92, www.lesgabales.com

→ Gîte de séjour Martins, 20 pl., 1/2 pension 30 €/pers. ; C.O., 1/2 pension 29 €/pers. (+ taxe séjour), repas 12 €, ouvert du 15/03 au 15/11, rue des Roches, Mme Martins, 04 71 77 83 45

→ CH et TH Les Fourneaux, 12 pl., 1/2 pension 38 €/pers.(ch. double), ouvert du 01/04 au 15/11, acheminement, le Rouve, Mme Blanc, 04 71 77 64 15

→ Camping de la Seuge, 127 empl., C.O., tente 6 €/1-2 pers. (+ taxe de séjour 0,40 €/personne), pdj 4,50 €, MLP, accueil équestre, ouvert du 15/04 au 15/08, avenue du Gévaudan, M. Blanc, 04 71 77 80 62 (hors saison : OT)

Au hameau de Rochegude

0,00 Saint-Privat. Depuis le carrefour avec la pompe à essence et le bar, montez à droite par une petite route en laissant plus haut la direction du camping, à droite. 300 m après, dans une épingle (sous le regard de trois croix), quittez le goudron pour un sentier en balcon qui offre une vue panoramique sur le village que vous venez de quitter. Au bout de 300 mètres, vous reprenez le goudron sur la droite en laissant de part et d'autre un embranchement. Suivez cette route sur 500 m.

01,1 Après une maison*, montez un chemin raide pour atteindre l'extrémité de la voie d'accès goudronnée à la maison. Allez à droite sur 40 m avant de prendre un chemin pavé, à gauche.

01,4 Combriaux : prenez pied sur le goudron que vous suivez à gauche. Au carrefour dans le hameau, poursuivez à gauche. Avant de rejoindre la bifurcation de routes, allez à droite sur un sentier. Il vire et devient creux.

01,9 Prenez la petite route à droite sur 500 m environ, puis empruntez un sentier à droite, parallèle à la route que l'on retrouve 220 m plus loin. Avant le village, laissez une route monter à droite.

0h50 **03,3** Carrefour dans le hameau **Rochegude :** descendez à gauche une petite ruelle (967 m) qui devient rapidement sentier. Il descend fortement un long moment sur un parterre rocheux et glissant (impraticable sur deux roues).

04,1 Vous tombez sur une route (D 301) que vous suivez sur la gauche. Après le point bas, laissez une petite route à gauche comme à droite et empruntez un chemin sur la gauche entre deux murettes, sur 90 m.

1h10 **04,5** **Pratclaux.** Prenez le goudron à gauche et 20 m plus loin virez à droite.
Après un pâté de maison, laissez plusieurs chemins à gauche ; après la dernière maison, prenez un chemin à droite sur 80 m. Traversez la D 301 pour continuer en face

sur un autre chemin entre deux murettes. Vous retrouvez le goudron que vous suivez à droite sur une centaine de mètres pour prendre à gauche un chemin (panneau "Danger carrière").

05,4 Quittez le chemin dans un virage pour un sentier à droite ; il est en partie très caillouteux.
Descendez ensuite une route à gauche sur 50 mètres avant de reprendre un autre sentier raide et glissant. Vous retrouvez la route que vous suivez désormais en descente.

2h40 06,5 Monistrol-d'Allier. Au carrefour, descendez en face la D 589 et 200 m après traversez le pont métallique (599 m). Suivez à droite la route sur 200 m avant de descendre à droite à la bifurcation en prenant la direction de la Madeleine. Dans la montée, vous laissez "Le sentier des Orgues" à droite.

07,8 Quittez le goudron pour un chemin raide à gauche, fermé par une barrière. Plus haut, après la chapelle dans la roche, le chemin est aménagé de marches en rondins.

08,1 Escluzels : sur le goudron allez à droite et, 30 m plus loin à la bifurcation dans le hameau, poursuivez à gauche.
Autre bifurcation où le GR 65 monte à gauche en suivant le goudron. Plus haut laissez un chemin à droite. Quittez le goudron pour un chemin à gauche qui exécute un lacet.

09,0 Traversez la route et prenez un bout de sentier en face. De nouveau traversez la route (D 589) pour continuer sur un chemin qui part vers la droite. Il monte longuement en lacet.
Au coude d'une petite route, montez en face. Au carrefour 140 m au-dessus et à gauche du hameau de Montaure, poursuivez à gauche.

11,3 Après le point haut (1021 m), prenez un chemin blanc à gauche et 200 m plus loin laissez un embranchement à gauche. Le chemin s'infléchit Sud-Sud-Ouest.

3h10 12,6 Roziers. Goudron ; carrefour : continuez en face et, au prochain, allez à droite en suivant la route. Plus loin, laissez un embranchement à gauche, puis un autre à droite.

À la bifurcation en Y, poursuivez à droite (Ouest) sur la route. Elle descend au ruisseau puis remonte.

Au point haut (1049 m), laissez un chemin à gauche puis un autre 100 m plus loin.

14,4 Le Vernet : montez à droite et, 50 m plus haut, allez à gauche après la fontaine. À la sortie, prenez à gauche un chemin marqué par une croix perchée sur une roche.

Le chemin se réduit en un sentier qui rejoint plus tard un bout de chemin.

4h00 **16,2 Rognac.** Allez vers la droite et passez à gauche du hameau en suivant la route. À 700 mètres, laissez une route à gauche vers Saint-Prejet.

17,1 Au bout de la ligne droite, prenez en face un petit chemin herbeux avec des passages rocailleux. Il se poursuit tout droit en un chemin que vous quittez à son tour en continuant toujours tout droit. Après, prenez un autre chemin tout droit en descente.

Remarquez les sculptures en bois dédiées aux pèlerins.

18,2 Traversez la D 589 pour descendre en face une petite route en sens interdit. 300 mètres plus bas, laissez une petite route à droite.

En bas, allez deux fois à gauche pour prendre la rue de la Demoiselle. Puis, au carrefour, prenez à droite la route du Puy.

4h50 **19,2 Saugues.** Carrefour au centre-ville (960 m) entre la D 589 et la D 585.

* Les VTT continueront tout droit par la D 301. Ceux qui veulent aller visiter Rochegude feront un aller et retour sur la petite route au premier carrefour, en laissant les Combriaux un peu plus haut à droite.

Au carrefour avant Pratclaux, laissez la D 301 pour aller à gauche vers Monistrol, toujours sur la route.

MONISTROL :
DE L'ART ROMAN
À L'E.D.F.

Deux gorges aux roches basaltiques convergent vers le site encaissé de Monistrol-d'Allier où débouche la conduite forcée qui entraîne les turbines d'une usine électrique. Trois retenues l'alimentent et E.D.F. peut y produire 49 millions de kWh. Monistrol a pour église, et pour presbytère, un ancien prieuré roman qui dépendait de l'abbaye de la Chaise-Dieu. Derrière le chevet, la croix gothique XVème ou XVIème siècle porte sur son fût un bourdon et un pèlerin, à moins que ce ne soit saint Jacques lui-même.

PAR MONTAURE,
CHEMIN FAISANT

- Montée rude de Monistrol (619 m) à Montaure (1 022 m) sur le rebord du plateau Gévaudan : c'est le chemin historique.
- Avant Escluzels, la chapelle de la Madeleine est une grotte dans le basalte, avec façade et fronton de pierres, aménagée au XVIIème siècle, date des monnaies trouvées avec des ossements de femme et d'enfant dans les tombeaux du roc, à droite et à gauche. Est-elle simplement née du chemin qui y passe, ou d'un plus ancien habitat celtique ? Mystère…
- À Montaure, haut lieu d'où le regard se porte vers Rochegude et la vallée de l'Allier ; les "boules" sont de gros blocs érodés provenant des fractures du granit de la Margeride. En dessous, un replat marque une coulée de basalte descendue de la chaîne du Devès vers la vallée de l'Allier. Plus bas encore, le creusement du fleuve a retrouvé le lit de granit au-dessous du basalte.
- Entre Montaure et le sud de Roziers, nous faisons un bout de chemin de conserve avec un autre sentier balisé, le GR 412, allant de Brioude vers Grandieu.
- Au Vernet, deux anciennes "Maisons d'assemblée" de Béates ; abri possible dans celle du hameau de Rognac.

La tour des Anglais, à Saugues

soit seules, dans une maison bâtie par les habitants, munie d'une cloche et appelée "l'assemblée", parce qu'elle servait d'école et que tout le village y venait prier lors des veillées. Les mutations de la société et de l'enseignement ont fait disparaître les Béates dans la première moitié du XXème siècle, mais leurs assemblées demeurent sur les bords du chemin. On peut voir, sur la variante de Bains, celle que les habitants d'Augeac ont pieusement restaurée en 1971 avec ses meubles rustiques : petits lits clos, bancs étroits, objets religieux populaires…

LES ANGLAIS DE SAUGUES

Riche en vieilles maisons, Saugues, dont la spécialité était le tournage des *esclops* (les sabots de bois), est dominée par la Tour des Anglais, un donjon carré du XIIIème siècle. La tour doit son nom à des mercenaires pillards qui s'y installèrent au siècle suivant. (Un chevalier anglais mort en 1380 repose d'ailleurs dans une tombe gothique du cimetière.) Elle abrite aujourd'hui un musée.

PÉNITENTS ET PÈLERINS…

Saugues était un point de rencontre de pèlerins, ceux du Puy, ceux qui avaient remonté la vallée de l'Allier, et ceux qui venaient par des voies secondaires du Cantal et du Puy-de-Dôme. L'ancien hôpital Saint-Jacques, devenu hospice, existe toujours. À côté, la chapelle des Pénitents avec, sur son retable du XVIIème, les instruments de la Passion, est le siège d'une confrérie semblable à celle du Puy. Ses pénitents défilent aussi en cagoule blanche le Jeudi saint, sauf ceux qui, en rouge et pieds nus, portent croix et "colonne aux outrages". La collégiale Saint-Médard, surmontée d'un clocher octogonal sur porche, a, dans son trésor, une des plus belles vierges romanes assises qui soient, une Pietà du XVème siècle, des

croix processionnelles Renaissance en argent dues aux orfèvres du Puy. On y voit encore la châsse de saint Bénilde (1805-1862, canonisé en 1967), frère des Écoles chrétiennes et premier instituteur de la localité.

LA BÊTE DU GÉVAUDAN

Et voici, en panneau, une terrifiante bête du Gévaudan : si beaucoup furent commis dans la proche Lozère, bon nombre de ses méfaits eurent pour théâtre la région de Saugues. Est-ce un grand loup solitaire ? ou plusieurs loups ? Sans doute, plutôt que l'hyène échappée de la ménagerie de Beaucaire dont on parla. Et, même pour un loup, la nature des carnages – des enfants et des femmes dévorés, la tête séparée du corps – ne laisse pas d'étonner. La première victime fut une fillette d'Abats-en-Vivarais, le 3 juillet 1764. Puis les morts furent multiples à travers le Gévaudan. Et l'on en fit des estampes dans toute l'Europe. La panique inspirait des témoignages étranges, décrivant la Bête grande comme un âne, avec des écailles, des pattes plus courtes devant. Il y eut des héros : Jeanne Jouve, du Mas de la Vaissière, ayant défendu son enfant contre elle, reçut 300 livres du roi, et le jeune portefaix de Villeret qui avait sauvé sa sœur reçut, lui, 400 livres. Admis aux écoles, il devint officier d'artillerie. On mobilisa contre la Bête des corps de volontaires aux ordres du capitaine Duhamel, puis de M. Antoine, lieutenant des chasses du roi. Il ramena à la cour de Louis XV un gros loup empaillé, tué le 20 septembre 1765. La cour applaudit. Il y eut encore des enfants tués. La cour n'y crut plus. Jean Chastel, qui avait échappé de peu à la mort, pour cause de sorcellerie, tua, en juin 1766, la Bête avec des balles faites de médailles fondues. Et, cette fois, le calme revint.
Mais ne parlez pas en Gévaudan, n'en déplaise à Brigitte Bardot, de réintroduire des loups !

LES BÉATES

Comme les Béguines du Moyen Âge (mais plus obéissantes…), les Béates étaient de saintes femmes qui vivaient une vie spirituelle en communauté, sans pour autant avoir fait de vœux religieux. Leur institution prit son essor au XVIIème siècle, particulièrement en Velay, en Vivarais et en Gévaudan. Fille d'un procureur du roi, Anne-Marie Martel fonda en 1665 au Puy, sur les conseils des Sulpiciens, une congrégation de l'Instruction de Saint-Enfant Jésus, ouverte aux laïques. Ses Béates se consacraient à leur village, gardant les malades, assistant les mourants, veillant les morts, donnant une instruction élémentaire aux enfants, enseignant la dentelle aux jeunes filles.
Les Béates vivaient soit en commun,

Linteau au Villeret-d'Apchier

Saugues
Saint-Alban-sur-Limagnole

UJOURD'HUI, c'est une belle et longue traversée au cœur de la Margeride qui laisse dans votre dos la tour des Anglais pour aller à travers de nombreuses forêts de résineux où le granit affleure çà et là en de jolis chaos. En cours de chemin, la tour de Clauzes posée en équilibre sur un rocher est l'occasion d'une belle pause avant d'aller chercher l'agréable vallon du Virlange, au-delà du Villeret-d'Apchier. La lente montée dans le bois de hêtres, et un peu de route, permettent d'atteindre l'étonnant domaine du Sauvage (variante du GR 65). Ici la solitude est de mise : on imagine aisément les rigueurs de l'hiver battre le granit imperturbable des murs épais du gîte. Si vous n'y faites pas escale,

vous abandonnerez le département de la Haute-Loire pour entrer dans celui de la Lozère à la hauteur de la chapelle Saint-Roch. Peu de changement dans le paysage : vous êtes toujours en Margeride.

🌐 CARTES UTILES

🌐 IGN 50 Saint-Étienne – Le Puy, au 1/100 000
🌐 2636 E Saugues, au 1/25 000
🌐 2636 O Le Malzieu-Ville, au 1/25 000
🌐 2637 O Saint-Chély-d'Apcher, au 1/25 000

Granit ouvragé à la Clauze

23

✤ GREZES (43170)

→ GE Au repos d'Antan, 7 pl.,
1/2 pension 30 €/pers., ouvert du 15/04 au 15/10,
réservation obligatoire, La Clauze, M. et Mme Vidal,
04 71 77 66 56 ou 06 66 47 67 18

✤ CHANALEILLES (43170)
800 m hors GR

→ Bar-restaurant-épicerie (café du Pont)

→ 3,5 km avant Chanaleilles, sur GR : gîte d'étape
du Falzet, 3 ch., nuitée 13 €/pers., pdj 5 €,
repas 13 €, 1/2 pension 28 €/pers.,
panier repas 6 €, le Falzet, Mme Delcros,
04 71 74 42 28

→ 400 m hors GR : GE Café du Pont, 20 pl.,
ch. 15,20 €/pers., pdj 3 €, repas 11 €, dortoir
1/2 pension 22,80 €/pers., coin cuisine, panier
repas 5 €, ML, fermé en décembre et janvier,
Mme Richard, 04 71 74 41 63

→ Ch. chez l'habitant, 5 pl., nuitée 15 €/pers.,
pdj 5 €, repas 10 €, ouvert de Pâques au 15/10,
Mme Pontier, 04 71 74 43 29 (pas sûr de trouver
ouvert en 2008)

→ 6 km après Chanaleilles, sur le GR :
GE du Sauvage, 40 pl., nuitée 10,20 €,
coin cuisine, accueil équestre, le Sauvage,
Mme Chausse, 04 21 24 40 30

✤ LA ROCHE-SUR-LAJO (48120)
800 m hors GR

→ GE, dortoir (10 pl.) : nuitée 7 €/pers.,
coin cuisine ; (3 ch.) : nuitée 10 €/pers., pdj 4 €,
repas 11 €, accueil équestre, ouvert de 01/05
à 30/09, Mme Astruc, 04 66 31 53 22

✤ LES FAUX
48120 – hameau de Saint-Alban) 1,2 km hors GR

→ 900 m hors GR : HR et gîte d'étape L'Oustal
de Parent, ch. (13 ch.), C.O., 1/2 pension de 32
à 52 €/pers.; dortoir (19 pl.) : nuitée 10 €/pers.,
pdj 5 €, repas 10 €, C.O., 1/2 pension 26 €/pers.,
coin cuisine, panier repas 6 €, MLP, accueil
équestre, ouvert 13/02 au 11/11, M. Parent,
04 66 31 50 09, www.oustaldeparent.com

✤ Sᵗ-ALBAN-SUR-LIMAGNOLE (48120)

→ OTSI, rue de l'Hôpital, 04 66 31 57 01

→ Épicerie, boulangerie, boucherie, café,
restaurant, poste

→ HR du Centre et GE, ch. (20 ch.) :
nuitée de 25 € à 46 €/pers., gîte (16 pl.) :
nuitée 10 €/pers., pdj 6 €, repas 13 €,
coin cuisine, C.O., 1/2 pension 27 €/pers.,

gîte ouvert en saison (avril à fin septembre),
panier repas 8 €, 32 Grande-Rue, Mme Gomes,
04 66 31 50 04

→ GE La Croix du Plo, 9 pl., 10 €/p, pdj 5 €,
repas soir 12 €, panier repas poss., ouvert toute
l'année, le Rouget, M. Mme Pic, 04 66 31 53 51
ou 06 33 55 61 03

→ Camping le Galier, 70 empl.,
tente 9,90 €/pers., MLP, ouvert du 01/03 au 15/11,
route de Saint-Chély-d'Apcher, 04 66 31 58 80

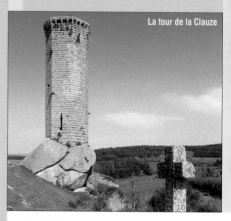

La tour de la Clauze

0,00 Saugues. Du carrefour central,
prenez la rue Ménard en direction de Saint-
Alban, par la D 589. Dépassez la place
Limozin pour descendre la rue de la Margeride. À la trifurcation, continuez en face,
vers Le Malzieu, route du Mont-Mouchet.

00,6 Carrefour : allez en face et traversez
le pont sur la Seuge. Laissez ensuite l'accès
au marché couvert à droite et, un peu plus
loin à gauche, empruntez un chemin blanc.

01,6 Prenez une petite route à gauche et,
à la bifurcation 900 mètres plus loin, allez à
gauche vers…

0h45 03,0 Le Pinet. Au premier pâté
de maisons, allez à droite et dans la
deuxième partie du hameau, virez à gauche
sur le goudron. Face aux dernières maisons,
prenez un chemin blanc à droite. 400 mètres plus loin, laissez venir un embranchement de droite. Le chemin longe plus loin
un bois de pins.

04,5 Carrefour en T : allez à droite.
100 m plus loin, laissez un chemin à droite.

Vous entrez ensuite en forêt et vous laissez tous les embranchements secondaires. Laissez un chemin à gauche dans une clairière. Plus loin, votre chemin est encadré par deux clôtures.

06,1 Carrefour avec une piste plus large que vous laissez sur la droite pour continuer en face. Vous dépassez ainsi une maison et passez le pont de pierre sur la Seuge. À la bifurcation suivante, continuez à droite sur le chemin le plus raviné et plus raide. Sur le haut, il se déroule entre deux murettes.

07,1 Vous suivez le goudron ; au carrefour qui suit continuez en face. Un peu plus loin, laissez un chemin à droite. Au petit carrefour suivant remontez à droite.

1h50 **07,3 La Clauze.** Suivez la route à gauche et laissez la tour vers la gauche. Dans la courbe, laissez un chemin en contrebas et poursuivez sur le goudron. Délaissez tous les chemins à droite comme à gauche en restant sur la route.

09,2 Au carrefour sur un point haut (1152 m), continuez sur la route à gauche vers le Falzet. Sur le bas, laissez un large chemin blanc à gauche. Au carrefour après le gîte d'étape continuez à droite.

10,0 Le Falzet. Au carrefour allez à gauche et, 200 mètres plus loin, au T, prenez la route à gauche. Un peu plus de 100 m plus loin, dans un virage, quittez le goudron pour un chemin en face. 600 mètres après, il devient goudronné.

2h50 **11,1 Le Villeret-d'Apchier.** Au carrefour avec la D 587, continuez en face, légèrement sur la droite, pour descendre une rue assez raide. Aux embranchements suivants, virez d'abord à gauche et, 50 m plus loin, allez à droite. Le goudron est remplacé par un chemin blanc qui longe le ruisseau.

11,5 À la bifurcation après le pont sur la Virlange, prenez à droite sur un chemin raviné. Il se transforme en sentier, file en

Croix sur le chemin après le Rouget

bordure de prairie, puis rejoint un autre chemin à suivre à droite.

12,3 Carrefour au Moulin du Pin : continuez à gauche sur un autre chemin blanc qui plus loin devient plus herbeux.

Au goudron, descendez à droite et, 200 mètres plus loin, au carrefour de Contaldès (1134 m), poursuivez sur un chemin à gauche.

3h30 14,0 Chazeaux. Quand vous retrouvez le goudron, aux premières maisons allez à droite et, 70 mètres après, descendez à droite un chemin blanc sur 120 m. Traversez la route en biais pour continuer sur un autre chemin blanc pendant 800 m environ.

15,0 À la bifurcation en lisière de bois, allez sur le chemin de gauche fermé par un portail. Après avoir pris soin de le refermer, empruntez un sentier à droite qui monte en forêt. Il passe sous une ligne à haute tension que vous retrouvez 600 m plus loin. Traversez ensuite deux petits ponts et passez un autre portail de clôture. 50 m au-dessus, empruntez la…

16,2 D 587 : suivez cette route à gauche.

4h20 17,4 Laissez le **chemin** blanc à gauche (Est) vers **le Sauvage** (variante du GR 65 : voir ci-dessous) et continuez sur la route.

Au col de l'Hospitalet (1304 m), à la hauteur du foyer du ski de fond, laissez à gauche le chemin qui vient du Sauvage et poursuivez toujours sur la route.

19,2 Entrée dans le département de la Lozère et chapelle Saint-Roch. La D 587 devient D 987. Une centaine de mètres après le refuge, quittez le goudron dans une courbe pour un chemin herbeux et raviné, en face.

Vous rencontrez un autre chemin et poursuivez en face.

21,1 Traversez la D 987 et continuez sur le chemin en face. 100 m après, poursuivez en face. 500 mètres plus loin, allez toujours en face. En suivant, vous traversez trois petits ponts faits de dalles de granit. Le chemin s'enfonce sous les pins.

22,6 Carrefour (gîte indiqué vers la gauche) : allez en face dans la forêt du Rouget. Après 600 m, laissez un embranchement qui vient de droite et 140 m plus loin faites encore de même.

À la bifurcation prenez à droite un chemin herbeux. Plus bas il se rétrécit et exécute un lacet serré.

Prenez à droite à la bifurcation sous deux lignes électriques.

6h30 25,5 Le Rouget. Traversez la D 987, descendez en face dans le hameau et, à la bifurcation, prenez à droite. À la sortie et après le goudron, continuez sur un chemin blanc. 200 mètres plus loin, au carrefour en étoile, allez en face. À la bifurcation après un virage, allez à droite sur le goudron d'abord, puis de nouveau sur un chemin empierré.

Carrefour sous une ligne électrique (1028 m) : allez en face et laissez ensuite les embranchements secondaires. 400 mètres plus loin, à la bifurcation en Y avec une petite croix en pierre, prenez à droite. Sur le haut, ce chemin passe entre deux clôtures.

27,2 Prenez la D 987 à gauche sur une

centaine de mètres. Panneau d'entrée de Saint-Alban-sur-Limagnole et carrefour : allez à gauche (sur une route de crête). À la bifurcation, continuez à gauche, et au carrefour en T prenez à droite en laissant l'hôpital à droite (en fait vous le contournez). À la bifurcation 100 m plus loin, continuez à gauche, et à la suivante 200 m après descendez à droite.

Laissez la rue qui mène au château et passez devant l'entrée de l'hôpital. Descendez en face ; au carrefour en T prenez à droite. Sur le bas, prenez à gauche une rue en sens interdit et allez tout droit.

7h30 29,2 Saint-Alban-sur-Limagnole. Petite place et église (953 m).

VARIANTE PAR LE SAUVAGE

Ce détour allonge de près de 4 km et ne se comprend que dans l'hypothèse d'y faire étape.

4h20 17,4 Quittez la départementale et empruntez le chemin blanc à gauche. Au bout de 2,1 km, vous parvenez à…

4h50 **La ferme et le gîte du Sauvage.** Pour retrouver le GR 65, contournez la ferme par la gauche et descendez le chemin vers le sud. À la bifurcation, allez à droite dans la forêt sur un chemin empierré. 1500 mètres après le Sauvage, à la rencontre avec une autre piste, allez en face. 700 m plus loin, laissez un embranchement à gauche. Au terme de 2,9 km de marche depuis le gîte, vous parvenez au col de l'Hospitalet (1304 m), après le foyer de ski de fond. Suivez la D 587 à gauche.

 L'ARCHITECTURE DE LA CLAUZE

Une tour du XIIème siècle, perchée sur un bloc de granit, domine la Clauze, entourée des bases de deux autres tours, hautes encore de 5 mètres. Ce sont les vestiges d'un château qui joua son rôle dans les guerres de Religion.

Caractéristiques de l'architecture du Gévaudan, sobre, puissante et noble, les maisons ont des blocs de granit dans leur façade ou leurs chaînages d'angle, des toitures à tuiles creuses sur une charpente sans chevrons, aux voliges posées directement sur les pannes, la panne sablière, à l'extérieur, reposant sur des corbeaux, à moins qu'un bandeau de pierre ou une génoise ne coiffe la façade.

"Assemblée" (en ruine, mais belle !) au cœur d'un bel ensemble d'immeubles, petite croix et travail de maréchal-ferrant en pierre.

 LES GRENOUILLES DIABOLIQUES

Selon la légende, un pauvre paysan de la Clauze avait enterré ses deux enfants, morts sans baptême, dans un terrain vague. Sa fille y menait paître leur vache.

Elle fut, un jour, mordue par deux grosses grenouilles qui la poursuivirent. Alerté, le père ne vit rien mais prévint le curé qui bénit le sol et y planta la croix. Et les grenouilles, qui retenaient les âmes des enfants anabaptistes, disparurent à jamais.

LES LINTEAUX ANIMALIERS DU VILLERET-D'APCHIER

Au Villeret-d'Apchier (qui a perdu son église), la maison du maçon est ornée d'une sculpture. Elle n'est pas la seule dans cette contrée où l'on sait travailler la pierre. Il y a d'extraordinaires linteaux de portes avec lions, canards ou crocodiles ! Et certains piquets de clôture sont taillés dans le granit. La source du bas du village passe pour guérir des maladies. À gauche, à la hauteur de la D 587, une carrière montre, au milieu du granit de la Margeride, un dyke, petit filon vertical de basalte.

LES TEMPLIERS DU SAUVAGE

À 1 292 mètres, isolé au sommet de la Margeride, face à une large vallée orientée au nord, le domaine du Sauvage comporte des bâtiments en pierre de taille, au bord de la forêt et bordés de pièces d'eau alimentées par la Virlange, ici proche de sa source. C'est une ancienne domerie des Templiers, rachetée par le département de la Haute-Loire, qui le donne en location pour l'élevage de bestiaux. Grâce à quoi, on y trouve à la fois gîte, produits de la ferme… et un accueil digne de ce cadre merveilleux.

Des historiens ont affirmé que l'Hospitalet (le petit hôpital) fut fondé en 1198 par Hélie de Chanaleilles et Hugues de Thoras, puis confié aux mêmes Templiers. Confisqués en 1314 comme tous les biens de l'ordre, domaine et hôpital auraient été dévolus à l'Hôtel-Dieu du Puy, les revenus allant aux hospitaliers de Saint-Jean et le culte étant assuré par les prêtres de Saugues. Gérard Jugnot n'aurait cependant trouvé aucune trace de ces affirmations et penche plutôt

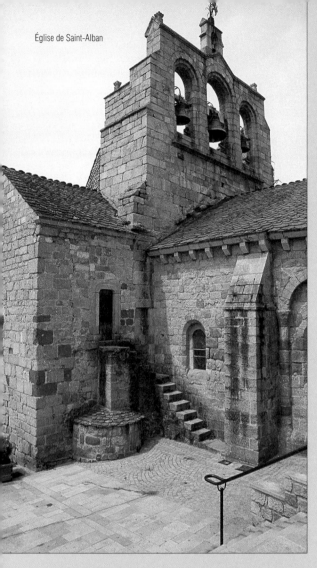

Église de Saint-Alban

LE FELDSPATH DE LA MARGERIDE

La Margeride est la montagne qui sépare la vallée de l'Allier de celle de la Truyère, c'est-à-dire le bassin de la Loire du bassin de la Garonne. Culminant à 1 450 mètres et cœur du Gévaudan, c'est une des plus vieilles montagnes d'Europe, au sol acide où se plaisent la bruyère et le hêtre fayard.

Et aussi : framboises, myrtilles, lièvres, sangliers. Mamelonnée, immense, avec quelques villages nichés près des sources, couvertes de pâturages entrecoupés de bois, elle est parsemée de blocs de granit aux formes bizarres et, aujourd'hui, prospectée pour l'uranium. Sur sa partie centrale que nous traversons, on trouve un beau granit le feldspath de la Margeride.

CHEMIN FAISANT VERS SAINT-ALBAN

- Le village du Rouget tire son nom du grès rouge oligocène d'un petit fossé d'effondrement, utilisé pour la construction des maisons, des murettes et des croix.

- À la sortie de ce hameau, croix de fer forgé sur fût pyramidal et socle en gradins.

- À Saint-Alban, le chemin longe l'hôpital psychiatrique : 600 malades, 400 emplois.

Agrandi et modernisé, il a succédé à l'ancien asile d'aliénés créé en 1821 au château d'Apcher, cédé par la famille Morangiès qui en était propriétaire depuis 1621.

- On passe d'ailleurs devant le portail fait de moellons de grès à facettes portant sur son tympan le blason, érodé, des Apcher et donnant sur la cour du château. Il garde quelques vestiges de la forteresse féodale du XIIIème siècle, mais c'est pour l'essentiel un bâtiment Renaissance à trois galeries superposées. Vente d'objets d'ergothérapie.

pour une fondation directe par l'Hôtel-Dieu du Puy. Quoi qu'il en soit, les guerres de Religion ruinèrent les édifices. Mais le culte de saint Roch, qui avait supplanté celui de saint Jacques, resta attaché à la fontaine.

LE BERGER DANS SON ATEUIL ROULANT

Jusque vers 1960, les villages de la Margeride confiaient leurs troupeaux (souvent mille têtes) à un berger responsable de la production de laine et d'agneaux. Il devait aussi assurer la fumure des terres de chacun, selon un parcours dont il restait maître, en enfermant de nuit le troupeau entre des claies mobiles. Pour lui-même, il disposait d'un abri roulant nommé *ateuil*, pourvu d'un timon. Il y aménageait deux litières de paille ou de feuilles de hêtre, pour lui et pour le parent venu le ravitailler. Les bergers transhumant pour leur compte obéissaient aux mêmes règles.

Église d'Aumont-Aubrac

Saint-Alban-sur-Limagnole
Aumont-Aubrac

OURNÉE de transition entre les plateaux de la Margeride et de l'Aubrac où le relief plus tourmenté de chaque côté de la vallée de la Truyère égayera votre étape, heureusement assez courte pour vous reposer de celle de la veille. Quelques petits bourgs rythmeront votre marche au cœur de la Lozère.

Il faudra passer la Truyère au pont des Estrets pour pouvoir s'insinuer dans les forêts de résineux, hélas dévastées par la tempête de 1999. Avec l'aide probable de la main de l'homme, le temps effacera doucement cette blessure.

L'harmonie et la sérénité qui règnent dans le bourg d'Aumont-Aubrac, joliment préservé et restauré, combleront votre étape.

Sur l'église d'Aumont

⊕ CARTES UTILES

⊕ IGN 58 Rodez – Mende, au 1/100 000
⊕ 2637 O Saint-Chély-d'Apcher, au 1/25 000

🚶🚶 RENSEIGNEMENTS PRATIQUES

✦ ESTRETS (48700)

→ GE Rousset, 20/22 pl., nuitée 13 €/pers., pdj 5 €, repas 12 €, coin cuisine, ouvert 01/04 à mi-octobre, M. Rousset, 04 66 31 27 74

✦ AUMONT-AUBRAC (48130)

→ OT de la Terre de Peyre, maison du Prieuré, rue de l'Église, 04 66 42 88 70, www.ot-aumont-aubrac.fr

→ Tous commerces, services, gare SNCF

→ À voir : église Saint-Étienne,
et pour les courageux : la salle d'exposition
des fouilles archéologiques de Javols (à 6 km)

→ Accueil spirituel à la salle Saint-Étienne,
hébergement sommaire (au sol), C.O., coin
cuisine, permanence à la paroisse 14h30-18h30
(en juillet/août), M. Timofeeff, 04 66 32 80 92

→ GE Le Calypso et Aubrac H, gîte (14 pl.) :
nuitée 11 €/pers., ouvert du 01/04 au 15/10 ;
H (13 ch.) : nuitée de 40 à 60 €/ch. (selon ch.),
pdj 6 €, 1/2 pension (en gîte ou H) 28 €/pers.,
coin cuisine, ouvert toute l'année, pl. du Foirail,
M. Dutartre, 04 66 42 99 00

→ 2 km hors GR : camping municipal, 100 empl.,
tente 5,80 €/pers., ouvert du 01/06 au 30/09, N 9,
mairie 04 66 42 80 02

❖ FAU-DE-PEYRE (48130) 8 km hors GR

→ Hôtel-restaurant

→ Gîte d'étape Estevenon, 18 pl.,
nuitée 10 €/pers., coin cuisine, ouvert de mai
à nov., Mme Estevenon, 04 66 31 11 10

La Bête à Aumont-Aubrac

00,0 **Saint-Alban.** Face au porche
de l'église, prenez à gauche une ruelle en
sens interdit et devant l'école allez à gauche,
rue de la Cournelle. Ensuite, traversez la
place sur la gauche et encore sur la gauche
en prenant la route.

00,5 Au carrefour, suivez la D 987 à
droite et dépassez le stade.
Après le panneau de sortie d'agglomération,
empruntez à droite un chemin blanc. Il vire
à gauche un peu plus loin dans le bosquet
de pins. À la bifurcation, 500 m plus loin,
montez à droite sur un chemin qui se
ravine au-dessus. Une croix vous attend sur
le point haut. À la hauteur d'une maison,
poursuivez sur le goudron ; dans un virage
vous laissez un chemin à droite.

02,4 Hameau de Grazières-Mages : au
carrefour, allez à gauche et à la bifurcation
suivante prenez à droite.
Au carrefour suivant prenez encore à gauche et traversez deux ponts. Dans le virage
prenez tout droit un bout de sentier.

02,7 Traversez la D 987 et prenez en face
un chemin qui part de biais. Il s'avère
raviné et se réduit rapidement en un sentier
qui file entre deux clôtures sous les pins
sylvestres. Sur le haut, à découvert, il redevient chemin.

1h10 **04,7** Allez à droite sur la route,
contournez le hameau de **Chabanes-Planes*** (1017 m) et montez la route des Estrets vers le Sud-Est.
Au point haut, prenez un sentier en creux
comportant des passages boueux sur 200 m.

05,6 Au carrefour de chemins, poursuivez en face. Vous longez un bosquet entre
deux clôtures, puis à travers champs à la
sortie du bois.
Le chemin s'enfonce de nouveau dans un
bosquet de pins et descend assez raide en
deuxième partie, puis il sort du bois.

1h50 **07,4** **Les Estrets.** Descendez le
goudron d'accès à une maison sur 50 mètres, puis prenez à droite une ruelle au-dessus de l'église. Ensuite, tournez à gauche et
40 m plus loin utilisez à droite la rue prin-

cipale. Au carrefour, allez à gauche en laissant un gîte à 50 mètres (panneau).
Traversez la N 106 ; 60 mètres plus loin virez à droite.

08,0 Le pont des Estrets : traversez le pont sur la Truyère et, 50 m après, tournez à gauche entre les maisons. Rapidement, virez à droite après les maisons et remontez un petit chemin sablonneux entre deux clôtures. Au coude d'une petite route (996 m d'altitude ; à 50 m de la D 7), vous descendez à gauche.

2h20 **09,1** Hameau de **Bigose.** Montez vers la droite (poteau électrique). Le chemin remonte doucement le vallon, puis traverse le ruisseau. Plus loin il vire à gauche et s'élève plus fortement. Sur le haut, il traverse un bosquet de pins ravagé par la tempête.

11,0 Vous rencontrez une autre piste que vous suivez à droite et 100 m après, au carrefour, continuez tout droit. Puis, 40 mètres plus loin, laissez un embranchement à gauche. Cette large piste court longuement entre deux clôtures.

12,8 Prenez la D 7 vers la gauche (Sud-Ouest). Plus tard, vous laissez une route à gauche (vieux pigeonnier).

13,8 Quittez le goudron pour un sentier à droite marqué par une croix avec une coquille (1087 m). 500 mètres après, retrouvez la D 7 que vous n'empruntez pas pour suivre une petite route à droite sur 200 m.

14,5 Après le stop, suivez de nouveau la D 7 pour entrer dans Aumont-Aubrac. Dans une courbe, descendez un petit escalier (gîte à droite), puis en suivant traversez la place et l'avenue du Repos. En face et un peu à gauche, prenez la rue du Prieuré. Au bout, vous pouvez aller à l'église et la place du Cloître, sinon montez à gauche.

3h50 **15,2 Aumont-Aubrac.** Place du Portail et sa fontaine.

* En VTT, évitez les 200 m de sentier boueux après Chabanes-Planes. Il suffit de continuer sur la route et prendre le premier chemin à droite.

Le moulin des Estrets

L'ÉGLISE ROUGE DE SAINT-ALBAN-SUR-LIMAGNOLE

Saint-Alban-sur-Limagnole (2 000 habitants) est au cœur d'un bassin d'effondrement de grès rouge et d'argiles bariolées, prolongé au nord vers le Malzieu. La Limagnole, affluent de la Truyère, le traverse. Le bourg s'est établi sur le versant sud au débouché des cols de la Margeride, autour du château féodal et de l'église dédiée à saint Alban, premier martyr d'Angleterre : église romane plusieurs fois remaniée. Le clocher-mur, à trois baies et trois cloches, est surmonté d'un autre clocheton. L'abside XIème siècle (?) est garnie d'une arcature en plein cintre aux sveltes colonnes cylindriques. Dans la nef où le grès rouge local joue dans un appareil polychrome, chapiteaux sculptés de feuilles d'acanthe, d'imbrications, de figures grotesques, de griffons et sirènes.

CHEMIN FAISANT VERS LA TRUYÈRE

- En quittant Saint-Alban, sur une hauteur, grande croix sculptée au socle en gradins : d'un côté le Christ, de l'autre la Vierge.
- On retrouve là le granit porphyroïde de la Margeride. Plus loin, la granulite (granit à mica blanc) est exploitée, non loin de la D 987.
- Sur le plateau en granit et granulite de Chabanes-Planes, avant le village, des quartz roulés alluvionnaires.
- À la sortie de Chabanes, à droite

de la route, bâtiment voûté de 1794, restauré en 1900 : lavoir ou fontaine avec bassin et canalisation, gardant sur le mur du fond, dans une niche, une petite Vierge noire.

LES PASSAGES DES ESTRETS

Les Estrets (étroiture en oc, à moins que ce ne soit *strata*, route en latin) est une ancienne commanderie des Hospitaliers de Saint-Jean-de-Jérusalem, dépendant de Cap Francès sur le mont Lozère, et contrôlant le passage de la Truyère. Des Estrets à Aumont, on suivra la *Via Agrippa* (voie romaine de Lyon à Toulouse), localement confondue avec l'antique Voie d'Auvergne. Un peu plus loin, le pont des Estrets, où l'on versait péage au seigneur de Peyre qui, à partir du XIIIème siècle, le partagea avec celui de Châteauneuf-de-Randon. La chapelle de la Vierge des Estrets est devenue sanctuaire paroissial en 1843 ; une plaque le dit, l'église actuelle fut édifiée à son emplacement sur l'initiative de Mme Vve Mourgues : édifice au clocher-mur à double arcature, avec statue mariale sous le porche, statues de la Vierge, de saint Blaise et de saint Roch à l'intérieur.

AUMONT-AUBRAC, LA BÉNÉDICTINE

Aujourd'hui station estivale du Gévaudan, Aumont-Aubrac (de *altum montem*, haute montagne) était au carre-

four des antiques voies d'Auvergne et de Lyon à Toulouse.

De la fontaine à la rue de l'Église, nous suivons la rue du Barri-Haut (un *barri*, mot occitan, est un faubourg), la place de la Croix (celle d'une mission du XIXème), le chemin Royal et la place du Cloître…

L'église Saint-Étienne est un ancien prieuré bénédictin, remontant à 1061, attesté en 1123, au cœur de la baronnie de Peyre. Très remaniée, elle garde des temps romans un chevet en cul-de-four aux nervures en arc brisé et, à l'intérieur, les chapiteaux sculptés des troncs de colonnes reposant sur des culs-de-lampe. Autres culs-de-lampe en forme de masque au bas des ogives des chapelles et des nervures de la nef. Mobilier et vitraux modernes.

Le bourg, autrefois fortifié, conserve des maisons des XVIème et XVIIème siècles, aux façades de pierre de taille, aux rez-de-chaussée voûtés s'ouvrant en arceaux. Au-dessus d'une niche vitrée, une pierre sculptée vient peut-être du prieuré : certains y ont vu une svastika, d'autres, plutôt le trigramme JHS (*Jesus Hominum Salvator* : Jésus, sauveur des hommes).

LES MONTS D'AUBRAC

Des premiers contreforts d'Aumont (1 000 mètres environ, en Lozère) à Saint-Chély-d'Aubrac (808 mètres, en Aveyron), le chemin traverse les monts d'Aubrac. Son point culminant (1 368 mètres), peu avant le village du même nom, marque la frontière des deux départements. Ces monts qui s'étendent entre les vallées de la Truyère et du Lot sont faits d'une immense coulée de lave fluide, épaisse de plusieurs centaines de mètres et devenue le basalte. Leur profil est dissymétrique, en pente douce vers le Gévaudan, abrupte vers le Lot. C'est surtout, passés quelques vestiges de forêt, une terre de pâturages : herbes dures, rocs erratiques, hauteurs dénudées, fonds marécageux.

Draille sur l'Aubrac

Aumont-Aubrac

Nasbinals

OUR BEAUCOUP, la symbolique du chemin de la *via Podiensis* (voie du Puy) puise son image au cœur du plateau de l'Aubrac. Cet espace, fait d'immensité et de solitude, est devenu un véritable mythe au point qu'on le redoute peut-être, mais qu'on l'espère toujours. En deuxième partie, après l'escale typique *Chez Régine*, suivez les drailles, parfumées au printemps. C'est le temps de la transhumance où les vaches de race Aubrac, au regard andalou, occupent, durant la bonne saison, les pâturages divisés par les murettes et les clôtures. Le vent, la neige parfois, peuvent surprendre le pèlerin ; quand le brouillard s'en mêle, les chaos granitiques deviennent fantomatiques et réveillent les légendes.

Laissez votre imagination galoper, mais ne perdez pas de vue votre chemin.

🌐 CARTES UTILES

🌐 IGN 58 Rodez – Mende, au 1/100 000
🌐 2637 O Saint-Chély-d'Apcher, au 1/25 000
🌐 2537 E Fournels, au 1/25 000
🌐 2537 O Nasbinals, au 1/25 000

🚶🚶 RENSEIGNEMENTS PRATIQUES
✚ Sᵀ-COLOMBE-DE-PEYRE (48130)

➔ 2,5 km hors GR CH Le Chaudoudoux, 4 ch., 13 pl., nuitée 40 €/pers., 50 €/2 pers., pdj compris, Lasfonds, réservation, Mme Pauc, 04 66 42 93 39

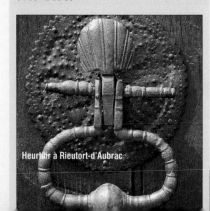
Heurtoir à Rieutort-d'Aubrac

❖ LES QUATRE-CHEMINS
(48130 LA CHAZE-DE-PEYRE)

➜ GE Chez Patrick, 16 pl, C.O., nuitée 12 €/pers., pdj 5 €, repas 10 €, accueil équestre, ouvert du 01/04 au 01/10, M. Salvan, 04 66 42 88 47

❖ PRINSUÉJOLS (48100)
3 km hors GR

➜ Bar-restaurant

➜ GE communal, 55 pl., C.O., nuitée 10 à 15 €/pers., coin cuisine, panier repas, Le Relais Prinsuejols, 04 66 32 52 94

❖ MALBOUZON (48270) 1,7 km hors GR

➜ Épicerie, boulangerie, café, restaurant, poste

➜ Centre d'accueil municipal, ouvert de mai à septembre ; pour tous renseignements contactez la mairie 04 66 32 53 20

❖ FINIEYROLS
(48100 – hameau de Prinsuejols)

➜ 400 m avant Finieyrols : CH, TH et GE Les Gentianes, ch. (5 ch.) : C.O., 1/2 pension 35 €/pers., ouvert du 01/04 au 30/09 ; gîte (19 pl.) : nuitée 13 €/pers., 1/2 pension 31 €/pers., MLP, coin cuisine, pdj 5 €, panier repas 6 €, accueil équestre, camping possible, ouvert du 01/04 au 30/09 à partir de 15h, Mme Corriger, 04 66 32 52 77

❖ RIEUTORT-D'AUBRAC (48260)

➜ Accueil pèlerin l'Ange Gardien (2 yourtes), 20 pl, 1/2 pension 30 €/pers., accueil équestre, MLP, réservation (uniquement par téléphone) fortement conseillée pour les mois d'avril à août, Mme Marie, 04 66 32 79 54, http://langegardien.monsite.wanadoo.fr

❖ MARCHASTEL (48260)
2 km hors GR (sur variante GR 65A)

➜ CH et TH Les Puechs de l'Aubrac, 11 pl., nuitée 47 à 49 €/2 pers., pdj compris, repas 16,50 €, sur variante GR 65A, réservation, Mme Boyer, 04 66 32 53 79, http://www.location-gites-aubrac.com/activites/activite.htm

❖ NASBINALS (48260)

➜ OT, 04 66 32 55 73, http://ot.nasbinals.free.fr

➜ Commerces et services

➜ À voir : l'église Sainte-Marie et son mobilier, le buste de Pierrounet (guérisseur local)

➜ Gîte communal Maison Richard, 19 pl., 7,50 à 9 €/pers. (selon saison), coin cuisine, ouvert 01/04 au 31/10, rue Principale, 04 66 32 59 47

➜ GE La Grappière, 15 pl., nuitée 17 €/pers., pdj compris, coin cuisine, ouvert du 15/03 au 15/10 (hors saison : sur réservation), rue de la Pharmacie, Mlle Buffière, 04 66 32 15 60, www.lagrappiere.com

➜ Centre d'accueil, 40 pl., ch. : nuitée de 12 à 15 €/pers. (selon saison) ; dortoir : nuitée de 10 à 13 ?/pers. (selon saison), coin cuisine, pas de repas, 04 66 32 50 42, www.nada-aubrac.com

➜ 400 m hors GR : ferme équestre des Monts d'Aubrac, 22 pl., nuitée 20 €/pers., pdj compris, 1/2 pension 30 ?/pers., panier repas 7 €, accueil équestre, fermé du 30/11 au 26/12, route de Saint-Urcize, Mme Moisset, 04 66 32 50 65 ou 06 77 51 03 25, www.equitation-aubrac-lozere.fr

➜ Camping municipal, 75 empl., tente 4 €/pers., ouvert du 25/05 au 30/09, route de Saint-Urcize, 04 66 32 51 87

00,0 Aumont-Aubrac. De la place du Portail, partez en direction de Nasbinals, puis empruntez la D 987 après la bifurcation. Passez sous la voie ferrée et, de suite après, suivez à gauche une petite route sur 370 m.

00,8 À la hauteur d'une grange, quittez le goudron pour un chemin fermé à la circulation par une chicane en bois. Il monte raide et tout droit sur une sorte de plateau. Vous retrouvez le goudron que vous suivez à droite et vous laissez, 60 mètres plus loin, une route à gauche.

01,6 Dans une légère courbe à droite, prenez à gauche un chemin qui longe un instant l'autoroute avant de passer dessous. À la sortie du tunnel continuez à droite sur 50 m avant de prendre, à gauche, un chemin blanc que vous suivez longuement.

03,8 Empruntez à droite une petite route (alt. 1016 m). À la bifurcation, à hauteur du cimetière, prenez à droite.

1h10 04,7 Chaze-de-Peyre. Au premier carrefour, allez à droite et passez devant le monument aux morts. Prenez ensuite à droite la direction d'Aumont-Aubrac. À la bifurcation avec un lavoir, suivez à gauche la direction de Labros.

Passez un point haut avec une croix et un réservoir, poursuivez tout droit.

05,8 Carrefour à la **Chapelle de Bastide :** empruntez la D 987 en laissant plusieurs petites routes.

1h40 06,7 Labros. Traversez le village ; à sa sortie, prenez une petite route à gauche. En bas, 300 m plus loin, laissez un chemin à gauche. À la fin du goudron, poursuivez sur un chemin empierré sur 100 m et laissez un embranchement à gauche.

07,9 Au carrefour en T tournez à gauche ; 400 mètres plus loin suivez une petite route en face. 100 mètres encore et laissez le GR de Pays avec un chemin à gauche. De nouveau, après le goudron, continuez sur un chemin blanc. À l'angle d'un bosquet, laissez un chemin à gauche.
Après un petit pont, le chemin devient gris, mais au point haut il retrouve sa couleur blanche.

2h40 10,6 Carrefour (1174 m) des **Quatre Chemins,** à la hauteur du café Chez Régine : poursuivez en face. 150 m plus loin, empruntez sur la D 987 sur environ 300 m.
Quittez alors le goudron pour un chemin à gauche fermé par une chicane en bois. 80 m après, continuez en face entre deux clôtures (de chaque côté la forêt dévastée par la tempête).

11,9 Vous passez un tronc couché et un petit ruisseau. Quelques zones boueuses parsèment le parcours sur cette traversée du plateau de l'Aubrac.
Carrefour de chemins : laissez à gauche la direction du gîte d'étape de Prinsuéjols et poursuivez tout droit.
Passez une clôture que vous prendrez soin de refermer.

13,3 Traversez une petite route non loin du moulin de la Folle pour continuer en face sur un chemin entre deux murettes. Vous laissez un peu plus loin un embranchement à gauche. Vous passez de nouveau une clôture.

Devant l'église de Nasbinals

Après le pont de pierre, le chemin s'élargit et devient gravillonné.

15,4 Coude d'une petite route près de la ferme de Ferluc : poursuivez en face et au carrefour, 50 m plus loin, faites de même. Traversez la D 73 et prenez en face la direction de Finieyrols (route interdite aux véhicules).

4h00 16,2 Hameau de **Finieyrols.** Juste à la sortie, tournez à droite (une source se trouve 50 m à gauche) sur un chemin gravillonné qui monte et vire vers la gauche.
À la bifurcation après un ruisseau (1192 m), montez à droite un chemin entre clôtures et murettes. Point haut (1245 m), au Roc des Loups.

18,5 Carrefour en T avec une piste gravillonnée : suivez-la à droite.

19,0 Empruntez la route à gauche et passez le pont sur le ruisseau de la Peyrade. Poursuivez sur le goudron pendant 900 m.

5h00 20,0 **Rieutort-d'Aubrac.** Traversez le hameau. À la bifurcation (cabine téléphonique), continuez tout droit sur la route, dans la vallée de la Dévèze.

22,0 Carrefour avec la D 900 que vous suivez à droite pour traverser le pont sur le Bès (1153 m). Ensuite, à la bifurcation, laissez la branche de gauche et, juste après une borne kilométrique, quittez le goudron pour un chemin caillouteux qui monte à droite. Après 800 mètres, retrouvez le goudron que vous suivez à droite.

6h00 23,8 **Montgros.** Au carrefour, laissez la *Maison de Rosalie* (gîte) à droite et poursuivez tout droit. À la sortie du hameau, au carrefour avec une croix, allez en face deux fois pour prendre un chemin entre deux murettes. Passez un ru et virez vers la gauche.
Traversez une petite route en biais et poursuivez sur le chemin en face. Au carrefour suivant (croix), continuez toujours en face.

25,7 Empruntez une petite route sur 50 m avant d'emprunter la D 900 à droite. Allez en face aux deux stops.

6h40 26,3 **Nasbinals.** Église romane.

VACHES, FROMAGE ET THÉ D'AUBRAC

L'Aubrac est divisé en quelque trois cents "montagnes", secteurs que se partagent les troupeaux de cent neuf communes.

Les ovins ont cédé la place aux bovins, mais ceux-ci, environ 50 000, ont des lettres de noblesse : la race d'Aubrac, d'un blond fumé, aux cornes harmonieuses, les yeux cernés de noir, et très sobre, descend du *bos longifrons*.

L'estive, sans étable, dure 145 jours à partir de la Saint-Jean. Quelques *cantalès*, chefs d'équipes, et leurs pâtres moulaient encore récemment dans leurs burons, surtout grâce au tourisme, ces tomes ou fourmes que nous appelons du cantal. Autour d'eux, l'Aubrac se dépeuple dangereusement.

Il y a aussi le "thé d'Aubrac" : c'est l'une des 12 800 plantes qui fleurissent sur cette montagne, le calament, une labiacée haute de plus de 30 centimètres, à la feuille argentée et dentée, aux fleurs en grappes roses, à l'odeur suave, qui pousse dans les clairières ensoleillées. La tisane de fleurs séchée est sédative, tonique et digestive.

CHEMIN FAISANT PAR LE ROC DES LOUPS

- La Rimeyre, petit affluent de la Truyère, alimente le moulin de la Folle, devenu centre de rassemblement de bestiaux, et le barrage de Malpertus ("mauvais passage").

- Le Roc des Loups, de sa hauteur de 1 273 mètres, nous rappelle que les bergers eurent à cohabiter avec ces meutes de prédateurs.

- Rieutort-d'Aubrac (*rieutort* : ruisseau tortueux), village isolé, est construit tout en pierres : deux beaux abreuvoirs à fontaine pyramidale et cuves de granit, un four banal, une porte arquée de jardin.

- À droite du chemin, sur le Bès, le moulin de Bouquincan, devenu un élevage de bovins, doit son nom à une défaite subie là par le capitaine anglais de Buckingham.

- En face, à gauche, une carrière de granit produit des piquets de clôture, des marches de perron, des pierres tombales.

L'ÉGLISE AUVERGNATE DE NASBINALS

À Nasbinals, centre de tourisme et marché aux bestiaux, l'église romane du XIème siècle est typiquement auvergnate : murs de basalte brun sous toit de schiste, nef unique, abside ornée d'une galerie d'arcatures et deux absidioles, croisée du transept en coupole sur quatre arcades et quatre forts piliers supportant le clocher octogonal, voûtes en berceau, sauf la nef, refaite en ogives à l'époque gothique. S'ouvrant au midi sur la place publique, portail à double voussure en plein cintre, avec trois chapiteaux à décor végétal et un quatrième évoquant le combat d'un sagittaire et d'un lancier. Christ du XVIème siècle et mobilier polychrome du XVIIIème.

LE CONTRE-RÉVOLUTIONNAIRE ET LE REBOUTEUX

Deux fils de Nasbinals sont célèbres : le rebouteux Pierrounet Brioude (1832-1907), berger, puis cantonnier, qui "pétassait" foulures et fractures et qu'on venait voir en train et diligence de toute la France, puis d'Europe ; devenu aveugle, il soignait toujours ; et le notaire Charrier, député du Tiers État, qui créa un véritable maquis contre-révolutionnaire dans la Lozère et fut exécuté en 1793 à Rodez.

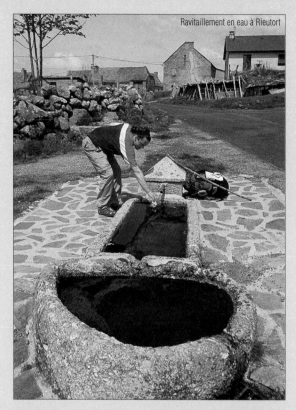
Ravitaillement en eau à Rieutort

La domerie d'Aubrac

Nasbinals
Saint-Chély-d'Aubrac

 ES DERNIERS pas sur
le plateau d'Aubrac
ne sont pas les moindres.
Les 1368 mètres
d'altitude du col entre Nasbinals et
Aubrac en font un des points le plus
hauts de tout le parcours.
On ne retrouve ces hauteurs
que dans la traversée des Pyrénées,
si loin encore…
Il est toujours bon de cheminer
à travers les pâturages où, à notre
grand regret, les burons abandonnés
ne fleurent plus ce fromage d'Aubrac
si goûteux et si parfumé. Un manque
que l'on peut toutefois combler
au prestigieux hameau d'Aubrac,
étape historique. Ici, la puissance
dégagée par les bâtiments de la
domerie rassure le pèlerin au cœur
des grands espaces. Ensuite,
la transition paysagère se fait petit

à petit dans la descente, jusqu'à
Saint-Chély-d'Aubrac. Un compromis
entre le plateau que l'on vient
de quitter et la vallée du Lot à venir.
L'UNESCO a reconnu la particulière
beauté de cette étape, considérée
comme jalon historique et
symbolique du patrimoine mondial
des "Chemins vers Saint-Jacques-
de-Compostelle" en France.

🌐 CARTES UTILES

🌐 IGN 58 Rodez – Mende, au 1/100 000
🌐 2537 O Nasbinals, au 1/25 000

👫 RENSEIGNEMENTS PRATIQUES

✤ AUBRAC
(commune Saint-Chély-d'Aubrac, 12470)

→ Restaurants, cafés

→ À voir : l'église, la tour des Anglais,
les vestiges de la dômerie, le jardin botanique,
exposition et projection à la maison d'Aubrac
(présentation des arts et traditions populaires)

Ancien buron

→ Gîte d'étape La Tour des Anglais, 24 pl., nuitée 8 €/pers., pas de repas, coin cuisine, ouvert de mai à sept. (à partir de 17h30), 05 65 44 21 15

→ Village Vacances Le Royal Aubrac, accueil pèlerin suivant disponibilités, nuitée 22 €/pers. pdj compris, poss. de cuisiner (selon hébergement), renseignements au 05 65 44 28 41

→ HR de la Dômerie, 26 ch., C.O., 1/2 pension 57 €/pers. (en ch. double), pdj 9 €, ouvert du 05/02 au 15/11, 05 65 44 28 42, www.hoteldomerie.com

✤ AUBRAC SAINT-CHÉLY-D'AUBRAC
(12470)

→ OT (bon accueil, coin documentation), route d'Espalion, 05 65 44 21 15

→ Tous commerces (boulangerie et épicerie fermées le lundi, sauf en saison), services, guichet bancaire

→ À voir : pont des Pèlerins sur la Boralde (UNESCO), pèlerin sculpté ; revitalisation d'une tradition : la transhumance (tous les 3ème week-end de mai)

→ GE communal, 19 pl., nuitée 10 à 13 €/pers. (selon saison), pas de repas, coin cuisine, accueil équestre, ouvert du 01/04 au 31/10, sur réservation du 01/11 au 31/03, réservation OT

→ GE de Grèzes, 15 pl., nuitée 10 €/pers., pdj 4 €, coin cuisine, MLP, ouvert du 15/06 au 30/09, réservation, M. Marfin, 06 08 63 60 18

→ Gîte Saint-André, 19 pl., nuitée 15 €/pers., pdj 5,50 €, 1/2 pension 33 €/pers. (+ taxe de séjour 0,30 €), panier repas 6 €, accès Internet, MLP, réservation conseillée, M. et Mme Nicoli, 05 65 44 26 87, http://randogitestandre.free.fr/

→ Camping municipal, 17 empl., tente 4,30 €/pers., ouvert du 20/05 au 31/08, route d'Aubrac, Mme Henry, 05 65 48 78 89 (le matin)

→ H de la Vallée, 13 ch., nuitée 50 €/2 pers., pdj 7,30 €, repas de 14 à 25,50 €, C.O., 1/2 pension 47 €/pers., panier repas 8 €, fermé du 15/11 au 01/02, MLP, accueil équestre, accès Internet, réservation, M. et Mme Azum, 05 65 44 27 40

→ HR des Voyageurs, 7 ch., nuitée 45 €/2 pers. (+ taxe de séjour : 0.40 €/jour/pers), pdj 7 €, repas 17 €, 1/2 pension à partir de 47 €/pers.(selon ch.), panier repas 6,50 €, ouvert d'avril à mi-oct. (fermé le mercredi sauf juillet et août), avenue d'Aubrac, 05 65 44 27 05, www.hotel-conserverie-aubrac.com

Lestrade

la Bessière

les Cambrassats

les Recours

✺ **Saint-Chély d'Aubrac**

Belvezet   D 987

D 553

Aubrac

D 51

D 987

GR 65

le Pascalet

D 987

le Cousta

D 12

✺ **Nasbinals**

Montgros

Marchastel

Rieutort

Bosquet sur le plateau

A - DE NASBINALS À AUBRAC

00,0 Nasbinals. Montez la petite rue devant le porche de l'église. Au stop, suivez à gauche la D 987 ; sortez de Nasbinals. Après 500 m, quittez la D 987 au lieu dit le Cousta et montez à droite deux fois. Rapidement le goudron se termine et vous poursuivez sur un chemin ombragé au départ.

01,1 Vous rencontrez un autre chemin que vous suivez à droite. Un bon kilomètre plus loin, à une première bifurcation, vous prenez la branche de gauche.

03,0 Bifurcation : descendez à droite pour traverser un pont sur le ruisseau de Chamboulіès, une centaine de mètres plus bas. Poursuivez sur la piste sur environ 300 m : ne tenez pas compte des anciennes balises dans la prairie à droite.

0h50 03,4 Avant la ferme **le Pascalet,** prenez à droite un sentier qui longe une murette. Après la montée, le GR 65 se dirige vers le Sud-Ouest et passe plusieurs clôtures (passages pour randonneurs).

04,4 Portillon métallique : continuez toujours sur une trace bien marquée dans la prairie. Après un autre passage de clôture, vous longez de nouveau une murette.
Deuxième portillon en fer : restez en lisière de bois sans descendre. Après le bosquet de hêtres, remontez à droite pour contourner une murette qui effectue une courbe et descend ensuite vers le Sud. Passez alors un grand portail métallique.

06,4 Au point bas, passez le ruisseau sur des buses et montez en face sur une draille.

07,4 Petit abri sur le point haut, à 1368 m. Poursuivez en descente vers le Sud-Ouest. Vue sur la Dômerie d'Aubrac.
Après une clôture, retrouvez la D 987 que vous suivez à droite en laissant l'accès au centre de vacances et la direction de Laguiole à droite.

2h10 08,6 Aubrac. Église et tour des Anglais, gîte d'étape, hôtel et restaurants ; altitude : 1307 m (remettre les compteurs à 0).

Remarque

Entre Nasbinals et Aubrac, le VTT est possible mais rendu pénible par le passage des clôtures, surtout si vous êtes chargés. Préférez alors suivre la D 987 pour atteindre Aubrac.

00,0 Aubrac. Empruntez la D 987 en direction d'Espalion.

00,7 Quittez la D 987 pour un sentier à gauche, en contrebas de la route. Après une croix en bois, descendez sous le couvert arboré en suivant un ancien chemin.
Passez un ru à gué et remontez un peu. Après le bois, le chemin vire vers la droite, monte et devient empierré.

03,0 Collet avec une croix et rencontre avec un autre chemin : continuez en face. 150 m plus loin, quittez ce chemin pour un autre, en terre, à gauche.
Nouvelle bifurcation : allez à gauche par un sentier qui se trouve pavé un peu plus bas. Bifurcation face à un piton rocheux volcanique que vous contournez par la droite.

Piton volcanique vers Saint-Chély-d'Aubrac

1h00 04,2 Belvezet. À la hauteur d'une maison, empruntez une petite route vers la gauche. Au carrefour, dans le hameau, descendez à droite. Après le goudron, virez sur la gauche, puis à droite derrière une maison. Le chemin devient rapidement sentier rocailleux entre deux murettes. Au carrefour suivant, prenez à droite toujours sur un sentier entre deux murettes ; il présente parfois des portions humides et boueuses.
Après un petit pont, le sentier file à gauche en légère descente. Vous y rencontrerez un portillon, puis un autre 50 m plus loin. Ensuite la pente se fait plus forte.

06,0 Vous retrouvez le goudron à la hauteur d'une ancienne ferme (Del Sail). Il vous mène à une petite route que vous descendez à gauche. Laissez d'abord un chemin à droite, puis une petite route à droite à l'entrée de Saint-Chély-d'Aubrac.
Empruntez la D 19 à droite pour accéder au centre du village. 140 mètres plus loin, avant la poste, tournez à gauche.

1h50 07,3 Saint-Chély-d'Aubrac.
Place Joseph-Bonnal : mairie, monument aux morts et commerces. Altitude : 792 m.

Remarque VTT
Ce parcours est trop difficile pour les VTT : préférez la D 553 au départ d'Aubrac.

EN SUIVANT LES DRAILLES
Les drailles que nous suivons, notamment la "grande draille" descendant sur la plaine, sont les pistes de transhumance suivies à l'aller et au retour par les troupeaux venant estiver sur les montagnes.
En Lozère, elles sont souvent larges et parfois bordées de murettes de pierres sèches. Parcours tout indiqué pour les sentiers de randonnée : notre chemin et le Tour des monts d'Aubrac se rencontrent près de la ferme de Ginestouse, pour faire draille commune jusqu'à Aubrac.

IN LOCO HORRORIS...
In loco horroris et vastae solitudinis...
En ce lieu d'horreur et de profonde solitude : ces mots empruntés au cantique de Moïse (Deut. 32, 10) étaient gravés au fronton de la façade occidentale du monastère d'Aubrac disant bien l'impression qu'inspirait, avant sa construction, la sombre et profonde forêt percée seulement par la *Via Agrippa* des Romains. On n'y affrontait qu'en groupe, neige, loups, sangliers... et brigands.
En 1120, Adalard, vicomte des Flandres et "jacquet" de marque, y fut

T'as d'beaux yeux…

C'est un donjon construit en toute hâte en 1353 par Durant Olivier, mais qui n'empêcha nullement les routiers commandés par Berducat d'Albret de s'emparer d'Aubrac en 1360, ni leurs successeurs de 1385 de rançonner les moines de 1 000 florins d'or. Entre la tour et l'église, joli petit jardin d'herbes médicinales.

NOTRE-DAME-DES-PAUVRES

De la domerie, il reste surtout l'église qui a grand air malgré son émouvant dénuement : édifice de transition romano-gothique, achevé en 1120, aux murs épais de deux mètres en belle pierre appareillée, aux huit contreforts, aux voûtes en berceau brisé, soutenues par des arceaux reposant sur des impostes en culs-de-lampe. La tour, qui fut fortifiée, abrite "Maria", l'unique rescapée des cinq cloches. Il y eut un beau jubé, mais il a disparu.

Maria était la cloche des perdus : celle qui sonnait durant les longues heures de neige et de brouillard pour ramener les pèlerins égarés. Son inscription le dit : *Errantes revoco* (je rappelle ceux qui errent).

Brisée en 1595, lors de l'attaque des Ligueurs, refondue en 1668 sous Sickaire Gintrac, elle fut deux fois enlevée, en 1841 et 1848, par les paroissiens de Saint-Chély, qui furent condamnés à la remettre en place.

LE SÉJOUR DE FRANÇOIS Iᵉʳ

Une demeure du XVᵉ siècle, devenue maison forestière, subsiste des dépendances du monastère d'Aubrac. Elle garde une cheminée Renaissance et, sans doute, cachée sous le plafond, une voûte portant sculptée une tête d'Adalard…

François Iᵉʳ y habita trois jours, du 20 au 22 juillet 1533. Il allait du Puy vers Saint-Sernin de Toulouse et voulut remercier, au passage, les moines qui avaient généreusement contribué à sa rançon, huit ans plus

tôt, lors de sa capture à Pavie. Il s'y plut, y chassa les oiseaux autour du lac de Salhiens et garda le souvenir "du plus beau vol de hérons qu'il ait vu de sa vie".

L'ALIGOT DU PÈLERIN GASTRONOME

Le pèlerin-gastronome ne quittera pas l'Aubrac sans avoir goûté l'aligot (difficile à manger pour un barbu !) : deux tiers de purée épaisse de pommes de terre, un tiers de tomme fraîche de 48 heures, beurre, crème et épices, brassés à feu vif jusqu'à ce que "ça file" à un mètre au-dessus de la marmite de fonte.

TROIS ÉVÊQUES POUR UN MÉNAGE À TROIS

Une légende est liée à la croix des Trois Évêques (à une heure plus au nord), où se rencontrent les frontières de la Lozère, du Cantal et de l'Aveyron, donc de Languedoc-Roussillon, Auvergne et Midi-Pyrénées. Ces prélats durent se réunir pour trancher la sombre histoire de la belle Tétradie enlevée à son brutal seigneur de mari par son cousin Virus. Le seigneur tua Virus, mais le comte de Toulouse épousa Tétradie, et le mari réclama la dot. Or Tétradie était languedocienne, Virus toulousain, et le mari auvergnat…

PAR SAINT-CHÉLY-D'AUBRAC, CHEMIN FAISANT

- Le hameau de Belvezet (1144 mètres) est dominé par les vestiges du château de ses seigneurs : connus dès le XIIIᵉ siècle, ils avaient leur tombeau à Saint-Côme, dans la chapelle de Bouysse.

- À Saint-Chély-d'Aubrac, calvaire du XVIᵉ siècle sur le vieux pont enjambant la Boralde : un pèlerin, bourdon d'une main, chapelet de l'autre, est sculpté sur le socle. L'église est en partie du XVᵉ siècle.

attaqué par des bandits au point le plus haut, et ne leur échappa que pour être, à son retour, cloué au sol par une tempête de neige ; il comprit ce signe de Dieu et décida d'y construire, aidé par les seigneurs locaux, l'hospice Notre-Dame-des-Pauvres. À sa mort, en 1135, le monastère déjà puissant abritait, liés par la règle de saint Augustin, douze religieux contemplatifs, des moines-chevaliers qui guidaient les pèlerins, des frères au service des pauvres, des dames de qualité sous l'habit, des donats laïcs qui exploitaient les fermes. Par la porte des miches du pain était distribué à tous ceux qui en demandaient. Au XVIIIᵉ siècle, la domerie d'Aubrac (nom donné aux monastères dont l'abbé avait le titre de dom) comptait encore, avec ses commanderies, quatre-vingts membres.

LA TOUR DES ANGLAIS

Malgré les ruines des siècles de guerre, le village monacal d'Aubrac reste saisissant quand on le voit apparaître dans l'immensité déserte, puissant et groupé, fait de quelques bâtiments entourant deux tours carrées. Au centre, haute de 30 mètres, la Tour des Anglais abrite le gîte d'étape.

Le vieux pont de Saint-Chély

Saint-Chély-d'Aubrac

Espalion

UJOURD'HUI, vous quittez définitivement l'Aubrac pour plonger dans la vallée radieuse du Lot. Mais d'abord, le GR décide, après la traversée du vieux pont sur la Boralde, de traverser une belle forêt de hêtres après le hameau du Recours avant de cheminer sur un petit plateau entre les Cambrassats et l'Estrade. Après l'épisode forestier à l'ombre des hêtres et des châtaigniers, l'habitat plus dense annonce l'arrivée sur un des "plus beaux villages de France" : Saint-Côme-d'Olt. Son église dresse un étonnant clocher vrillé au cœur d'une petite cité moyenâgeuse où il est heureux de flâner un moment. Vous finirez par une escapade rive gauche du Lot avant de gagner un peu de hauteur sur le Puech boisé de Vermus et de visiter l'étonnante église romane de Perse, aux portes d'Espalion.

🌐 CARTES UTILES

🌐 IGN 58 Rodez – Mende, au 1/100 000

🌐 2538 O Saint-Geniez-d'Olt, au 1/25 000

🌐 2438 E Espalion, au 1/25 000

🚶 RENSEIGNEMENTS PRATIQUES

✜ SAINT-COME-D'OLT (12500)

→ Point info mairie, place du Château-de-Catelnau, 05 65 44 07 09

→ Commerces, services (sauf hôtel), guichet automatique bancaire

→ À voir : un des plus beaux villages de France, le clocher flammé de l'église paroissiale

→ 500 m avant Saint-Côme : accueil spirituel à l'Espace Rencontre Angel Mérici - Couvent de Malet, C.O., se renseigner (pour l'hébergement), 05 65 51 03 20

→ Gîte communal Del Roumiou, 19 pl., nuitée 9 €/pers. (+ taxe de séjour 0,20 €), coin cuisine, accueil équestre, ouvert du 01/03 au 31/10, réservation, Mme Krawier 05 65 48 18 84

→ CH, TH et gîte Le Jardin d'Eliane, 30 pl., C.O., se renseigner, ch. 48 €/2 pers. pdj compris, nuitée gîte 14 €/pers., pdj 5,50 €, repas 15 €, coin cuisine, MLP, accueil équestre, ouvert de mars à novembre, 3 av. d'Aubrac, Mme Bes, 05 65 48 28 06 ou 06 82 64 04 49

Le portail de l'église de Perse

➜ Camping Belle Rive, 65 empl., tente 8,10 €/pers., coin cuisine, MLP, ouvert du 01/05 au 30/09, rue du Terral, Christian, 05 65 44 05 85

➜ 2,5 km après Saint-Côme : GE de Combes, 23 pl, nuitée 13,50 €/pers., pdj 4,50 €, repas poss. à la demande, coin cuisine, accueil équestre, MLP, Combes, M. Hibert, 05 65 48 21 58, www.gitedecombes.com

➜ 2 km avant Espalion : CH, 7 pl., nuitée 16 €/pers., 32 €/2 pers., pdj compris, acheminement, ouvert du 01/04 au 30/10, Boraldette - La Fresquette (route Saint-Côme - Espalion), M. Burguière, 05 65 44 10 61 ou 06 71 74 07 35

✣ ESPALION (12500)

➜ OT, 23 place du Plô (BP 52), 05 65 44 10 63, www.ot-espalion.fr

➜ Tous commerces, services, navettes bus (vers Rodez)

➜ À voir : l'église de Perse (UNESCO), le vieux palais Renaissance (fermé à la visite), le pont Vieux (UNESCO), le musée du Rouergue (ouvert l'été), le musée Joseph-Vaylet consacré aux arts et traditions populaires, le musée du Scaphandre (ouvert de juin à sept, visite sur demande à l'OT), la chapelle des Pénitents (ouvert de Pâques à Toussaint de 15h à 19h)

➜ GE communaux, 20 pl. + 8pl., nuitée 13 €/pers., pdj 4 €, coin cuisine, MLP, 5 rue Saint-Joseph et 21 rue Arthur-Canel, mairie 05 65 51 10 30 ou 06 77 58 53 08

➜ GE La Halte Saint-Jacques, 16 pl., nuitée 13 €/pers., pdj 4 €, coin cuisine, MLP, 8 rue Docteur Trémolières, 05 65 66 35 61

➜ VVF Le Rouergue (accueil hors juillet/août), 50 pl., C.O., nuitée 15 €/pers., pdj 4,50 €, repas 9 €, coin cuisine, accueil équestre, MLP, ouvert du 01/04 au 02/11, 66 av. de Saint-Pierre, Mme Négrier, 05 65 44 02 15

➜ 1,5 km après Espalion : centre d'hébergement Les Boraldes, 64 pl., accueil groupe (10 pers. min.), nuitée 13 €/pers., pdj 4 €, repas 12 €, coin cuisine, panier repas 6,10 €, route de Saint-Pierre, réservation, M. Gracieux, 05 65 48 04 08, www.hebergement-aveyron.com

A - SAINT-CHÉLY-D'AUBRAC - SAINT-CÔME-D'OLT

00,0 Saint-Chély-d'Aubrac. De la place Joseph-Bonnal, descendez la rue des Ponts-des-Pélerins en laissant l'église bien à droite. 200 mètres plus bas, passez devant la fontaine de Boralde, puis traversez le vieux pont en pierre. Continuez par les lacets de la route et prenez ensuite un chemin herbeux à droite qui passe au-dessus du cimetière.

Vous retrouvez la route (D 19) que vous remontez à droite.

01,1 Quittez la D 19 pour aller à droite en direction de Recours. Après ce hameau, poursuivez sur la petite route quelques instants avant de prendre un sentier à droite. Il descend d'abord, puis traverse le ruisseau et vire vers la droite. Devenu chemin, il traverse à l'horizontale la forêt de hêtres. Après un passage boueux, il remonte et se rétrécit. À la sortie, il exécute une courbe vers la gauche où vous laissez un chemin à droite.

02,6 Empruntez une petite route à droite sur 280 mètres avant de prendre la direc-

Le clocher de Saint-Côme-d'Olt

tion de Cambrassats. Dans ce hameau (919 m), prenez un sentier à gauche.

0h50 03,5 Dans l'ancien hameau de **Foyt,** prenez le chemin qui monte à gauche. 100 m plus loin, tournez à droite sur un sentier à l'horizontale.
Empruntez à droite la route en crête sur 1200 mètres en laissant plus loin la route de Vennac à gauche, puis celle de la Bessière à droite.

05,1 Quittez la route pour un chemin à droite en direction de Lestrade (panneau). Un peu moins d'un kilomètre plus loin, laissez un chemin à droite, puis virez à gauche à la hauteur d'une étable.

1h40 06,4 Lestrade. Prenez la route à droite. Après 100 m, à la fin du goudron et à la bifurcation, continuez tout droit sur un chemin. Quand celui-ci vire, il descend plus fort et entre dans la forêt. Il s'ensuit une longue descente (peu de balises) sur plus de 3 km.

09,8 Bifurcation : allez à gauche et traversez une petite route pour descendre en face (légèrement à gauche) sur un chemin fermé à la circulation.
220 mètres plus loin, poursuivez à gauche sur un sentier raviné et parfois assez raide.

10,9 Traversez une passerelle en béton sur un ruisseau et, une centaine de mètres au-dessus, descendez une petite route vers la droite. 150 m plus bas, au coude d'une route, empruntez un chemin en face. À une bifurcation, le GR 65 part à droite et passe sur un vieux pont recouvert de végétation. Il se poursuit ensuite sur la route à gauche, passe un pont et remonte.

12,1 Après la grande courbe (alt. environ 400 m), abandonnez le bitume pour un chemin à droite, assez raide (Nord-Ouest). Plus haut ce chemin passe à droite d'une ferme.

3h10 12,6 La Rozière. Au carrefour de ruelles flanqué d'une petite statue de la Vierge, continuez sur le goudron. À la bifurcation, 80 m plus loin, l'itinéraire vire

0   1   2   3 km

D 920

église de Perse

✹ **Espalion**

Saint-Côme-d'Olt

Cinqpeyres

D 557

D 987

Vers Castelnau-de-Mandailles

la Rozière

Lestrade

Salgues

Vennac

la Bessière

Foy

les Cambrassats

le Recours

D 19

la Boralde

✹ **Saint-Chély d'Aubrac**

Belvezet

D 533

Aubrac

Dans l'église de Perse

à gauche où le goudron se termine pour un chemin empierré. À la bifurcation suivante, c'est à droite que vous descendez sur 100 m avant de prendre un sentier à droite. Après avoir passé un ru, le sentier vire vers la gauche.

13,7 Vous trouvez le goudron à la hauteur d'une maison : suivez en face. 100 m après, continuez sur un chemin empierré dans le virage. À la bifurcation, 70 m plus loin, allez à gauche où le chemin devient plus herbeux, plus bas. En suivant, laissez deux chemins à gauche.

14,6 Cinqpeyres : suivez de nouveau le goudron et au Y prenez à gauche. Quand vous arrivez à la route, continuez en face et 40 m plus loin laissez un embranchement à gauche. 50 m après, et 30 m avant la D 987, utilisez un sentier à gauche. Il rejoint une petite route à suivre à droite avant de prendre la rue de la Draille à droite sur plus de 500 m.

Au carrefour en T, en allant à droite sur 40 mètres, vous rejoignez la D 987 (385 m) que vous suivez à gauche. Après 250 m, quittez-la pour une rue en contrebas à droite. Vous passez ainsi sous la départementale et remontez la rue Mathat. À son terme, continuez en face et passez sous le porche. La ruelle vire à gauche (gîte d'étape à droite) et atteint la place.

4h10 16,3 Saint-Côme-d'Olt.
Place du château de Castelnau.

B - SAINT-CÔME-D'OLT - ESPALION

00,0 Saint-Côme. Dos au porche de l'église, partez en face dans la rue de l'Église puis, avant la porte fortifiée, prenez à gauche la rue du Four. Place Barrieyre, prenez la rue de Terral en face, puis descendez à droite et traversez l'avenue pour franchir le pont sur le Lot.

Au bout du pont, prenez la direction de Combes sur une petite route qui côtoie le Lot un peu plus loin.

Après 1,4 km et un petit pont, vous quittez cette route (les VTT continuent sur la route pour atteindre Espalion) pour un sentier à gauche. Dans un vallon, un petit pont et un passage aménagé permettent de passer un ru.

03,4 Carrefour de chemin : allez à droite. 600 mètres plus loin, bifurcation au-dessus d'une ferme : utilisez la branche de droite pour continuer ensuite sur la route à droite, 80 m plus loin.

1h10 04,7 Fin du goudron sous un **pylône :** poursuivez sur un chemin et, au carrefour, montez en face (panneau d'interdiction à tous véhicules). Au-dessus, quand le chemin vire, prenez un sentier raide, tout droit. Celui-ci rejoint la piste plus haut, à la bifurcation allez à gauche et tout de suite prenez un sentier à droite. Descendez ensuite quelques marches, longez une prairie et passez entre les broussailles. Plus loin, laissez monter un sentier à droite.

06,1 Descendez un chemin à la hauteur d'une maison et en bas franchissez le pont sur le ruisseau de Perse (l'église du même nom se trouve perchée au-dessus, à gauche). Continuez sur le chemin de Perse, puis rue de Perse.
Passez ensuite entre le *Café des Sports* et le boulodrome, traversez le square et la rue en face. Prolongez par la place du Plô et la rue en sens interdit Athur-Canel. Tournez à droite, vous laissez le vieux pont pour suivre le quai Henri-Affre à gauche.

1h50 07,4 Espalion. Carrefour avec le boulevard Joseph-Poulenc au deuxième pont.

Perse, détail

 LE CLOCHER EN VRILLE DE SAINT-CÔME-D'OLT

Saint-Côme-d'Olt a grandi autour de la chapelle romane de Bouysse (Xème siècle, Saint-Pierre puis Notre-Dame), longtemps siège des Pénitents blancs, aujourd'hui désaffectée, mais qui n'en garde pas moins toiture carénée, clocher "peigne" et modillons décorés. Un hôpital était mentionné au XIIème siècle, à côté. Mais il y eut aussi, dès le XIIIème, une autre église, devenue paroissiale et qui a été reconstruite en 1552 : l'actuelle Saint-Côme-et-Saint-Damien, remarquable par son clocher flaminé, en vrille. Portail aux vantaux sculptés Renaissance. Près de l'église, ancien hôtel du XIIIème siècle des seigneurs de Calmont et Castelnau. Dans l'enceinte de la cité, maisons des XVème et XVIème siècles.

L'OLT, DEVENU LE LOT...

Nous rencontrons à Saint-Côme-d'Olt le Lot qui passe aussi par Saint-Geniès-d'Olt, Sainte-Eulalie-d'Olt, Saint-Laurent-d'Olt. C'est tout un. La rivière s'appelait l'Olt en occitan quand les Français simplifièrent son nom en Lot (affluent de la Garonne, cours de 481 km).

PERSE, JOYAU ROMAN DE GRÈS ROSE

L'église de Perse, en grès rose, est de style roman très pur : chœur et absidiole de droite du XIème siècle, le reste du XIIème, sauf la chapelle nord

En arrivant à Espalion

qui est de 1471. Le clocher-mur à quatre arcades se dresse sur l'arc triomphal. Sur le portail nord, parent de celui de Conques : en haut la Pentecôte, au-dessous Apocalypse et Jugement dernier, à gauche une Adoration des Mages et, peut-être, sur le cordon de l'archivolte, Charles Martel.

À l'intérieur, sur les chapiteaux : Christ enseignant, combat de chevaliers et de fantassins, oiseaux antithétiques. Une dalle carolingienne a été réemployée dans le transept. Chevet appuyé sur huit contreforts et orné d'arcatures en plein cintre.

ET SAINT HILARIAN LAVA À LA SOURCE SA TÊTE COUPÉE…

L'église de Perse fut édifiée au lieu où saint Hilarian aurait été, en 730, décapité par les Sarrazins : l'iconographie le représente portant sa tête coupée, qu'il va laver à la source de Fontanges…

Il y eut, dès 1060, un monastère dépendant de l'abbaye de Conques à qui Hugues de Calmont l'avait donné.

Bientôt prieuré et hôpital, il fut sécularisé en 1537 et détruit dans les guerres de Religion. Mais sa chapelle subsista et devint église paroissiale jusqu'en 1742, date où Espalion étendit son quartier sud.

SUR L'AUTRE RIVE, LES TEMPLIERS

À la hauteur de Perse, sur la rive nord du Lot où passe la route, la villa le Temple garde le souvenir des Templiers, qui accueillaient aussi les pèlerins. C'est dans leur chapelle que fut, en 1266, signée la charte communale d'Espalion.

ESPALION ET LES SEIGNEURS DE CALMONT

Espalion, environ 4 000 habitants, produisant des meubles, des matelas et des gants, a perdu en 1926 son rôle de sous-préfecture hérité d'une longue histoire.

Une voie romaine secondaire y franchissait déjà le Lot à l'emplacement du pont gothique de pierres roses à quatre arches. Celui-ci a été construit à l'époque de saint Louis et était alors

gardé par deux tours, aujourd'hui disparues. Il faut noter que les soubassements sont plus anciens.

La ville était, au propre comme au figuré, du Xᵉᵐᵉ siècle à la Révolution, dominée par le château de basalte des seigneurs de Calmont, dont subsistent, au sud, les ruines de - Calmont-d'Olt ; sans doute ces seigneurs descendaient-ils d'un lieutenant mis en place par Charlemagne.

PREMIER SOURIRE DU MIDI

L'adage "Espalion, premier sourire du Midi" a un sens profond, surtout pour le pèlerin venu du nord par d'austères chemins.

Au musée d'histoire et d'ethnographie Joseph-Vaylet (c'était un conteur, majoral du félibrige), installé dans un palais Renaissance de 1572, on verra une Vierge allaitant de bois sculpté, et une tête de saint Jacques en basalte noir.

Une croix de mission (pour la conversion des protestants…) a été élevée au XVIIIᵉᵐᵉ siècle, sur le pont. Des maisons anciennes de tanneurs bordent le Lot.

L'église de Bessuéjouls

Espalion

Golinhac

E VIEUX PONT et l'enfilade des maisons aux balcons de bois se reflètent dans l'eau : telle est l'image que vous emporterez d'Espalion. Vous quittez cette ville tranquillement en suivant le Lot quelques instants avant de tracer votre "route" vers le premier monument de la journée : l'église de Béssuéjouls qui cache une chapelle au premier étage, au sein de son vieux clocher du XIᵉᵐᵉ siècle. Revenus dans la vallée du Lot, vous succomberez au charme d'Estaing, dont l'accueil est très apprécié des marcheurs. On y fait étape ou seulement une pause. Après cette dernière, l'itinéraire longe encore le Lot avant de "s'évader" par le haut par une rude montée sur Montégut et naviguer à travers une campagne forestière jusqu'à Golinhac. Un bourg,

attaché à son calme, parfait pour reposer les marcheurs après une étape assez longue. (De Saint-Côme-d'Olt à Estaing : tronçon inscrit par l'UNESCO.)

🌐 CARTES UTILES

- 🌐 IGN 58 Rodez – Mende, au 1/100 000
- 🌐 2438 E Espalion, au 1/25 000
- 🌐 2438 O Estaing, au 1/25000

🚶 RENSEIGNEMENTS PRATIQUES

✤ ESTAING (12190)

- → OT, 24 rue François-Estaing, 05 65 44 03 22
- → Commerces, services, guichet bancaire
- → À voir : un des plus beaux villages de France, le pont sur le Lot (UNESCO), l'église Saint-Fleuret et ses vitraux, sa châsse reliquaire, le château, la chapelle de l'Ouradou
- → HR Auberge Saint-Fleuret**, rue F.-d'Estaing, 05 65 44 01 44, 14ch., 1/2 pension 45 €/pers., pdj 8 €, menus de 19 à 39 € + carte
- → HR Le manoir de la Fabrègues***, 12 ch., 1/2 pension 65 €/2 pers., pdj 8 €, menus de 15 à 45 €, 05 65 66 37 78

Toiture à Golinhac

➜ GE communal, 20 pl., nuitée 7,90 €/pers.,
coin cuisine, Mme Durand, 05 65 44 71 74
ou mairie 05 65 44 70 32

➜ CH, 12 pl., nuitée 34 à 56 €/1-4 pers.,
pdj compris, 8 rue Saint-Fleuret, Mme Lison,
05 65 48 05 07

➜ Ch. chez l'habitant, 12 pl.,
nuitée 42 €/de 1 à 3 pers., pdj compris,
les Chenevières, Mme Dijols, 05 65 44 71 51

➜ Accueil spirituel à l'Hospitalité Saint-Jacques,
19 pl., C.O., accueil équestre, 8 rue du Collège,
05 65 44 19 00

➜ HR Aux Armes d'Estaing, 32 ch., 1/2 pension
de 42,50 €/pers., C.O., (sur réservation), pdj 8 €,
menus de 15 à 45 €, ouvert du 15/03 au 15/10,
1 quai du Lot (face au pont), M. Catusse,
05 65 44 70 02, www.estaing.net

➜ 1,5 km après Estaing : camping municipal de la
Chantellerie, 60 empl., tente 8,70 €/2 pers., ouvert
de mi-mai à mi-septembre, mairie 05 65 44 70 32

➜ 3 km hors GR : camping La Cavalerie,
20 empl., tente 8,30 €/pers. (+ taxe de séjour
0,30 €/pers.), ouvert du 15/06 au 15/09,
l'Ouradou, Mme Alaux, 05 65 44 71 94

✣ FONTEILLES (12140 Golinhac)

➜ CH + C, 4 ch. 39 €/1 p, 65 €/2 p, repas 15 €,
MLP ; C 10 € ; mobil home (14 pl.) 36 €/2 p,
45 €/3 p, 52 €/4 p, transfert poss., ouvert toute
l'année, sur GR 6, J.-C. Vioulac, 06 07 04 32 59

✣ CAMPUAC (12580) variante GR 6
Retour GR 65 à Campagnac

➜ 1,5 km après Campuac et 600 m hors GR :
ch. chez habitant, 12 à 15 pl., nuitée 12,50 €/pers.,
pdj 4,50 €, repas 13 €, 1/2 pension 30 €/pers.,
Mme Albespy, 05 65 51 59 38

✣ GOLINHAC (12140)

➜ Épicerie, bar-restaurant, poste

➜ GE Hameau de Saint-Jacques, 18 pl.,
nuitée 13 €/pers., 1/2 pension 27 €/pers., coin
cuisine, panier repas 6,50 €, épicerie dépannage,
MLP, accueil équestre 5 €, 05 65 44 58 44

➜ GE L'Orée du Chemin, 20 pl. en ch.,
nuitée 12 €, 1/2 pension 28 €, coin cuisine,
panier repas 7 € sur réservation,
Massip (2 km de Golinhac), M. Dissac,
05 65 48 61 10 ou 06 71 38 07 57

A - ESPALION - ESTAING

00,0 Espalion. Depuis le pont, que
vous n'empruntez pas, descendez quelques
marches pour aller le long du Lot. Quittez
ensuite le chemin pour un sentier herbeux
toujours sur la rive.

À son terme, empruntez le goudron de la
rue Jean-Capoulade à gauche sur une centaine de mètres avant d'utiliser la rue
Eugène-Salettes à droite. 300 m plus loin,
à la fin du goudron, poursuivez en face
sur un chemin gravillonné qui devient herbeux quand il vire à gauche pour contourner une prairie. Un sentier raide et raviné
prend la relève sur une centaine de mètres.
Avec le retour du goudron, suivez la rue
en face.

01,6 Stop avec la D 556 : suivez-la à
droite. Plus loin, laissez la direction des
Roumes à gauche.

02,8 Quittez la D 556 pour la direction
de l'église romane, à gauche (Sud-Ouest).
Laissez le cimetière à gauche et descendez
pour passer à gauche de l'église. Continuez

Saint-Pierre-de-Bessuéjouls

à descendre, laissez un chemin en face pour traverser le pont à droite.

0h50 **03,5** **Saint-Pierre-de-Béssuejouls.**
Allez à droite sur la D 556E en laissant la mairie à droite (335 m). Puis montez une petite route à gauche, interdite à la circulation. Au-dessus, empruntez un sentier après un portillon. Assez raide, il monte au-dessus du hameau. À un croisement, 570 m plus haut, il poursuit la montée en face.
Vous suivez plus loin une petite route à gauche.

05,4 Hameau de Briffoul : au croisement, continuez sur la route à gauche ; 170 m plus loin empruntez un chemin à droite, d'abord empierré, puis herbeux ensuite.
Le chemin devient sentier et passe entre les buis quand il vire à droite. Il s'élargit puis de nouveau se rétrécit.
Plus bas, à la bifurcation, poursuivez à gauche sur un passage en creux et boueux.
Au manoir abandonné de Beauregard, utilisez une petite route à droite en descente. 100 m plus bas, allez à gauche.

1h50 **07,3** Carrefour de **l'église de Trédou :** continuez à gauche. 300 m après, laissez un chemin à droite, puis 200 m plus loin (les Camps, 362 m), tournez à droite.
Au carrefour suivant, continuez en face sur un chemin blanc pendant 250 m avant de virer à gauche au T (Sud-Ouest).

09,0 Prenez la route à droite ; aux maisons (les Lilas) laissez une petite route à gauche. Dans un virage prenez en face une autre petite route en laissant à gauche la direction de la Rive.
Au hameau de Verrières, au T, virez à gauche. Passez le pont et suivez la route à droite (Nord-Nord-Est).

10,3 Stop : suivez la D 100 à gauche en laissant d'abord le chemin des Costes. 100 mètres après la Roque, montez par un sentier à gauche, assez raide au départ. Il coupe une grande courbe de la D 100 que vous reprenez à gauche 800 m plus tard.

3h00 **12,3** **Estaing.** Carrefour et pont sur le Lot (320 m).

L'église d'Estaing

B - ESTAING - GOLINHAC

00,0 Carrefour du **pont d'Estaing.** Allez d'abord à gauche sur la D 22 (Sud), puis 30 m après prenez à droite (320 m) la direction de la Rouquette. Cette petite route longe le Lot sur près de 4 km.

03,0 Bifurcation avant la Rouquette : empruntez à gauche un chemin partiellement blanc. 500 m plus loin vous laissez une piste à gauche.

03,8 Franchissez un pont en fer. 100 mètres après, quittez la petite route pour un sentier à gauche. Plus haut vous retrouvez le bitume que vous remontez à gauche. 360 m après, laissez un embranchement à gauche en direction de Montégut-Bas. 50 mètres après, reprenez un sentier à gauche sur 180 m avant d'utiliser une petite route à droite. Au bout de 80 m montez encore un sentier à gauche.

1h15 05,0 **Montégut-du-Haut.** Poursuivez sur la route à gauche. En montant, laissez l'embranchement de Riou du Prat à

droite et, 150 m au-dessus, ignorez la direction de Campredon à gauche.

Après une courbe, la route se calme et passe devant une ferme abandonnée (la Bernarderie, 608 m). 400 m plus loin, vous ignorez une voie sans issue à gauche.

07,0 Fontaine, eau potable. Passez ensuite le hameau de la Sensaguerie. Au carrefour, continuez en face vers la Devèze (Nord-Ouest). 200 mètres plus loin, laissez cette dernière direction à droite pour suivre une petite route en face.

Sur le bas, laissez les Costes à droite pour aller en face vers le Mas. Après ce hameau, laissez une allée goudronnée à gauche.

Carrefour : continuez en face en laissant à droite la direction du Brol. 200 m plus loin, laissez aussi la direction de Castaillac et suivez le CD 135 qui va virer au Nord.

09,8 Quittez la route pour monter un chemin à gauche (Ouest). Plus de 600 m plus loin, vous croisez une petite route pour suivre en face un chemin prolongé par un sentier. Ce dernier se faufile en sous-bois. Il traverse un ruisseau et s'élargit en petit chemin toujours à l'ombre des arbres.

11,7 Croisement : montez à gauche, puis en descendant laissez un chemin à droite. Poursuivez sur le goudron pendant 300 m.

3h10 12,4 **Massip.** Après la ferme, suivez la route à droite en laissant l'accès au hameau à droite. À sa sortie, dans une courbe, quittez le bitume pour un sentier à droite, assez raide, dans la forêt. En bas, prenez une petite route à gauche sur une centaine de mètres avant d'emprunter un chemin à droite. À la bifurcation sur ce chemin continuez à droite.

13,8 Retrouvez une petite route à prendre à droite. Au carrefour en haut avec une croix, laissez une route à droite et poursuivez en face (Nord).

Laissez une rue et le *Proxi* à gauche, descendez la rue en face sur une centaine de mètres.

3h45 14,3 Golinhac. Église, 649 m.

LES JACQUES-LA-COQUILLE DE LA SAINT-FLEURET

Au pont d'Estaing sur le Lot, les pèlerins venus de Laguiole, ou du plateau de la Viadène, se joignaient à ceux du Puy. L'église de Saint-Fleuret, édifiée au XVème siècle à l'emplacement d'un prieuré roman, abrite un Christ du XVème siècle, une pietà du XVIIème et un saint Jacques dans un retable doré. Au-dehors, sur le fût d'une croix contemporaine de l'église, un pèlerin au chapeau à large bord, agenouillé, implore le Christ.

Saint Fleuret, évêque d'Auvergne mort ici, où sa relique fut ramenée en 1361 par le cardinal Pierre d'Estaing, s'identifie probablement à saint Flour. Patron d'Estaing, il y est célébré le premier dimanche de juillet depuis six siècles, par une procession costumée de deux cents personnes où, entre les grands noms de l'Église et de la famille d'Estaing, figurent des pèlerins de Compostelle,

sous le nom de Jacques-la-Coquille.

LE GRAND DESTIN DES D'ESTAING

Le pont gothique porte une statue du bienheureux cardinal comte François d'Estaing, constructeur du clocher de Rodez ; il existe une rue et un quai qui portent son nom. Le château d'Estaing, avec terrasse, haute tour polygonale et échauguette, date du XVème siècle ; il domine le confluent du Lot et de la Coussane. Un d'Estaing fut compagnon de croisade de Richard Cœur de Lion, un autre, Tristan Dieudonné, sauva à Bouvines la vie de Philippe Auguste qui octroya trois fleurs de lis à son écu. La famille compte cinq prélats. La branche aînée s'éteignit avec l'amiral Charles-Hector qui combattit aux Indes, défit la flotte anglaise à la Grenade dans la guerre de l'Indépendance américaine, reprit le service sous la République et fut néanmoins guillotiné pour son amitié avec Marie-

Antoinette. "Envoyez ma tête aux Anglais, dit-il au bourreau, ils vous la paieront cher." Il faut connaître ce palmarès familial pour comprendre le mot féroce prêté à de Gaulle à l'égard de son secrétaire d'État aux Finances : "Un emprunt Giscard d'Estaing ? Certes : vous avez un beau nom d'emprunt".

 ### LE PÈLERIN DE GOLINHAC

Une croix de pierre à l'entrée sud du village de Golinhac porte, sur son fût, un petit pèlerin tenant le bourdon, encore un…

C'est, avec le lieu-dit Estrade (de *strata*), l'indice d'un passage très ancien. Et l'église Saint-Martin (bel autel) conserve les assises romanes d'un prieuré du XIème qui dépendait de l'abbaye de Conques. En contrebas dans la vallée du Lot, l'usine E.D.F., d'une capacité de 138 millions de kWh, porte le nom de barrage de Golinhac.

Vue générale de Conques

Golinhac

Conques

 A VERDURE du haut Rouergue vous accompagne toute la journée, rythmée par la succession d'un bel échantillon de villages et de hameaux qui déposent chacun leur témoignage. Cette étape assez facile permet d'en profiter pleinement. Nul n'est insensible aux charmes d'Eysperac, sur le bord de la Daze, et à la richesse des monuments de Sénergues. Une fois dépassé le hameau de Saint-Marcel, un rude sentier caillouteux plonge à la découverte de Conques : un site hautement prestigieux sur le chemin de Saint-Jacques. C'est ici qu'est venu s'installer le moine Dadon au VIIIème siècle, au cœur de la vallée du Dourdou, en "ce lieu désert, asile des bêtes sauvages". La descente dans les ruelles fièrement restaurées vous plonge au cœur de la cité, attirés par la grandeur de l'abbatiale Sainte-Foy, un chef d'œuvre de l'art roman. Cette belle étape se termine face à son tympan historié.

🌐 CARTES UTILES

🌐 IGN 58 Rodez – Mende, au 1/100 000

🌐 2438 O Estaing, au 1/25 000

🌐 2338 E Marcillac – Conques, au 1/25 000

🏃 RENSEIGNEMENTS PRATIQUES
✤ ESPEYRAC (12140)

➜ Epicerie, dépôt de pain (ouvert le matin)

➜ GE communal, 12 pl., nuitée 10,80 €/pers. (plus 0,20 € taxe de séjour), coin cuisine, ouvert du 01/04 au 30/10, mairie 05 65 69 88 69

✤ SENERGUES (12320)

➜ Mairie, 05 65 69 85 72

➜ Petits commerces, services (sauf hôtel et médecin)

➜ GE Domaine de Sénos, 33 pl., nuitée 16 €/pers., pdj 5 €, repas 14 €, 1/2 pension 35 €/pers., coin cuisine, panier repas 8 €, MLP, accès internet 1,50 €/15 min, ouvert du 15/03 au 15/11 (hors saison se renseigner), chemin de Compostelle, M. Zeller, 05 65 72 91 56

→ 2 km hors GR, après Sénergues : camping ferme-auberge le Fraysse, 6 empl., tente 8 €/2 pers., repas 16 à 25 €, accueil équestre 5 €, ouvert de Pâques à Toussaint, le Fraysse, Mme Cabrolier, 05 65 72 87 79

→ 6 km avant Conques, 900 m hors GR : CH et TH Chemin du Cœur, pas de TH le jeudi et le dimanche, 7 pl., nuitée de 47 à 50 €/2 pers., pdj compris, repas 17 €, C.O., 1/2 pension 38 €/pers., panier repas 9 €, accueil équestre 3 €/cheval, MLP, ouvert de Pâques à Toussaint, Pressoires, Mme Hart, 05 65 72 93 44, www.cheminducoeur.fr

✿ CONQUES (12320)

→ OT, 05 65 72 85 00 ou 0 820 820 803, www.conques.fr

→ Commerces, services

→ À voir : un des plus beaux villages de France, l'abbatiale Sainte-Foy et le trésor présenté au musée attenant (UNESCO), le pont sur le Dourdou (UNESCO), le Centre européen d'Art et de Civilisation médiévale, artisans d'art

→ Accueil spirituel de l'abbaye Sainte-Foy, 95 pl., C.O., (en dortoir) : nuitée 9 €, ch. : 25 à 50 € (selon chambre), pdj 5 €, repas 11 €, panier repas 5 €, MLP, fermé 15 jours en janvier, frère hôtelier, 05 65 69 85 12

→ GE communal, 35 pl., nuitée 10 €/pers., coin cuisine, ouvert d'avril à octobre, rue Émile-Roudié, 05 65 72 82 98 ou 0820 820 803

→ Ch. chez l'habitant, 2 ch., nuitée 25 €/pers., 35 €/2 pers., coin cuisine, rue du Château, réservation, Mme Bony, 05 65 72 88 41

→ CH, 7 pl, nuitée 45 €/ch., pdj 5 €, MLP, ouvert du 01/04 au 15/11 (hors saison se renseigner), rue Émile-Roudié, Mme Scépé, 05 65 72 91 26

→ CH Le Chrismo, 6 pl., nuitée de 39 à 49 €/pers., pdj 5 €, coin cuisine, ouvert de fév. à déc., 10 place de la Basilique, réservation, 05 65 72 80 39

→ CH Chez Alice et Charles, 10 pl., nuitée 42 à 44 €/2 pers., pdj 5 €, ouvert du 01/04 au 15/11, rue du Chanoine-A.-Benazech, 05 65 72 82 10 ou 05 63 34 76 19

→ Camping Beau Rivage, 60 pl., tente 11,50 à 16,50 €/2 pers., pdj 5,50 €, mobil home (12 pl.) : nuitée 36 €/2 pers., coin cuisine, MLP, ouvert du 01/04 au 30/09, M. Lacombe, 05 65 69 82 23, www.campingconques.com

→ 3 km après Conques : CH Les Chambres de Montignac, 3 ch., nuitée 38 €/pers., 42 €/2 pers., pdj compris, repas (bio, produits de la ferme) 15 €, ouvert de Pâques à Toussaint, Montignac, réservation, Mme Achten, 05 65 69 84 29

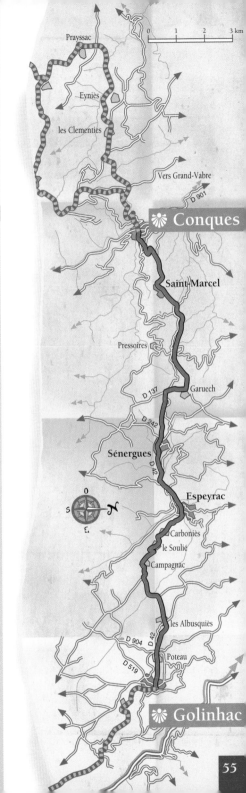

→ 5 km après Conques : CH et TH Les Grangettes de Calvignac, 12 pl, nuitée 50 à 56 €/ch., pdj compris, repas 17 €, accueil équestre, panier repas de 5 à 9 €, acheminement, Calvignac, M. et Mme Arnal-Morata, 05 65 67 86 70, www.lesgrangettes.fr

❖ GRAND-VABRE (12320)
à 6 km de Conques

→ Bar, restaurant, épicerie

→ 1,5 km avant centre bourg : Village Vacances Grand Vabre Aventures et Nature, 20 gîtes, C.O., nuitée 13 €/pers., pdj 5 €, coin cuisine, MLP, ouvert du 01/04 au 31/10, les Passes, Mme Alaux, 05 65 72 85 67, www.grand-vabre.com

00,0 **Golinhac.** Face à la porte de l'église, montez la D 519 à gauche pour prendre rapidement la première rue à gauche. Après 30 m, virez à droite dans une ruelle qui se poursuit par un petit chemin à la hauteur d'un portail de maison. Au-dessus, retrouvez le goudron que vous suivez tout droit sur 70 m jusqu'au carrefour en T où vous allez à droite.
Carrefour avec une croix : allez en face sur un chemin entre deux clôtures, il aboutit près d'un hangar où vous descendez le goudron à gauche.

01,2 Le Poteau (643 m) : carrefour de la D 904 et la D 42. Poursuivez en face en direction d'Espeyrac. 450 m plus loin, quittez le goudron pour un chemin qui part en biais à droite et traverse un bosquet. Rejoignez le goudron qu'il faut suivre à droite.

02,2 Les Albusquiès. Au centre du hameau, descendez à gauche une ruelle qui se divise en deux : allez à gauche. Après le goudron, l'itinéraire suit un bout de chemin sur 40 m avant de descendre à droite sur un petit chemin en creux bordé d'arbres. Après le ruisseau, il vire à droite et passe en sous-bois avant de longer une clôture et de récupérer un chemin à suivre.

03,3 Sur la route continuez à gauche (Sud). Après 800 m, au carrefour au point haut (647 m), virez à droite. Dans le virage suivant, laissez un chemin en face pour suivre les lacets et traverser ainsi le hameau de Campagnac. À la sortie, laissez le GR 6 par-

tir à gauche et poursuivez en descente sur la route. Plus loin, laissez la direction de la Saline à droite, puis la Condamine à gauche dans un virage.

1h30 **06,0** **Le Soulié.** Traversez ce hameau pour atteindre 1 km plus loin celui de Carboniès (440 m). 100 mètres après ce dernier, quittez la route pour utiliser un chemin à droite sur une vingtaine de mètres avant de partir sur un sentier à gauche. Celui-ci file sous le couvert des arbres avant de rejoindre un chemin.

07,6 Descendez la route sur cent mètres avant de descendre à gauche un sentier assez raide (panneau "Cami d'Olt"). À la trifurcation, le GR 65 utilise le sentier de droite qui monte un peu avant de descendre près du ruisseau que vous longez à droite avant de traverser le petit pont vers la gauche. Une bifurcation se présente rapidement où vous continuez à gauche sur le sentier qui plus loin se déroule en balcon.

2h10 **08,5** **Espeyrac.** Aux premières maisons, descendez à gauche pour suivre plus bas la D42 sur 50 m avant de traverser la place de la mairie, à gauche. Passez devant l'église pour descendre la ruelle qui suit. À la bifurcation, tournez à droite pour doubler un hôtel.
Stop : traversez la D 42 pour un chemin goudronné en face. Il passe devant le cimetière et se termine avant le ruisseau. Franchissez la passerelle et poursuivez sur un sentier qui file sur la gauche. À la hauteur d'une maison, continuez sur son chemin d'accès pour retrouver plus loin le goudron. Au coude d'une route (408 m), suivez-la à droite sur 160 m pour la quitter et prendre à gauche un chemin prolongé par un sentier. Enjambez le ruisseau du Tayrac sur une passerelle en bois.

09,9 D 42 : suivez-la à droite sur environ 600 m en laissant une route à gauche vers la Pradine. Après un pont, tournez à gauche à la hauteur d'une ferme (Célis) et montez à droite de l'étable un chemin qui se réduit après le hangar et passe sous le couvert. Vous suivez le goudron que vous retrouvez à la hauteur du cimetière ; après le gîte d'étape tournez à droite.

2h50 **11,4 Sénergues.** Longez l'église (eau potable ; 506 m) pour descendre un passage pavé et atteindre la rue principale (D 42) à suivre sur la gauche. À la bifurcation, prenez à gauche la direction de Lunel par la D 242. Dans la courbe suivante, quittez-la pour un raccourci, avec des marches, à droite. Au-dessus, traversez la route pour un chemin qui monte, en face, à droite de la maison. Plus haut, dans le lotissement, remontez tout droit une rue qui se poursuit par un chemin et entre dans la forêt départementale de Sénergues. En haut, laissez un chemin forestier à gauche et progressez en bordure de la forêt.

12,9 Après une étable à gauche et à 20 mètres de la D 42, allez tout droit sur un chemin blanc qui se rétrécit plus loin. Au bout, suivez la D 42 à gauche sur 60 m.

13,5 Carrefour multiple (625 m, croix) : empruntez la route à droite vers Garuech sur 450 m et virez ensuite à gauche sur un chemin bordé de clôtures.
Vous tombez sur un autre chemin à suivre à gauche sur 50 m (boueux en temps de pluie) pour en prendre un autre à gauche. Celui-ci longe un champ, puis continue entre deux clôtures.

15,1 D 42 : suivez-la à droite longuement en laissant à 300 m la route de Pressoires à gauche, puis celle de la Souquayrie à droite.

17,1*Quittez la D 42 pour prendre en face (Ouest) la direction de Saint-Marcel, en laissant le chemin de la Borie à droite.

4h30 **17,9** Église de **Saint-Marcel.** Traversez tout droit le hameau. À la sortie, bifurcation où vous continuez en face, toujours sur la route.

19,0 Un peu avant un réservoir d'eau, quittez le goudron pour un chemin gravillonné à gauche (panneau "Conques 30 minutes") qui, après 260 m, à la hauteur d'une maison, devient sentier creux assez raide et rocailleux.
Plus bas, le sentier croise un chemin que vous ignorez pour descendre quelques mar-

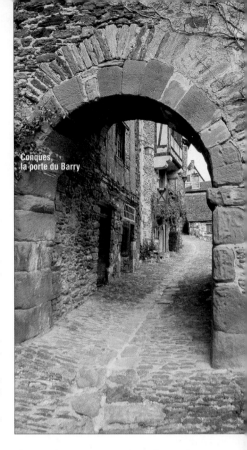

Conques,
la porte du Barry

ches en face. Vous retrouvez le goudron à descendre tout droit pour traverser ensuite la route et suivre en face une voie sans issue. À la fin du goudron, poursuivez sur le pavé de la rue Emile-Roudié. Dans cette rue, allez à droite à la bifurcation et laissez le gîte d'étape à droite un peu plus bas. Ensuite, descendez à gauche en direction de l'Office de Tourisme. Plus bas, allez à droite et à gauche dans la rue de l'Église.

5h15 **20,8 Conques.** Porte de l'église Sainte-Foy ; 280 m.

* Les VTT suivront la D 42 pour atteindre Conques.

REMARQUE

Il est bien évidemment possible de partir de Conques pour aller vers Compostelle. La gare la plus proche se situe à Saint-Christophe-Vallon. Un balisage jaune permet de rejoindre Conques en 6 heures. Un service de transport par bus existe également.

Le trésor du musée de Conques

pointus où dominent les trois tours de la basilique Sainte-Foy.

Il y a trop à voir pour que tout puisse être décrit : la basilique bien sûr et ce qu'on a pu reconstituer de cloître, mais aussi les façades aux colombages en X remplis de schistes, les maisons en encorbellement, la chapelle Saint-Roch (XVIème) sur sa butte rocheuse, le château d'Humières avec haute tour et fenêtres à meneaux, la porte romane de la Vinzelles par où repartaient les pèlerins, une tour de l'ancienne enceinte, etc.

SAUVÉE DE LA DÉMOLITION PAR MÉRIMÉE

Il y eut, dans le désert de Conques, un ermitage dès le IVème siècle : les Sarrasins le détruisirent, il renaquit au VIIème siècle, dans le mouvement lancé par Benoît d'Aniane (voir : *Le Chemin d'Arles*). Le moine Dadon s'installa "en ce lieu désert, asile des bêtes fauves et des oiseaux mélodieux", bientôt rejoint par d'autres bénédictins. Donateur, entre autres faveurs, d'un reliquaire, Charlemagne est représenté parmi les personnages sculptés du portail. Et Pépin II, roi d'Aquitaine, apporta aussi son aide en 838. Peu après, la relique de sainte Foy (pourtant très mal acquise, on va le voir…) n'en profite pas moins au monastère de Conques qui, le pèlerinage aidant, est propriétaire de nombreuses dépendances depuis l'Alsace jusqu'au-delà de Pampelune. Pourtant, la décadence a commencé, ainsi que la concurrence des abbayes cisterciennes du Rouergue. En 1424, Conques est sécularisée. Au XVIème siècle, les huguenots l'incendient. En 1838, des édiles ignares décident sa démolition. Heureusement, Prosper Mérimée, inspectant les monuments historiques, vient à Conques. Deux ans trop tard pour sauver le cloître, qui a déjà servi de carrière, mais à temps pour le reste qui sera préservé.

ET LE PÈLERIN D'ESPEYRAC RECOUVRE LA VUE…

Espeyrac est bâti en amphithéâtre, avec rues pentues et ruelles en escalier, sur un promontoire rocheux, face à la vallée. À l'entrée, vieille croix de pierre qui était autrefois sur le chemin du hameau de Falguières.

L'église Saint-Pierre d'Espeyrac rappelle le souvenir d'un prieuré disparu, qui dépendait de Conques, où l'on verra la relique de sainte Foy. La légende sacrée place justement ici l'un de ses miracles : un pèlerin agressé par des bandits devint aveu-

gle, il l'implora et recouvra la vue. On voit du chemin, au sud, le village de Sénergues et son château : tour carrée et isolée du XIVème, corps de logis borné de deux tours rondes.

CONQUES LA MÉDIÉVALE

La vue de Conques est saisissante pour qui vient de l'est : descendant dans la combe encaissée de l'Ouche, on débouche sur le ravin perpendiculaire du Dourdou (qui se jette un peu au nord dans le Lot) et la ville étale alors devant vous, sur la pente en partie boisée, ses gradins de toits

LE VOL DES RELIQUES DE SAINTE FOY

Peu après l'an mil, un lettré nommé Bernard, maître de l'école épiscopale d'Angers, séjournant à Conques, fut tellement charmé par les miracles de sainte Foy qu'il les décrivit dans le *Liber miraculorum Sancte Fidis*. On connaît deux exemplaires de ce précieux manuscrit, l'un ici dans le Trésor, l'autre à Sainte-Foy-de-Sélestat, qui dépendait de Conques.

Sainte Foy (ou sainte Foi), chrétienne de douze ans, avait été soumise au feu puis décapitée en 303 à Agen, où ses reliques étaient jalousement conservées.

Un moine de Conques, Ariviscus, se fit alors moine agenais pendant dix ans et fut si zélé qu'on lui confia la garde du reliquaire. En 866, parvenu à ses fins, il enleva les reliques et les transporta à Conques.

Contrairement à tant de vierges mariales que la légende fait revenir au lieu où on les avait trouvées, sainte Foy ne tint pas rigueur du vol : les miracles se multiplièrent à Conques. Elle guérissait les aveugles et libérait les captifs. Une lecture exégétique de ses bienfaits montre qu'elle symbolisait en fait une tendance de l'Église, soucieuse de soulager le malheur des humbles.

LE PORTAIL DU JUGEMENT DERNIER

Troisième étape d'une construction plusieurs fois recommencée, l'actuelle Sainte-Foy a été édifiée entre 1031 et 1140. L'élancement à l'extérieur de ses tours, deux carrées à l'entrée, la troisième polygonale, refaite au XVème siècle, sur la croisée du transept, l'élancement à l'intérieur de ses piliers, sont familiers à tous par l'image et le timbre-poste.

Le plan est celui des grandes églises de pèlerinage : déambulatoire à trois absidioles rayonnantes, transept foisonnant, nef à six travées. On y voit des dizaines de chapiteaux historiés, un bas-relief de l'Annonciation, un enfeu de 1107, mais le chef-d'œuvre reste le tympan du portail sur le thème du Jugement dernier. Inscrit dans une voûte romane, sous un fronton triangulaire, il se développe sur quatre bandeaux inégaux autour d'un Christ en majesté : en haut les phalanges célestes, au milieu Marie, Pierre, les abbés, Charlemagne et les anges chassant les méchants vers la trappe. Puis sainte Foy, les morts sortant du tombeau, saint Michel et les démons de part et d'autre de la balance à peser les âmes. Tout en bas, enfin, à la droite du Christ, Abraham et la Jérusalem céleste, à sa gauche Satan et ses diablotins torturant les damnés.

LA COMPOSITE MAJESTÉ D'OR DE SAINTE FOY

Les innombrables trésors de Conques sont répartis en deux collections, reliquaires d'or et d'argent du VIIIème au XIIIème siècle, dans l'abbaye, tapisseries, tableaux, croix au musée du Docteur-Joseph-Fau. La pièce la plus célèbre est la Majesté d'or de sainte Foy : nous ne pouvons plus la voir avec l'émerveillement de Bernard d'Angers en 1010, pour qui elle ressemblait à une figure humaine suivant des yeux les paysans agenouillés, mais son étrange présence fascine encore du fond de sa rotonde.

On la sait très composite depuis le démontage pour restauration en 1955 : les bras tendus sont du XVIème siècle, les sandales du XIXème, la couverture d'orfèvrerie, gothique, la "monstrance" trilobée permettant d'entrevoir la relique du XIVème siècle, le diadème est une vraie couronne de roi carolingien raccourcie, et le visage aux yeux d'émail bleu profond une tête d'empereur romain rapportée. Mais le corps fait d'un bois d'if ajouré date bien de l'époque du vol de la relique, et

celle-ci, doublée d'argent, est bien la calotte crânienne d'une toute jeune fille.

L'ANGE QUI PARLE ARABE

L'un des anges du registre intermédiaire du portail de Conques porte, sur sa robe, une inscription en "coufique fleuri", où les arabisants lisent Al-houm, "à Dieu la louange". On trouve ailleurs Ma-ch'allah, "ce qu'a voulu Dieu". Étonnant œcuménisme, dû sans doute aux artisans mozarabes d'Espagne avec qui le chemin permettait le contact.

PAR LE BARRY, CHEMIN FAISANT

- Rue Charlemagne à Conques, un corbeau de l'ancienne abbaye réemployé dans une maison en encorbellement représente Adam croquant la pomme.

- La ville avait trois portes. Il reste celle du Barry (faubourg, rappelons-le), grand arc de grès rouge du XIIème ou XIIIème siècle.

- Et la fontaine du Barry, romane, a un réservoir voûté en berceau. À quelques mètres, la chapelle Saint-Roch, déjà décrite.

- Le pont sur le Dourdou dit romain (mais peut-être faut-il comprendre "roumieu") a été construit en 1410 sur des assises antérieures.

- À une demi-heure, la chapelle Sainte-Foy, lieu de pèlerinage, offrait sur la ville une vue panoramique. Et sa source miraculeuse guérissait les yeux. La forêt cache aujourd'hui le paysage et l'oratoire abandonné est ouvert à tous vents. Le site reste néanmoins paisible et reposant, après la cohue de Conques !

- Au bout d'un chemin de croix venant de Noailhac, nouvelle chapelle Saint-Roch joliment perchée sur une crête dénudée et comportant un abri

- Le nom de Laubarède ("l'aube rède") signifie l'aube fraîche. Le chemin de crête qu'on y suit était nommé *lou camin conquet* (de Conques).

La chapelle Sainte-Foy, à la sortie de Conques

Conques

Livinhac-le-Haut

VOUS ne quitterez pas facilement les murs de Conques, la beauté et le prestige vous retiennent sur le pavé. Un nombre certain de pèlerins y consacrent une journée de repos. Une fois franchi le pont "romain" sur le Dourdou, le sentier raide vous oblige à vous concentrer sur vos pas pour atteindre la chapelle Sainte-Foy, perchée à mi-pente. Un dernier coup d'œil sur la cité de Conques et vous filez sous les châtaigniers à la découverte des moutonnements verdoyants du Rouergue. Vous irez par les hameaux des Clémenties et Prayssac, devenu l'itinéraire classique du GR 65, ou par la variante de Noailhac et la chapelle Saint-Roch. Puis ce sera Decazeville, une grande ville, ou bien la tranquillité de Livinhac-le-Haut, entouré par un méandre du Lot.

Avertissement

Vous pouvez choisir de partir vers le sud en empruntant la variante passant à Villefranche-de-Rouergue et ainsi rejoindre Varaire par le GR 36 (voir page 187). Comptez alors une journée de marche supplémentaire.

🌐 CARTES UTILES

🌐 IGN 58 Rodez – Mende, au 1/100 000

🌐 2338 E Marcillac – Conques, au 1/25 000

🌐 2338 O Decazeville, au 1/25 000

👫 RENSEIGNEMENTS PRATIQUES

✤ NOAILHAC (12320) variante du GR

➜ Bar-restaurant-épicerie (dépôt de pain)

➜ GE communal, 18 pl., nuitée 8,50 €/pers., pdj 5 €, 1/2 pension 25,50 €/pers., coin cuisine, accès internet, restaurant Le Chemin de Saint-Jacques, 05 65 72 91 25

➜ 800 après Noailhac et 200 m hors GR : CH, 7 pl., nuitée 40 €/ch., pdj compris, Montbigoux, réservation, Mme Falip, 05 65 69 85 01

→ 2 km après Noailhac, 1 km hors GR :
CH, TH et ferme équestre Montbroussous,
20 p., dortoir : nuitée 1/2 pension 35 €/pers.,
panier repas, accueil équestre 7 €, acheminement,
Montbroussous, Mme Saunders, 05 65 72 85 74

→ 2,5 km après Noailhac, hors GR : CH, TH et
gîte Domaine de l'Englès, 20 pl., nuitée 18 €/pers.,
pdj 4 €, repas 14 €, coin cuisine, accueil équestre,
MLP, l'Englès, M. Schmitt, 05 65 72 83 82

✤ DECAZEVILLE (12300)

→ OT, square Jean-Ségalat, BP 48,
05 65 43 18 36, www.decazeville-tourisme.com

→ Tous commerces, services, cars SNCF

→ À voir : le chemin de Croix de Gustave Moreau,
la mine à ciel ouvert de la Découverte, le musée
régional de la Géologie

→ 1,8 km avant Decazeville, à Aubin (12110) :
GE Le Buscalien, 8 pl., nuitée 13,50 €/pers.,
pdj 4,50 €, 1/2 pension 31 €/pers., coin cuisine,
panier repas, accueil équestre, accès Internet,
acheminement, La Buscalie Haute, Mme Mazenc,
05 65 63 63 23

→ GE Les Volets Bleus, 18 pl., nuitée 11 €/pers.,
pdj 4,50 €, coin cuisine, MLP ouvert du 15/04
au 15/10, 3 rue Camille-Douls, M. Brin,
05 65 64 49 05, www.lesvoletsbleus.euro.st

✤ LIVINHAC-LE-HAUT (12300)

→ Mairie, place du 14 juin, 05 65 63 33 84
(HB en après-midi)

→ Tous commerces, services (fermés le lundi),
pas de banque

→ 2 km avant Livinhac, à Saint-Roch (12300) :
GE Dios Core, 6 pl. (2 ch.), C.O., demi-pension
25 €/pers., pdj compris, accueil équestre,
réservation souhaitée, fermé pour les vacances
de Toussaint, Noël et février, Mme Roux,
05 65 64 82 14 ou 06 88 93 74 33

→ Avant Livinhac, 500 m hors GR : camping
Le Roquelongue, mobil home, chalets (40 pl.),
C.O., nuitée de 26 à 32 €/2 pers.(selon
hébergement), pdj 6 €, repas 13 €, coin cuisine,
MLP, bar-snack, Boisse-Penchot, M. Delporte,
05 65 63 39 67 www.camping-roquelongue.com

→ 500 m avant Livinhac : GE et CH La Magnanerie,
13 pl., gîte (6 pl.), C.O., nuitée 10 €/pers., pdj 5 €,
coin cuisine ; ch. (7 pl.), C.O., nuitée 13 €/pers.,
MLP ouvert du 01/04 au 01/10 à partir de 15 h,
sur réservation, 170 rue du Faubourg, Mme Wiart-
Robertson, 05 65 43 25 56 ou 06 16 70 61 38

→ GE communal, 29 pl. (8 ch.), nuitée
13 €/pers., pdj 5 €, coin cuisine, MLP fermé
du 01/11 au 15/03, Mme Ridoux, 06 76 86 94 77

→ 4 km avant Livinhac, à 500 m du GR 65 :
GE des Monts de Chaunac, 6 pl., nuitée 13 €/pers.,
possibilité camping : 5 €/pers., pdj 5 €,
repas 12 €, coin cuisine, MLP, accueil équestre
payant, accueil pèlerins à partir de 16h, Chaunac,
Mme Laurette Bourdache, 05 65 43 58 34

00,0 Conques. Dos à la porte de l'abbatiale, allez en face par la rue de l'Église, puis prenez l'escalier à gauche pour descendre le pavé de la rue Charlemagne. Dépassez la porte du Barry et laissez un chemin montant à droite. En suivant, ignorez un sentier à droite et la ruelle à gauche qui mène à la chapelle Saint-Roch. À la hauteur du goudron que vous laissez à droite, descendez quelques marches et le pavé de la ruelle en face.

Traversez la route au carrefour pour passer en face entre deux maisons et franchir le pont de pierre sur le Dourdou. Poursuivez sur la petite route. Dans la première épingle, empruntez un sentier raide et rocheux. Celui-ci traverse la route au-dessus et se poursuit en sous-bois.

01,2 La chapelle Sainte-Foy perchée fait face à Conques. Continuez à droite ; au-dessus laissez la piste pour un sentier à droite, encore raide. Sous les châtaigniers, croisez un sentier ; à la sortie de la forêt, le sentier finit par se calmer et se poursuit par un chemin bordé par deux clôtures.

0h40 02,5 Carrefour de chemins (544 m) et séparation de deux itinéraires. Laissez en face la variante par Noailhac et allez à droite vers Prayssac (Nord-Ouest). Après 300 m environ, traversez la route pour descendre en face une piste empierrée.

04,0 Au point bas, remontez vers la droite. 200 mètres après, laissez un embranchement à gauche et descendez en face. 600 m plus loin, à la bifurcation, montez à gauche.

05,4 D 606 : suivez-la à droite et à la bifurcation, 250 m plus loin, allez à gauche vers les Clémenties où vous laisserez un chemin à droite.

1h40 06,7 Les Clémenties. Traversez le hameau ; 100 m après le panneau de sortie, utilisez un chemin à gauche. Vous y laisserez un embranchement à droite.
À la ferme les Bréfinies vous retrouvez le goudron à suivre tout droit.

08,1 À l'entrée d'Eyniès, descendez un court chemin avant de remonter une trentaine de mètres le goudron pour prendre à gauche un chemin de terre qui descend fortement. Plus bas, laissez un chemin à droite. Au point bas, traversez un ruisselet à gué.

08,8 Empruntez la passerelle faite de deux poteaux électriques et continuez par un sentier raide sur le premier tronçon. Après une petite crête, le GR s'assagit en montée légère.
Après un passage humide, passez un portillon pour descendre un sentier. Il rejoint un chemin que vous suivez à gauche. Après le point bas, ce chemin devient très raide ; à la sortie du bois il s'adoucit et devient herbeux.

10,5 Traversez la D 183 pour prendre en face un petit chemin herbeux (croix à droite). Rapidement, vous trouvez le goudron (chambres d'hôtes à droite) que vous suivez à gauche.

2h45 10,9 Bifurcation (511 m) à **Prayssac :** continuez sur la gauche, laissez de suite un chemin à gauche et descendez sur le chemin qui fait suite au goudron.
Au point bas, passez le ruisseau et montez vers la gauche sur un chemin qui devient plus herbeux et raviné. Sur le haut, laissez un embranchement à droite pour dépasser les premières maisons.

13,0 Roumégoux : continuez à gauche sur le goudron. Prenez plus loin à gauche la D 580 (581 m) sur 200 m.

3h45 13,9 Prenez un chemin herbeux à droite marqué par une borne de la **méridienne verte** (vous retrouvez la variante qui passe par Noailhac). Plus loin, poursuivez en face sur un chemin peu gravillonné ; à la bifurcation allez à gauche.

15,4 Carrefour avec une petite route (la variante par Villefranche-de-Rouergue descend à gauche). Continuez en face par le GR 65 sur un chemin herbeux que vous quittez 200 m après pour emprunter un sentier à droite, entre deux clôtures.
Passez un portillon et plus loin suivez le chemin sur 40 m avant de reprendre un

sentier sur la gauche. Vous retrouvez plus tard un chemin près de deux bâtiments agricoles.

16,3 Empruntez la route à gauche (sous Laubarède). À 500 m, bifurcation où vous allez à droite. Vous laissez ensuite l'accès au Fromental à droite.

18,1 Traversez la Combe et dans le deuxième virage allez tout droit vers le Madieu en laissant après un chemin à droite (circuit des Familles).
À la bifurcation, prenez la direction de Decazeville ; à 300 m laissez un chemin à droite.
Au carrefour, allez à droite route de Vivioles (352 m), qui descend fortement.
À la bifurcation suivante, prenez à gauche la route de Montarnal. Allez à gauche en descente.

5h10 20,6 Decazeville. Au stop, allez à gauche ; après le magasin de la presse, prenez à droite un sens interdit pour suivre la rue Camille-Douls en laissant à droite l'avenue Edmond-Sautet. Altitude : 207 m.
260 m après, aux feux tricolores, utilisez l'avenue Laromiguière (D 963) à droite sur 50 m, pour monter ensuite à gauche la route de Nantuech. Après un coude à droite, la rue se redresse sérieusement.

22,1 Après Nantuech, au carrefour la Baldinie (croix), allez en face et 100 m plus loin prenez à gauche le chemin de Boutigou. À la fin du goudron, poursuivez sur un chemin gravillonné ; quand vous retrouvez le bitume poursuivez tout droit.
Prenez la route à gauche, puis de suite à droite (347 m).

5h45 22,9 À l'église **Saint-Roch**, prenez à gauche et traversez le bourg. Au carrefour avec deux pistes continuez en face.

23,9 Après une maison (Bégot), prenez un chemin herbeux à droite. En sous-bois, il devient plus raide avec des passages humides et boueux*.

24,9 Quand vous parvenez sur la D 21, allez tout d'abord à gauche, puis à droite,

Statue de saint Roch, en son église

pour traverser le pont sur le Lot (188 m). Ensuite, prenez la première route à gauche et 200 m après, au stop, traversez la D 21 pour aller en face et rapidement à gauche dans la rue de la République. Vous arrivez sur la place du 14 Juin, après l'église.

6h30 25,8 Livinhac-le-Haut. Mairie.

* Les VTT éviteront ce passage en continuant tout droit après le carrefour de la Baldinie pour prendre un peu plus loin la D 963 à gauche, puis la D 21, pour retrouver le GR 65 au km 24,9.

VARIANTE DE NOAILHAC

Cet itinéraire est plus court que le précédent d'environ 2 km.

02,5 Carrefour de chemins (544 m) : continuez en face sur 300 m. Suivez la route à gauche et laissez à gauche celle qui descend aux Caugnes. Plus loin, laissez un embranchement à droite.

04,2 Au carrefour, prenez à gauche la D 606 et laissez rapidement à gauche l'accès à Puech Long.

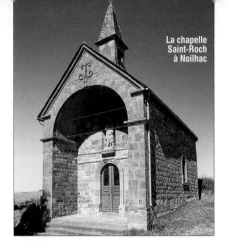

La chapelle
Saint-Roch
à Noilhac

1h40 **06,8** **Noailhac.** Au carrefour, prenez la D 502 à droite et, 100 m après, quittez-la pour monter à droite une petite route vers la Merlaterie. Sur cette route, laissez un embranchement à droite et, dans le virage au-dessus, allez en face sur un chemin de terre, herbeux. Plus haut, laissez un embranchement à gauche.

07,8 D 580 et chapelle Saint-Roch (vous pouvez rejoindre cette chapelle directement par la D 580 sans passer par Noailhac (au croisement D 606 et D 580, prenez à droite sur 1250 m). Poursuivez longuement à gauche sur la D 580. Laissez Merlet à droite et plus loin passez à gauche d'une grande antenne.

04,9 Laissez la direction Conques et la D 232 à gauche et continuez sur la D 606. 200 m plus loin, laissez une petite route à gauche vers la Bessayrie.
Dépassez un chemin à droite marqué par une croix en bois.

09,3 Carrefour multiple : continuez en face, toujours sur la D 580.
Laissez Fagegaltier à droite et, plus tard, de même pour Fonteilles.

06,2 Au croisement avec la D 580, descendez à gauche vers Noailhac. Dans le virage suivant, laissez partir une route en face vers le Mas. Plus bas ignorez à droite le Cambarel.

3h00 **11,7** Vous retrouvez le GR 65 à la borne de la **méridienne verte.** Quittez le goudron pour le chemin herbeux à gauche. Livinhac est à 12 km, soit 3 heures de marche.

🐚 DECAZEVILLE, LA VILLE DU DUC DECAZE

Ville et nom sont récents : pour les vieux habitants du pays, le lieu s'appelait La Salle, qui indiqua au Moyen Âge une maison forte de petite noblesse. C'est le charbon qui a causé le changement. La Salle en produisait, dès le XVIème siècle, qu'on exportait par le Lot vers Bordeaux, mais petitement. Tout vint de ce que Louis XIV et ses successeurs, malgré les protestations de la paroisse, dotèrent de mines leurs maîtresses. Ainsi le duc Decaze, qui en hérita, put-il fonder en 1826, le polytechnicien Cabrol aidant, les Houilleries et Fonderies de l'Aveyron, qui allaient faire de ce village-rue un grand centre sidérurgique. Et, sous Napoléon III, la cité reconnaissante prit le nom de Decazeville, tandis que le grand

homme était statufié en toge romaine. L'apogée fut atteint au début de notre siècle avec neuf mille travailleurs et un million de tonnes de fonte par an. Puis vint le déclin, le Marché commun, la reconversion des bassins non compétitifs. On peut visiter, au sud de la ville, la dernière mine à ciel ouvert, sorte de ziggourat en creux, avec la pointe au fond du trou. L'activité a cessé en 2001. Dans l'église moderne, chemin de croix XIXème siècle du peintre Gustave Moreau.

🐚 LA HALTE DE LIVINHAC

Encore une chapelle Saint-Roch, banale, à mi-chemin de Livinhac. Puis, à la dernière ferme avant le pont, un dernier oratoire Saint-Roch (récent celui-ci, mais preuve que le chemin vit). Le qualificatif de Livinhac-de-Haut est nettement exagéré, sa péné-

plaine étant à peine plus haute que le Lot. Le principal intérêt du bourg réside pour nous dans son pont et dans son gîte qui permettent, l'un de franchir le fleuve, l'autre de dormir. À part cela, quelques vieilles maisons, un couvent, une rue Laromiguière et une église dont la nef et le portail semblent garder quelque chose de roman. Flagnac et son église véritablement romane sont en face, sur l'autre rive du Lot, mais à une bonne heure de marche et de goudron.

🐚 DES H ET DES AC

Livinhac, Flagnac : la terminaison en *ac* est d'origine gallo-romaine. Souvenons nous aussi que l'h occitan est la marque d'un son mouillé : on devrait dire *golignac* ou *livignac,* même si les prononciations d'aujourd'hui sont souvent francisées.

Sur le Chemin, avant Figeac

Livinhac-le-Haut

Figeac

A LONGUE TRAVERSÉE du GR 65 dans l'Aveyron s'achève aujourd'hui pour s'insinuer dans le joli département du Lot, aux limites sud du Cantal. Vous quittez les rives de l'affluent de la Garonne pour préférer un cheminement sur les hauteurs. La richesse agricole est notable, où l'élevage et les vergers priment dans le paysage. Ce n'est qu'aux abords de Figeac que l'on commence à ressentir l'influence des causses et à voir une des premières cazelles, ces cabanes de berger en pierres sèches et en forme d'igloo. L'abbatiale Saint-Sauveur, l'église Notre-Dame-du-Puy et les ruelles médiévales de Figeac, où vous découvrirez des reproductions de la pierre de Rosette, combleront votre curiosité culturelle en cette fin d'étape. (De Montredon à Figeac : tronçon inscrit par l'UNESCO.)

🌐 **CARTES UTILES**

🌐 IGN 57 Cahors – Montauban et 58 Rodez – Mende, au 1/100 000

🌐 2338 O Decazeville, au 1/25 000

🌐 2238 E Figeac, au 1/25 000

🚶 **RENSEIGNEMENTS PRATIQUES**

✤ **MONTREDON (46270)**

→ CH et TH, 10 pl., pèlerins uniquement, C.O., 1/2 pension 34 €/pers., ouvert de mai à fin septembre, la Mariotte, réservation, Mme Debray, 05 65 34 38 20

✤ **FELZINS (46270)**

→ 3 km avant Felzins, 500 m hors GR : centre d'hébergement GE de Guirande, 20 pl., nuitée 10 €/pers., pdj 3,50 €, repas pour groupe sur réservation 14 €, coin cuisine, ouvert de Pâques à Toussaint, M. Serre, 05 65 50 10 45

Volets clos dans Figeac

→ Gîte et CH Le Pentadou, gîte (4 pl.) :
nuitée 15 €/pers., pdj 5 €, coin cuisine, MLP,
CH (12 pl.) : 50 à 60 €/2 pers. (selon saison),
pdj compris, repas 17 €, panier repas 6 €,
accès internet, accueil équestre, le Bourg,
M. Ghysbrecht, 05 65 40 48 12, www.lepentadou.com

✤ FIGEAC (46100)

→ OT du Pays de Figeac-Cajarc, hôtel de la
Monnaie, place Vival (BP 60), 05 65 34 06 25,
www.tourisme-figeac.com

→ Tous commerces, services, gares SNCF
et routière, de nombreux hôtels et restaurants

→ À voir : le centre historique, exposition
permanente à l'Espace Patrimoine
(rue de Colomb), le musée Champollion, la place
des Écritures, le musée du Vieux Figeac (à l'OT),
le musée de l'Hôtel Médiéval (41 rue Gambetta),
l'hôpital Saint-Jacques (UNESCO)…

→ Gîte de la Voie romaine et H Le Toulouse,
gîte (8 pl.) : nuitée 12 €/pers., pdj 5,50 €, repas
12 €, C.O., 1/2 pension 26,50 €/pers., coin
cuisine ; H (25 pl.), C.O., 1/2 pension 35 €/pers.,
4/6 av. de Toulouse, réservation, Mme Noël,
05 65 34 22 95 (H) ou 05 65 34 21 94 (gîte)

→ GE et CH Le Soleilho ; gîte (6 pl.), C.O.,
nuitée 16 €, pdj 4 €, coin cuisine ; ch. (4 ch.) :
nuitée 58 €/ch., pdj compris, accès internet,
8 rue Prat, réservation, M. Adam de Villiers,
05 65 34 64 41, www.chambres-hotes-figeac.com

→ Camping Les Rives du Célé, 103 empl.,
tente de 6 à 10 €/pers. (selon saison
+ taxe séjour), ouvert 01/04 au 30/09, domaine
de Surgié, réservation, M. Tillet et Mme Melia,
05 61 64 88 54, www.domainedesurgie.com

✤ Par la variante de l'aiguille du Cingle 6 A
(Cassagnole, à 4 km de Figeac)

Figeac, place Carnot

→ GE et CH Le relais
Saint-Jacques, 38 pl.,
dortoir : nuitée 11à 15
€/pers. (selon saison),
pdj 5 €, repas 10 €,
coin cuisine ;
CH : nuitée 34 €/2 pers
à 39 €/2 pers.
(selon saison),
dépannage épicerie,
accueil équestre, MLP,
réservation obligatoire
pour groupe, la
Cassagnole, M. Gomez,
05 65 34 03 08,
http://pagesperso-
orange.fr/jesus.gomez46

00,0 Livinhac. Face à la mairie, descendez à droite la rue Camille-Landes qui
vire sur la droite.

Après 200 m, au carrefour, traversez la
D 21 pour prendre en face la direction de
Capdenac par la D 627 et laissez un peu
plus loin la route de Pontet, à gauche.

À la bifurcation avec un calvaire, allez à
droite sur un bout de goudron. Après l'étable, grimpez en face un sentier à l'ombre et
en creux (sauf VTT). Plus haut, à découvert, il monte à travers champs.

01,1 Au carrefour de routes, poursuivez
en face en montée assez raide vers le Tha-
bor ; après 300 m laissez la direction d'Aumont à gauche.

Sur le haut, dans le virage en épingle, prenez un chemin à droite après une plantation d'épicéas.

Quittez ce chemin qui vire pour en prendre
un autre, herbeux, en face entre deux
clôtures.

03,1 La D 21 : suivez-la à gauche sur
300 m avant de tourner à gauche en direction de Feydel. 80 mètres plus loin, quittez
le goudron pour une piste à droite. 200 m
après, vous retrouvez le goudron dans une
ferme (Feydel-Haut) où vous continuez en
face.

Ignorez un chemin balisé en jaune, à gauche. Après une ferme, laissez un chemin
herbeux qui descend à droite ; plus loin
laissez-en un autre à gauche.

Parvenu sur la D 2, allez à gauche et une
centaine de mètres après, au carrefour avec
une chapelle, montez à droite en laissant
la direction de Bagnac.

1h20 05,4 Montredon. Église et carrefour : allez à gauche (396 m).

Au carrefour en T, 250 m plus loin, poursuivez à droite et passez devant le gîte
La Mariotte. En bas, au carrefour de Lalau-
bie, allez en face, puis prenez la direction
de Sournac, en face.

À la bifurcation, poursuivez à gauche en
direction de Tournié ; dans un virage laissez
un chemin à gauche. Traversez le hameau
de Tournié, continuez sur la petite route et
passez ainsi une ferme.

Au carrefour qui suit, allez en face sur 600 m.

08,0 Hameau de Lacoste* : tournez à gauche. Après les maisons et la fin du goudron, suivez un chemin de terre sur 300 m environ. Tournez à droite et descendez un sentier en creux qui plus bas devient plus raviné, rocailleux et glissant. Il rejoint un bout de chemin, puis le coude d'une allée goudronnée où vous allez à gauche. 50 m après, suivez une petite route à gauche.

2h10 08,6 Chapelle de Guirande.

Passez à sa droite (herbeux) avant de prendre la D 2 (277 m) à droite. Après la première maison, prenez une petite route à droite.

Après le hameau de Guirande, empruntez un chemin herbeux ombragé à droite. Il vire vers la gauche ensuite (cette partie peut être très boueuse en cas de pluie).

09,4 Prenez un chemin à gauche (vieux panneau de l'aérodrome !). Sur le haut, laissez un embranchement à droite.

A la bifurcation, au niveau d'un petit hangar, continuez sur la droite sur un chemin herbeux. Au coude d'un chemin goudronné, allez en face.

10,3 Carrefour avec la D 41 : continuez à droite.

Ferme et croisement sur le point haut : allez à gauche (Ouest) vers le Terly. En bas, traversez l'étang et laissez ensuite un chemin à droite.

11,6 Ferme le Gévaudan : allez en face sur un chemin herbeux en descente (ornières et zone très boueuse en cas de pluie). À la bifurcation continuez à gauche (Sud).

3h15 12,8 Au hameau de Bord, allez

à droite sur une petite route qui se termine après 300 m. Prenez alors un chemin herbeux à droite ; 90 m après, tournez à gauche. 120 m plus bas, au niveau d'une mare, continuez à droite ; en montant laissez un chemin à droite.

14,0 La Cipière : vous retrouvez le goudron que vous suivez en face.

Empruntez la D 2 sur la gauche (Sud-Est) sur 400 m pour aller ensuite à droite en direction de Saint-Félix. En remontant, lais-

❀ **Figeac**

Vers Cassagnolles

Vers Rocamadour

N 122

N 140

D 2

le Célé

Lunan

le Lot

D 2

Saint-Jean-Mirabel

Embals

Saint-Félix

la Cipière

Felzins

Bord

D 41

le Ter

Guirande

Lacoste

D 2

Sournac

Montredon

Feydel

D 21

D 21

❀ **Livinhac-le-Haut**

0   1   2   3 km

N

O

S

E

sez une petite route à droite et dépassez le cimetière.

3h50 15,4 Centre de **Saint-Félix.** Juste après le restaurant, prenez le passage à gauche (les VTT continueront sur la route) et empruntez ensuite un sentier en face, entre deux murettes d'abord, puis entre deux clôtures. En haut, 180 m après, tournez à droite sur un petit chemin sous les arbres. Empruntez la route à droite sur 140 m ; au croisement de la Croix Jordy allez à gauche. 90 mètres plus loin, quittez le goudron pour un sentier à droite, le long d'une clôture. À la route, virez à droite et au carrefour suivant montez en face sur 400 m.

16,7 D 206 : suivez-la à gauche avant de la quitter plus loin pour un sentier à droite, sur 150 m. Vous retrouvez la D 2 que vous suivez à gauche. Au carrefour de la Devèze, 100 m après, poursuivez en face en laissant la D 206 à gauche. Plus loin, vous laissez une route à droite.
À la sortie de Saint-Jean-Mirabel, laissez la direction de la Serre et plus tard celle d'Embals, à gauche.

18,6 Dans une courbe de la route, prenez un chemin à gauche sur 180 m. Empruntez ensuite sur 70 m une petite route à gauche avant de prendre la direction de l'Hôpital, à droite.
200 m après, dans la descente, tournez à droite dans un chemin de terre. Plus loin, il se rétrécit entre deux murettes et devient sentier. Remontez un chemin d'accès à droite sur 60 m.

5h00 19,8 Stop avec la **D 2** (379 m) : allez à gauche**, puis en face prenez la D 210 vers Lunan. 240 mètres plus loin, quittez la D 210 pour une route sans issue à droite. Ignorez un accès à droite.
Poursuivez tout droit après la fin du goudron sur un chemin qui descend fortement et devient caillouteux (non praticable à VTT). Au croisement de chemins, allez à droite et à la bifurcation suivante, continuez en face.
Au niveau d'une maison, suivez un chemin en face et, 60 m plus loin, prenez une petite route à droite (Nord).

21,0 Vous retrouvez la D 2 : prenez-la à gauche sur une centaine de mètres avant de tourner encore à gauche sur la route marquée d'un panneau 12 T. 200 mètres après, laissez une route à droite.

5h30 22,0 **Séparation des GR 6A et 65.** Quittez la route pour un petit chemin à droite. Vous passez près d'une belle cazelle (cabane en pierre sèche). Plus loin, ce chemin en croise un autre : continuez à descendre en face.

22,9 Vous retrouvez la D 2 que vous descendez sur la gauche sur 300 m en laissant une route à droite dans un virage.

23,2 Croisement avec la N 140 : suivez-la en face sur 200 m et quittez-la à gauche pour une petite route en sens interdit.
Ensuite, au carrefour prenez à droite le chemin d'Embiane. La descente vous offre une belle vue sur la ville de Figeac. En bas, passez la voie ferrée rue de Londieu ; 200 m après, tournez à gauche sur l'allée Victor-Hugo. Au feu, tournez à droite dans l'avenue Emile-Bouyssou, laissez le GR 65 partir à gauche (vous le retrouverez à l'étape suivante).

6h20 25,3 **Figeac.** Pont sur le Célé, 190 m.

* Les VTT ne tourneront pas à Lacoste (chemin interdit aux deux roues) mais suivront la route. Au carrefour suivant, ils iront à gauche et au prochain tourneront à droite sur un chemin gravillonné pour retrouver le GR 65 un peu plus loin, avant l'aérodrome.

** À VTT : continuez sur la D 2.

VARIANTE PAR ROCAMADOUR

En onze étapes, les cheminants peuvent rejoindre La Romieu en passant par Gourdon et Agen. Cet itinéraire est entretenu, balisé de façon aléatoire, mais ne fait pas l'objet d'un descriptif. Voire page 211.

Notre-Dame-du-Puy à Figeac

LE "MONT ARRONDI" SUR LE "CHEMIN ROMIPÈTE"

Premier village lotois, Montredon (le mont arrondi), s'étale en effet sur un mamelon dominé par l'église Saint-Michel. À sa place, il y eut un prieuré de l'abbaye de la Chaise-Dieu. Sur le linteau du presbytère, une croix de Malte sculptée garde le souvenir des Hospitaliers de Saint-Jean. Au bas du village, la chapelle Notre-Dame, rebâtie en 1958, remplace un sanctuaire ancien dont elle a conservé une statue de pierre de la fin du XVème siècle. Ce carrefour était celui de la route Bourges-Toulouse et du chemin de Figeac à Rodez, qui porte localement le joli nom de *romipète* (sans doute le "sentier des pèlerins").

LA CHAPELLE PEINTE DE GUIRANLE

La chapelle romane de Sainte-Marie-de-Guiranle, ancienne dépendance des augustins de Chalard (Haute-Vienne) a des peintures de la fin du XVème siècle.
Au chevet, Christ en majesté entouré des symboles de saint Jean et de saint Mathieu, au-dessous, sainte Madeleine et saint Namphaise, ermite qu'un taureau éventra, et qu'on implorait pour la guérison de l'épilepsie. Son tombeau est en l'église romane de Caniac, plus au nord, sur le causse de Gramat.

PAR LES TYMPANS ROMANS, CHEMIN FAISANT

- Maisons à lucarne de pierre et ferme datée de 1689 au hameau d'Escordiers qui doit son nom à une ancienne fabrique de cordes, quelques centaines de mètres au nord.

- Peu après, la ferme de la Cipière a une tour carrée qui sert de pigeonnier.

- À Saint-Félix-de-Mirabel, l'église romane Sainte-Radegonde appartenait à l'abbaye de Figeac. Sur le tympan du XIème siècle, Adam, Ève, l'arbre et le serpent. À l'intérieur, croix de fer forgé de 1783 et saint Jacques en vitrail.

- Hors chemin, à cinq minutes au nord, Saint-Jean-Mirabel, dont l'église était un prieuré de l'abbaye de Conques le tympan du XIIIème siècle représente la crucifixion avec la Vierge et saint Jean, le soleil et la lune.

LES COLOMBES EN CROIX DE FIGEAC

Sur la rive nord du Célé qui traverse son bas quartier, l'antique Figeac est repliée sur elle-même dans le cercle de son enceinte disparue. Selon deux chartes apocryphes, Pépin le Bref, passant par là en 753, vit un vol de palombes en croix et en déduisit qu'il fallait y construire une abbaye, puis venant en 755 la consacrer, le pape Étienne II y fut devancé par le Christ lui-même.
Mais le nom de Figeac (*Fidiacum ?*) était déjà romain, comme les restes de murailles près de Notre-Dame-du-Puy. Lunan détruite, ses moines durent se réfugier à Figeac, dont l'abbaye existait en 992. Rattachée d'abord à Conques, elle se donne en 1074 Hugues de Cluny pour abbé et obtient son indépendance. Les abbés, seigneurs directs de la ville, en nomment les consuls mais, au XIVème siè-

Architecture traditionnelle dans Figeac

rie car la Vierge aurait fait fleurir, en ce lieu à Noël, un rosier sous la neige pour susciter ce sanctuaire, qui fut la première église paroissiale. Très ravagée et très restaurée, elle a un portail du XIVème siècle, des voûtes en berceau, une abside romane aux beaux chapiteaux parfois refaits (dont un calvaire et une Vierge à l'Enfant assise). Retable marial de Jean Lofícial, en 1683.

CES LOGGIAS, DITES SOLEILHOS

Les traits marquants de l'architecture ancienne figeacoise sont les colombages, les tourelles en encorbellement, les ouvertures gothiques, mais surtout les *soleilhos* : une haute galerie s'ouvrant sous le toit de tuiles canal entre des piliers de bois, de pierre ou de brique. Offerts au soleil, comme son nom l'indique, ils servaient au séchage du linge pour les ménagères, des peaux pour les tanneurs, des récoltes pour les paysans, voire à de petits élevages.

À TRAVERS LA VILLE DES CHAMPOLLION

- Une chapelle de Notre-Dame-du-Puy était le siège de la confrérie Saint-Jacques. La statue du saint est aujourd'hui à Figeac.

- L'hôpital Saint-Jacques (autrefois d'Anjou, fondé en 1260) existe toujours. Il y en eut trois autres.

- La plus belle des vieilles maisons (arcades, fenêtres gothiques, soleilho, cheminée conique) est l'hôtel de la Monnaie (XIVème), qui semble plutôt la demeure d'un marchand. Voir aussi l'hôtel de Balène.

- La maison des Champollion est devenue un musée d'égyptologie. Ils étaient deux : Jean-François, génial traducteur des hiéroglyphes d'Égypte, qui savait le grec à 9 ans, l'hébreu à 13, l'arabe et le chaldéen à 14 ; et son frère Jean-Jacques, paléographe et historien.

cle, ceux-ci obtiennent qu'elle relève du roi de France. Ils sont élus et frappent monnaie. Figeac résiste aux Anglais qui n'en sont maîtres qu'une année, en 1372. Protestante en 1576, conquise et démantelée par Louis XIII en 1622, elle voit depuis des avenues remplacer les remparts tout en gardant sa vieille ville. Sous-préfecture de plus de 10 000 habitants, elle a ses aspects modernes, telle l'usine aéronautique Ratier (1 000 emplois).

SAINT-SAUVEUR, L'ABBATIALE

La construction de Saint-Sauveur, alors église du monastère, commencée en 1130, dura jusqu'au XIIIème siècle. Malgré les dégâts causés par les guerres et les restaurations hasardeuses, elle garde fière allure par ses dimensions qui rappelle les grandes églises de pèlerinage, de Conques ou

de Toulouse. La haute nef à sept travées repose sur des piliers romans ; ses tribunes surmontent des bas-côtés un peu écrasés, ornés de chapelles gothiques ; le transept, dont les galeries unissent tribunes et triforium, avait une coupole à sa croisée ; écroulée en 1918, elle a été remplacée par une voûte d'ogives ; le chœur est entouré d'un déambulatoire. Il faut chercher les vestiges romans dans les modillons, dans les chapiteaux d'une absidiole, ou dans le bénitier qui est aussi un chapiteau creusé. À voir aussi le portail nord du XIVème siècle.

NOTRE-DAME-DU-PUY FIT FLEURIR LE ROSIER DANS LA NEIGE

L'église Notre-Dame-du-Puy, haut perchée comme son nom l'indique, est aussi appelée Notre-Dame la Fleu-

Falaises près de Cajarc

Figeac

Cajarc

O N S'ÉLÈVE rapidement au-dessus de Figeac pour mieux observer cette ville ancienne depuis le tertre du Cingle, flanqué d'une grande croix. Ensuite, le parcours reste sur les hauteurs comme autrefois où les pèlerins préféraient éviter les vallons peu sûrs. Le causse est surtout présent dans la deuxième partie, après Béduer. Le sentier trace son fil sur un sol caillouteux peu enclin aux cultures et où seul le chêne rabougri arrive à pousser. Le Gréalou, avec son vieux puits et l'église romane, est l'occasion d'une pause agréable sous les platanes avant de poursuivre à la rencontre de dolmens, de croix et de murettes. Enfin, au terme de cette longue étape, la descente sous les falaises de Roc Rouge permet de découvrir la cuvette de Cajarc, où il fait bon vivre au bord du Lot. (De Faycelles à Cajarc : classement UNESCO.)

🌐 CARTES UTILES

🌐 IGN 57 Cahors – Montauban, au 1/100 000

🌐 2238 E Figeac, au 1/25 000

🌐 2238 O Cajarc, au 1/25 000

🚶 RENSEIGNEMENTS PRATIQUES

✤ FAYCELLES (46100)
5 km après Figeac

→ CH La Valade, 7 pl., nuitée 50 €/pers., 60 €/2 pers., pdj compris, repas 21 €, panier repas, ML, la Valade, réservation, M. Dumoulin, 05 65 34 61 31

→ CH et TH centre équestre du Pont de la Madeleine, 12 pl., nuitée 35 €/pers. et 15 € par pers. supp., pdj compris, repas de 12 à 20 €, panier repas 3 à 5 €, accueil équestre 3 € + nourriture, MLP, acheminement, la Madeleine, réservation, M. Marcouly, 05 65 34 42 46 ou 05 65 14 02 61, www.achevalnaturellement.com

Dolmen près de Gréalou

✤ BEDUER (46100)

➔ Boulangerie, restaurant

➔ 1 km après Béduer, 400 m hors GR : camping Pech Ibert, 4 ch., nuitée de 8 à 14,50 €/pers. (selon hébergement : tente collective, caravane, chalet, mobil home) + taxe de séjour 0,20 €, pdj 4,50 €, coin cuisine, panier repas 4,5 €, MLP, accès internet, dépannage épicerie, accueil équestre, acheminement, ouvert du 15/03 au 15/12, M. Chassain, 05 65 40 05 85, www.camping-pech-ibert.com

✤ PECH GRANAT à 300 m du GR
(46160 Saint-Chels)

➔ Ch. chez l'habitant, 4 ch., de 40 €/p à 70 €/2 p, pdj inclus, repas 15 €, poss. végétarien, ouvert toute l'année, Martine Agrech, 05 65 40 73 49 ou 06 37 48 97 16, martine.agrech@aliceadsl.fr

✤ CAJARC (46160)

➔ Bureau d'information, la Chapelle, 05 65 40 72 89

➔ Tous commerces, services

➔ À voir : maisons romanes et gothiques, la maison de l'Hébrardie, le Centre d'art contemporain / maison des Arts Georges-Pompidou, la chapelle des Mariniers, le musée du Rail…

➔ GE communal, 20 pl., nuitée de 6,80 à 7,80 €/pers. (selon saison, tarif 2005), coin cuisine, fermé de déc. à fév., pl. du Foirail, 06 14 66 54 89

➔ GE Le Pèlerin, 20 pl., nuitée 9,50 €/pers., pdj 3,50 €, coin cuisine, ouvert du 01/04 au 31/10, 11 rue Lacauhne, Mme Cajarc de Lagarrigue, 05 65 40 65 31 ou 06 74 32 44 40

➔ HR Auberge du Pont, 18 pl., nuitée 35 €/ch., pdj 7 €, repas 13 à 35 ?, panier repas 9 €, 16 av. Coluche, réservation, M. Lavaur, 05 65 40 67 84

➔ Camping communal du Terriol, 45 empl., 2 toiles de tente (8 pl.), nuitée de 11,50 €/pers.,

petit coin cuisine, MLP, ouvert du 01/05 au 30/09, le Cuzoul, 05 65 40 72 74 (en hors saison : mairie, 05 65 40 65 20)

✤ LARNAGOL (46160)
Variante vallée du Lot, 2 km de Cajarc
(poss. de rejoindre Saint-Cirq-Lapopie)

➔ À voir : maisons troglodytiques dans la falaise, fontaines, dolmens, gouffres

➔ 3 km hors GR à Seuzac : GE et ferme équestre, 15 pl., nuitée 12 €/pers., pdj 5 €, 1/2 pension 29 €/pers. (prévenir au moins 48 h avant l'arrivée), coin cuisine, accueil équestre de 3 € à 7 €, panier repas 6 €, accès internet, M. Robinet, 05 65 40 73 16 ou 06 89 56 05 41, www.seuzac.fr

Variante du Célé

Cet itinéraire prend sa source sur les rives du Célé et suit en partie cette rivière. Alternative au Chemin du Puy, il s'étend sur près de 117 km. C'est en parcourant la vallée du Célé, en traversant le Lot (par le pont suspendu de Bouziès), puis le causse de Limogne, que nous rejoindrons Cahors. Nous irons à la rencontre d'un des plus beaux villages de France : Saint-Cirq-Lapopie : ses paysages, son architecture, son terroir sont autant de sources d'inspiration artistique qui ont nourri et rythmé l'œuvre de nombreux peintres et écrivains.

Témoin d'une histoire millénaire, la vallée du Célé, dont la nature a façonné les atouts, a su protéger l'homme grâce à ses incroyables falaises, ses grottes, ses maisons troglodytes… Ici, le calme rythmera vos pas, ponctués par la traversée de quelques hameaux et villages.

Cet itinéraire, entretenu et balisé, est constitué par deux sentiers GR : 651, 36-46. Cette variante vous écartera quelque peu de la fréquentation massive de la voie du Puy, mais en choisissant cette option vous parcourrez toutefois près de 27 km supplémentaires.

00,0 Figeac. Depuis le pont sur le Célé, allez vers le Sud, dos à la vieille ville, pour prendre 20 m après la rue Jean-Jaurès à droite.

Laissez une route à droite et passez à gauche sous le pont de la voie ferrée ; virez alors sur la droite. Quittez la route pour aller à gauche (restaurant), dépassez les maisons et empruntez un chemin ombragé qui monte assez raide. Il exécute deux grands lacets.

01,3 Vous rejoignez un chemin gravillonné non loin d'une antenne que vous laissez sur votre gauche. Ce chemin aboutit à une grande croix (panorama sur Figeac). Prenez la petite route d'accès en suivant.

02,3 Voie sans issue à droite : continuez sur la route à gauche ; à la bifurcation, 200 m plus loin, allez à droite.

0h45 03,0 Carrefour au monument de **l'Aiguille du Cingle.** Prenez à droite et, 200 m plus loin, empruntez la D 922 en face sur plus de 100 m. Allez ensuite à droite dans la zone industrielle vers le Pech de Balajou et au carrefour continuez en face sur la petite route.

04,6 Croisement : laissez la direction Balajou à droite pour aller à gauche vers Buffan. Au point haut, laissez un chemin et un bâtiment à gauche, descendez tout droit.

05,5 Carrefour : continuez en face vers Mas de la Combe. À la bifurcation, 200 m plus loin, allez à droite vers la Forge. Au point haut, avec une cazelle à droite, laissez un embranchement à gauche vers le Causse et continuez tout droit. Brutalement, la route descend et contourne une résidence.

07,6 Laissez une voie sans issue à droite. Bifurcation : allez à gauche et 100 m plus loin allez à droite (pigeonnier à droite).

08,4 Suivez la D 21 à droite, puis 200 m plus loin, au carrefour avec la D 662, allez en face vers Faycelles. Dans un virage en épingle dans le village, allez à droite et montez vers l'église.

Cazelle près de Cajarc

2h15 **09,0 Faycelles.** Poursuivez en face par une ruelle qui descend et remonte. Dans le virage, allez tout droit sur un petit chemin herbeux sur plus de 100 m. Ensuite, suivez la route à gauche et, à la bifurcation, 300 m plus loin, continuez à droite (D 21).

10,3 Laissez une route à droite et, 50 m plus loin, l'accès au stade à gauche.

11,4 Dans un virage, laissez un embranchement à droite et, 50 m plus loin, quittez le goudron pour aller à gauche sur un accès à une maison ; prenez de suite un chemin à droite sous les arbres.
Coude d'une petite route à emprunter seulement 40 m pour prendre un sentier à droite (poteau GR 65).
À la route (mare à droite) allez à droite sur 60 m. Au carrefour du Mas de la Croix (312 m), allez à gauche sur 50 m.

3h10 **12,3 Mas de la Croix.** Carrefour et séparation du GR 65 et du GR 651 (variante par la vallée du Célé). Poursuivez à gauche sur une petite route flanquée d'un panneau 2,5 T.
Dans un virage, laissez un chemin à droite (croix) et prenez à gauche (Sud-Ouest) un sentier en montée.

13,2 À la hauteur d'un réservoir, prenez le bitume en face sur environ 250 m. Puis empruntez un chemin sur la gauche qui devient sentier plus tard. À découvert, continuez sur un chemin herbeux.

14,1 A la route, allez à gauche sur 30 m et, au carrefour, suivez la direction de Surgues à droite. 340 m plus loin, laissez le goudron partir vers Surgues et empruntez à gauche une piste blanche en laissant assez vite un embranchement à droite.
À la bifurcation, continuez à droite et peu après laissez plusieurs embranchements à droite pour aller tout droit.

3h45 **14,8** À l'entrée du mas de **Combes-Salgues,** prenez à droite un sentier. Au carrefour de chemins, 350 m plus loin, prenez le sentier, en face, encadré de broussailles.

16,7 D 38 (350 m) : allez à gauche (Sud-Est) sur 290 m pour prendre un chemin blanc à droite. Vous poursuivez tout droit au carrefour de chemins. Au bout de 350 m, quittez cette piste pour un sentier à droite. Au-dessus, croisez un chemin peu marqué. Le sentier se termine sur un chemin herbeux d'une centaine de mètres

19,3 Le Puy Clavel. Suivez la route à droite sur 80 m pour prendre un chemin herbeux à gauche.

20,2 Suivez un chemin blanc en face, puis prenez la route à droite.
Carrefour avec la D 19 : traversez pour suivre la route en face. À la bifurcation, continuez à droite ; après le réservoir, descendez une petite route à gauche. Au carrefour T, allez à droite et naviguez entre les maisons.

5h15 **20,9 Gréalou.** Au carrefour entre les maisons, allez en face. 30 m plus bas, laissez l'église (388 m) et la place aux platanes à gauche pour utiliser une petite route à droite sur 200 m avant de la quitter pour un chemin qui longe le cimetière par la gauche.
Après 500 m, vous aboutissez sur le coude d'une allée goudronnée que vous empruntez sur 20 m vers la gauche avant de suivre le chemin gravillonné qui la prolonge. 100 m plus loin, vous laissez descendre un chemin à gauche.
Au bout de 900 m, après une légère descente, se présente une bifurcation : continuez à droite.

22,9 Carrefour près du Pech Laglaire avec un dolmen à gauche et une croix de pierre à droite : allez à gauche en descente, sous les arbres, sur un chemin rocailleux. 460 m plus bas, traversez la route en oblique sur la gauche pour une autre piste.

23,7 Carrefour avec une fin d'allée goudronnée : l'itinéraire suit alors un chemin empierré à droite qui passe à droite d'une ferme (Martigne) et d'un hangar tunnel. Continuez tout droit au carrefour juste après.
Le GR retrouve une petite route à suivre à droite sur 200 m.

25,0 Carrefour et **variante du GR 65 :** continuez à droite (Ouest) et dépassez quelques maisons. Dans le virage laissez un embranchement à gauche et un chemin à droite dans le suivant.
Carrefour avec une croix en fer : allez tout droit. La route monte plus loin entre une vigne à droite et une plantation de conifères à gauche.

6h40 26,3 D 82 : empruntez-la à gauche sur une centaine de mètres pour utiliser un chemin à gauche qui entre en diagonale dans le sous-bois. Plus étroit, le chemin se faufile plus loin entre deux champs. Au carrefour, en lisière, continuez en face dans la forêt. Après le carrefour en T, allez à droite sur 50 m seulement.
Traversez la route (D 17) pour un chemin en face qui part en oblique vers la gauche. Ce chemin suit une murette en sous-bois et descend.

28,0 Carrefour, 100 m après une maison : poursuivez à gauche sur un chemin blanc. 460 m après, vous laissez un chemin d'accès à une ferme à droite.
Croisez une route pour descendre un chemin en face entre deux haies. Ignorez des embranchements peu marqués.
Plus bas, poursuivez sur la route en face sur 60 m.

29,5 Dans le virage, laissez un chemin à gauche pour emprunter le deuxième entre deux murettes. Ce chemin aboutit 600 m plus loin à une allée goudronnée à suivre en

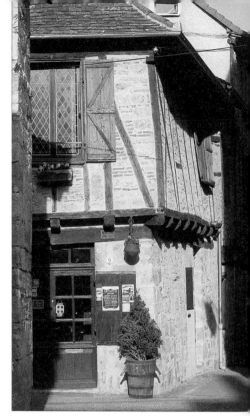
Dans les rues de Cajarc

face sur 200 m. Au coude de la route, allez à gauche sur une centaine de mètres.

7h40 30,4 Col (Roc de Conte, 253 m). Quittez la route pour un chemin à droite, interdit à tous véhicules. En balcon, ce chemin permet un point de vue très intéressant sur Cajarc et passe près d'une grotte. Après celle-ci, un sentier prend la relève, caillouteux, il descend assez raide.

31,0 Au départ d'un chemin, le GR emprunte un sentier à droite à plat. Vous trouvez le goudron que vous suivez tout droit à travers une petite zone artisanale.
Stop sur la D 662 : suivez à gauche en laissant le GR 65 qui part à droite dans la rue du Cuzoul, en direction de Varaire (étape du lendemain).

8h00 31,6 Cajarc. Carrefour de la D 662 et le boulevard de tour de ville (155 m).

Saint Roch dans l'église de Cajarc

PAR L'AIGUILLE DU CINGLE, CHEMIN FAISANT

- La colline du Cingle où le sentier monte en écharpe tire son nom du latin *cingula,* la ceinture : l'image était la même…

- Le monument commémoratif érigé à la mémoire de toutes les victimes de la guerre, d'où l'on voit Figeac, rappelle le lourd tribut payé par la ville pour sa résistance le 12 mai 1944 : ce jour-là, 540 Figeacois furent déportés en Allemagne ; 145 n'en revinrent jamais.

- L'aiguille de Cingle, haut obélisque en pierres maçonnées, date du XIIIᵉᵐᵉ siècle. Il y en avait quatre semblables, il en reste deux : pour les uns,

c'étaient les bornes de la "Sauveté", abbatiale à l'intérieur de laquelle tout droit de poursuite cessait, pour d'autres, des "montjoies" de pèlerins.

- La Cassagnolle, sur la gauche aurait été le hameau natal de Louis le Pieux, fils de Charlemagne et deuxième empereur d'Occident.

- Belvédère sur la vallée du Lot (notamment celui de l'abreuvoir fontaine au-dessus de l'église), Faycelles fut une bastide dont il reste une tour, une porte et de vieilles maisons. Au cimetière, ruines d'une chapelle romane. Sur la butte, l'église actuelle a remplacé le château disparu. On a retrouvé au sud du village une nécropole mérovingienne.

LE CARREFOUR DE BÉDUER

Au village de Béduer, l'ancien château de Barast garde un donjon roman du XIIIᵉᵐᵉ siècle. La famille de Lostange y rivalisa un temps avec l'abbaye de Figeac, régnant entre Lot et Célé. Nous sommes à un carrefour du chemins d'ici part le GR 651, variante par la vallée du Célé.

LES DOLMENS DE GRÉALOU

À Gréalou, la jolie petite église romane Notre-Dame-de-l'Assomption, sur sa place ombragée de platanes, abrite une pietà polychrome (XVᵉᵐᵉ ?) et un bénitier historié en pierre, de 1684.

Nombreux dolmens sur la commune, dont un gros, plus loin au bord du chemin, à côté d'une croix de pierre qu'on dit la plus ancienne de la région. Et un autre à 200 mètres, au sommet du Pech Laglaire.

GARRIOTTES ET CAZELLES

Ce plateau, parsemé de gouffres et de dolmens, annonce un paysage que nous retrouverons demain avec le causse de Limogne. Terre aujourd'hui désertée, mais où les murets de pierres sèches, les garriottes et cazelles

témoignent de la vie passée. Le nom de ces cabanes, tout en pierres plates, mur rond comme toit conique, signifie petite maison.

Autrefois souvent au bord d'une vigne, elles servent parfois encore d'abri pastoral. L'architecture des villages est également typique : toits pentus, celliers ou étables en rez-de-chaussée, escaliers extérieurs en pierre montant à l'étage habitable.

CAJARC, DANS SON CIRQUE DE FALAISES PERFORÉES

Cajarc nous apparaît soudain, enchâssée dans un cirque de falaises calcaires et rougeâtres au pied desquelles serpente le Lot. À gauche, on peut apercevoir le Roc du Conte dominant à mi-pente le château des Anglais. On donna souvent ce nom, pendant la guerre de Cent Ans à des grottes fortifiées dans les falaises pour surveiller la vallée. D'une autre grotte perchée, celle de la Caougne, à 700 mètres au nord de la ville, jaillit une cascade haute de 25 mètres. Le chemin lui-même, dans sa descente, longe une énorme caverne. Les hauteurs sont aussi truffées de gouffres.

AU PAYS DE L'HÉBRARDIE

Dans Cajarc, que ceinture un boulevard, un hôpital existait dès 1269, et le pont sur le Lot fut construit en 1320 pour les pèlerins. L'église, souvent remaniée, remonte au XIIIᵉᵐᵉ siècle, de même que la maison de l'Hébrardie aux fenêtres gothiques, vestige du château de la puissante famille des Hébrard de Saint-Sulpice. Ses seigneurs bâtirent des prieurés et protégèrent la population pendant la guerre de Cent Ans.

Aussi désigne-t-on par Hébrardie la région autour de la vallée du Célé. Longtemps résidence des évêques de Cahors, Cajarc, tout comme Figeac, opta pour la Réforme et fut démantelée par Louis XIII.

Lavoir à Limogne

Cajarc
Limogne
Varaire

PEINE retrouvée la richesse des rives du Lot, vous repartez à l'assaut de l'austère beauté des causses après le village perché de Gaillac. Pas de point fort aujourd'hui, mais plutôt un charme permanent dans la lente progression à travers un paysage unique et préservé. La marche solitaire dans les forêts de chênes, la surprise d'un animal sauvage ou la découverte des hameaux isolés ne sont-elles pas l'essence même du chemin de Saint-Jacques ? Si vos pieds ne vous causent pas de souci et si le sac à dos n'est pas trop lourd sur les épaules, le rythme de vos pas vous emportera dans une douce rêverie sur le causse de Limogne, jusqu'à Varaire. Cette solitude sera peut-être seulement troublée par la rencontre d'un troupeau de brebis caussenardes, aux yeux cerclés de noir.

🌐 CARTES UTILES

🌐 IGN 57 Cahors – Montauban, au 1/100 000
🌐 2238 O Cajarc, au 1/25 000
🌐 2239 O Martiel, au 1/25 000
🌐 2139 E Limogne-en-Quercy, au 1/25 000

🚶🚶 RENSEIGNEMENTS PRATIQUES

✢ GAILLAC (46160)

➔ Ch. chez l'habitant, 5 pl., coin cuisine, Mme Lafon, 05 65 40 66 18

✢ SAINT-JEAN-DE-LAUR (46260)

➔ 1,5 km hors GR (à gauche de Gaillac) : résidence de tourisme Domaine du Gayfié, 20 pl.(pour pèlerins), C.O., nuitée 20 €/pers., 35 €/2 pers., pdj 4 €, coin cuisine, accès internet, MLP, accueil équestre 6 €, acheminement, M. Schwarzer, 05 65 40 62 73, www.gayfie.net

✢ LIMOGNE-EN-QUERCY (46260)

➔ OT du Pays de Limogne, Grand-Place, 05 65 24 34 28, www.tourisme-limogne.com
➔ Tous commerces, services (épicerie, boulangerie, boucherie et banque fermés le lundi)
➔ À voir : Musée d'arts et traditions populaires et maison du Pays de Limogne (dans l'ancien couvent), architecture rurale…

→ GE communal, 19 pl., nuitée 9 €/pers.,
coin cuisine, ML, accueil équestre, route
de Villefranche, Mme Ribière, 05 65 24 34 12

→ Gîte Les Gloriettes, 15 pl., nuitée 15 €/pers.,
pdj 5 €, coin cuisine, MLP, ouvert 01/04 au 30/09,
fermé le lundi excepté en mai, accueil à partir
de 15 h, 60 route de Cahors, Mme Devos-Jooris,
06 26 86 37 94, www.lesgloriettes.org

→ 500 m hors GR : CH La Bastide de Vinel,
5 ch., nuitée 40 €/pers., 50 €/2 pers.,
pdj compris, 190 route de Cenevières, réservation,
Mme Gavens, 05 65 24 37 32

→ 500 m hors GR : camping Bel Air, 50 empl.,
tente 13,50 €/2 pers., coin cuisine, poss. location
caravane, ML, ouvert du 01/04 au 01/10, M. Bach,
05 65 24 32 75

❖ VARAIRE (46260) 500 m hors GR

→ Épicerie, café-restaurant

→ GE de Varaire, 14 pl., C.O., dortoir :
11,50 €/pers., 1/2 pension 26 €/pers., chambre :
15 €/pers. ; 1/2 pension 29 €/pers., coin cuisine,
panier repas 5 €, ouvert du 15/03 au 01/11,
Mme Conte-Bousquet, 05 65 31 53 85

00,0 Cajarc. Du carrefour de la D 662 et du boulevard du Tour-de-Ville, prenez la D 662 en direction de Cahors-Limogne. En haut, avant le virage, prenez à gauche la rue du Cuzoul et passez ainsi devant le camping municipal.

00,7 Ne passez pas sous le pont de chemin de fer mais allez tout droit. Juste avant la maison, tournez à droite pour grimper derrière un sentier en lacets. Vous retrouvez la D 662 que vous suivez à gauche.

01,4 La Capellette : au carrefour avec la chapelle, allez tout droit sur la route Vieille. À la bifurcation suivante, allez en face. Cette route traverse une zone de résidences et descend. Au carrefour en bas, allez à droite pour longer un long bâtiment dans la zone artisanale d'Andressac.

02,4 D 19 : suivez à gauche la route de Limogne pour traverser le Lot.

0h50 03,4 Gaillac. Quittez le goudron pour grimper un court sentier à gauche (panneau "Mas de Borie 8 km - Limogne 14 km"). Remontez la ruelle en face, puis laissez une rue descendre à droite. Au virage suivant, quittez le goudron pour aller tout droit sur un chemin herbeux.

03,9 Bifurcation de chemins : virez à gauche pour monter sous le couvert en laissant rapidement un chemin à gauche. À la bifurcation, après plus de 500 m, continuez à droite et 30 m après suivez le GR 65 sur la branche du milieu. Un peu après, virez à gauche sur un petit chemin.

04,7 Bifurcation après un poteau électrique : empruntez la branche de gauche. Au carrefour multiple, 300 m plus loin, poursuivez à droite. Cette piste principale navigue maintenant sur une croupe et vous ignorez tous les départs de droite comme de gauche. Le chemin est encadré ensuite par des murettes.

06,3 Vous rejoignez le goudron que vous suivez longuement à droite. À 700 m, laissez une piste venir de la droite ; vous doublez ensuite l'entrée du mas de Couderc.

07,8 Carrefour de petite route que vous suivez à droite en laissant à gauche la direction de Cajarc.

08,3 Quittez le goudron au niveau d'une croix en pierre de 1740 et descendez le chemin (herbeux) le plus à droite. Rapidement, passez devant une ruine et laissez plus loin un embranchement à main droite.

09,1 Vous passez à droite d'un abri (eau potable) et d'un bassin : poursuivez à droite (Ouest) sur une petite route.

2h20 09,5 Carrefour du **Mas de Poulard**, à l'Ouest du village de Saint-Jean-Laur. Traversez de biais la route pour emprunter un chemin blanc. Il se prolonge tout droit par le goudron.
Mas de Mathieu : à la fin du goudron, continuez sur un chemin herbeux qui devient un peu plus loin sentier le long d'une murette.

10,5 Croisement avec un chemin : partez à droite, puis ensuite à deux reprises allez à gauche. Plus loin, le chemin fait un coude à 90° à gauche vers le Sud.
Bâtiments agricoles : suivez un chemin empierré. Vous empruntez la route à droite en laissant un chemin à droite, à la hauteur d'un bassin.

3h00 11,9 Mas de Borie. Au carrefour, ne tenez pas compte de la piste à gauche près d'une grande croix en pierre (panneau "Limogne 6 km - Varaire 12,7 km"). Continuez sur la route vers le Sud-Ouest.

12,8 Rencontre avec un bras de l'ancienne D 19 où vous prenez de suite à gauche un chemin ombragé. À la bifurcation flanquée d'une plaque métallique ronde, continuez à droite. Plus loin, vous contournez une prairie.
Quand vous retrouvez le goudron, près d'une propriété, vous le suivez à droite. Ensuite prenez la petite route à droite (ancienne pompe à eau).

14,3 Mas de Dalat : continuez légèrement sur la gauche. Au bout de la ligne droite, quittez le goudron pour un chemin

En retrait du Chemin : Saint-Jean-de-Laur

terreux. Au carrefour suivant, allez à gauche puis montez la route à gauche.

15,3 Mas de Palat : au centre du hameau, descendez à droite et, dessous, prenez une autre petite route à droite. Dans le virage, prenez en face un chemin et, rapidement, allez à gauche par un sentier herbeux (croix).
Au croisement en T, allez à gauche.

15,9 Suivez un autre chemin à droite vers Limogne (panneau). Tout droit, croisez une autre piste.

16,6 Quittez le chemin principal pour aller à gauche. Si vous souhaitez faire étape à Limogne-en-Quercy, continuez sur le grand chemin.
Traversez la D 911 en biais à droite pour emprunter un chemin entre deux murettes.

4h20 17,3 Mas de Bassoul. Sur le goudron, faites quelques pas à droite et de suite continuez à gauche entre les maisons. Au carrefour suivant, continuez en face.
Au carrefour avec une croix à gauche d'un lavoir, suivez la D 24 à droite sur 50 m avant de virer à gauche dans un chemin. Il se poursuit en face par du goudron qui

traverse un lotissement en laissant un plus loin à droite l'accès au gîte d'étape.

18,3 Traversez la D 19 pour continuer en face à droite du restaurant Bellevue. Au carrefour en Y, allez à gauche sur un chemin (panneau "Varaire 6,8 km - Dolmen de Joncas").
Vous suivez à droite une route goudronnée et vous doublez tout droit une ferme.

5h10 20,5 Carrefour à la **croix des Pères Capucins** (292 m) : allez à gauche et, dans un virage 240 m plus loin, quittez le goudron pour aller tout droit dans un chemin. Dans la descente, bifurquez à droite en passant une clôture que vous pensez à refermer à deux reprises. Le sentier se poursuit entre deux murettes.

21,9 Traversez une petite route et empruntez le chemin en face. Carrefour avec panneau "Varaire 2,7 km" ; laissez à droite l'accès au gîte de Pech Ollié (à 900 m). Dans le virage qui suit, quittez la route pour utiliser tout droit un chemin. Plus tard, celui-ci fait un coude à 90° vers la gauche.

24,7 Empruntez une petite route ; 100 m après, laissez le GR 65 bifurquer sur un chemin à droite (à prendre si vous ne faites pas étape à Varaire…) pour continuer sur la route en laissant un peu plus loin deux chemins partir à droite. 400 m après, laissez l'embranchement à droite avec le balisage qui va vers Bach que vous suivrez demain. Finissez tout droit.

6h30 **25,7 Varaire.** Place près du lavoir en contrebas à gauche. Le gîte est à droite.

VARIANTE POUR ÉVITER VARAIRE SI VOUS N'Y FAITES PAS ÉTAPE

100 m après le km 24,7 : suivez le GR 65 à droite (panneau "Bach 5 km"). Après 400 m, reprenez le goudron à gauche et traversez le hameau de la Plane. À la sortie, traversez la D 52 (vous retrouvez l'itinéraire qui vient de Varaire) pour prendre en face un chemin flanqué d'un panneau "Bach 4 km".

LE TEMPS DE LA PESTE

Peut-être est-ce le lieu de méditer sur les dangers encourus par les voyageurs médiévaux. Nous avons déjà parlé des loups et des brigands. Voici les maladies. La peste fut la plus redoutable. La chartiste Florence Clavaud en a montré les effets sur Cajarc, à travers ses très riches "rôles de capitation" du XIVème siècle, espèce de recensements à usage fiscal : ils attestent la dépopulation catastrophique qui suivit deux épidémies de peste. Entre 1316 et 1382, le nombre de feux (foyers familiaux, généralement estimés à 4 ou 5 personnes) tomba de 880 à 270, soit une hécatombe des deux tiers de la population. On constate également le repli total de la contrée sur elle-même, alors que cinquante ans plus tôt, elle commerçait aussi bien avec Montpellier qu'avec la Rochelle. Le Barry-Neuf, faubourg par lequel partaient autrefois les voyageurs, était totalement déserté. Et comme un malheur n'arrive jamais seul, il fallut inventer un nouvel impôt, la *suberta*, sorte de racket payé aux brigands "anglais".

L'ESTOFI EMPRUNTAIT LE CANAL SOUTERRAIN

On est à la Capelette sur la dorsale d'un isthme : le Lot fait autour un méandre presque circulaire. Un canal souterrain de 360 mètres le recoupe au plus court. Il alimente aujourd'hui une usine électrique, mais il existe depuis longtemps : il avait été creusé

pour les mariniers qui descendaient et remontaient la Garonne et le Lot en gabare. Ces barques plates apportaient notamment le stockfisch, morue scandinave séchée sans sel et si dure qu'il faut la mettre à tremper huit jours avant de la consommer. La légende assure que les mariniers la trempaient dans le fleuve à la poupe de leur barque, de sorte qu'elle arrivait prête à cuire. Les gabares ont disparu, mais le pays est resté friand de stockfisch, occitanisé en *estofi*, et qui fournit la base du plat régional appelé *estofinade*.

LE PIERREUX CAUSSE DE LIMOGNE

Gaillac (où le chemin laisse à l'écart un château féodal visible plus loin dans la montée) marque le début du causse de Limogne parsemé de gouffres et de dolmens. Limité au nord par

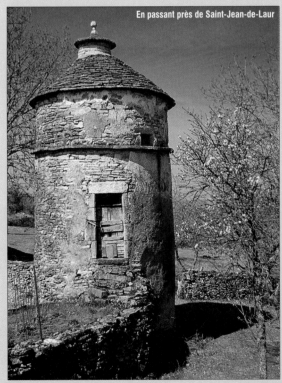

En passant près de Saint-Jean-de-Laur

En passant par Gaillac

le Lot, ce plateau calcaire fissuré est plus sec encore que les causses de Martel ou de Gramat. On y retrouve les murets de pierres sèches, les garriottes et cazelles dont nous avons fait la connaissance hier, et toute l'architecture caussenarde. On verra aussi au Mas de Bories un plan d'eau lavoir caractéristique du causse, avec sa pompe à godets et, au Mas de Dalat, une autre pompe. Et aussi, assez souvent, ces surprenants puits, avens nommés ici les *igues*.

LES GOUFFRES DE L'OULE ET DE L'ANTOUY

Le chemin passe à l'ouest des deux gouffres les plus connus du causse et qui, par leurs résurgences, alimentent le même ruisseau : à 3,5 km

au sud de Cajarc, celui de l'Antouy, aux eaux d'émeraude profondes de 10 mètres ; et à 2 kilomètres au nord-est de Saint-Jean-de-Laur, celui de l'Oule, ainsi nommé pour sa forme de marmite (*olla* en espagnol). L'Oule ne débite qu'après les fortes pluies. À 80 mètres de l'Antouy, qui dépend aussi de Saint-Jean-de-Laur, ruines d'une église du XIème siècle en fruste appareillage : abside et absidioles semi-circulaires, nef à quatre travées et faibles contreforts extérieurs. Le monastère de l'Antouy fut cité du Xème au XIVème siècle.

LE MARCHÉ AUX TRUFFES DE LIMOGNE

Quand aucune route ne suivait encore les méandres du Lot, Limogne-en-

Quercy (au nord du Mas de Bassoul) était un carrefour incontournable entre Cajarc, Cahors, Saint-Cirq, Villefranche, Caylus et Caussade.

Dans un causse déserté, elle est restée un bourg actif, grâce notamment à une conserverie de produits du terroir et à son marché aux truffes, le vendredi en saison. On sait qu'on cherche ce champignon odorant sur les racines de certains chênes à l'aide de gorets ou de chiens dressés : le Lot, comme la Dordogne, est un gros centre de production, et dans le Lot, Limogne plus particulièrement.

À la sortie sud-est, vieux lavoir couvert, aux dalles en V autour du bassin. Aux environs, nombreux dolmens mentionnés sur la carte topographique.

Sur l'autre rive du Lot : Salvagnac-de-Cajarc

Cahors : le pont Valentré

Varaire

Cahors

Vous partez pour l'une des étapes les plus longues de ce guide si vous voulez dormir à Cahors ce soir. Heureusement, le parcours est pratiquement horizontal et majoritairement forestier, toujours au cœur du parc naturel des causses. Après Bach, le *cami ferrat*, ancienne voie romaine utilisée ensuite par les muletiers, mène tout droit vers Cahors. Il évite les villages de Vaylats et de Lalbenque. Le premier abrite un monastère où le pèlerin peut faire étape, et le second est "mondialement" connu pour sa truffe noire. Au bout du plateau, la descente panoramique sur Cahors clôt une belle journée. La ville protégée par un méandre du Lot est la plus importante sur le chemin du Puy et recèle maints monuments à visiter, comme le prestigieux pont Valentré. (De Bach à Cahors : classement UNESCO.)

Pigeonnier près de Lalbenque

🌐 CARTES UTILES

🌐 IGN 57 Cahors – Montauban, au 1/100 000
🌐 2139 E Limogne-en-Quercy, au 1/25 000
🌐 2139 O Cahors, au 1/25 000

🚶 RENSEIGNEMENTS PRATIQUES

✤ VAYLATS (46230) 1 km hors GR

→ Boulangerie (avec petite épicerie)

→ Couvent de Vaylats, 15 pl., C.O., 1/2 pension 20 €/pers., réservation, sœur Monique (de 16h à 19h), 05 65 31 63 51

❖ LALBENQUE (46230)

→ GE de Poudally, 14 pl. (26 en 2009),
nuitée de 11,50 à 13,50 €, repas 12 €, pdj 4 €,
Mas de Vers, 06 60 09 88 30 ou 05 65 22 08 69,
manu.elsa@free.fr

❖ LABURGADE (46230)
1,5 km hors GR

→ 1 km avant Laburgade, 500 m hors GR :
GE Le Pech, 16 pl., nuitée 10,50 €/pers.,
pdj 4 €, repas 10,50 €, coin cuisine,
accueil équestre 6 €/cheval, ouvert du 15/03
au 30/10, Mme Latour, 05 65 24 72 84

→ CH et TH Le Mas d'Alice, 5 pl., nuitée 42 €/ch.,
pdj compris, repas 12 €, panier repas,
accueil équestre, ouvert du 15/04 au 15/10,
réservation, M. Irmann, 06 31 07 13 09
ou 05 65 31 77 17 (après 20h)

❖ CAHORS (46000)

→ OT, pl. François-Mitterrand, 05 65 53 20 65,
www.mairie-cahors.fr

→ Tous commerces, services, gares SNCF
et routière, nombreux hôtels et restaurants

→ À voir : les Jardins secrets, la fontaine
des Chartreux, la cathédrale Saint-Étienne
(UNESCO), la Chantrerie, la Barbacane, la tour
du Pape Jean XXII, le pont Valentré (UNESCO),
l'horloge de Zachariou, l'arc de Diane, la tour
des Pendus, les remparts, la maison Henri IV,
le musée Henri Martin…

→ 500 m avant le centre-ville : auberge
de jeunesse Frédéric-Suisse, 56 pl.,
nuitée 10 €/pers., pdj 3,50 €, repas 9 €,
accès internet, panier repas 6,80 €, MLP,
20 rue Frédéric-Suisse, réservation, 05 65 35 64 71

→ Foyer des Jeunes en Quercy, 20 pl.,
nuitée 10 €/pers., 1/2 pension 22,50 €/pers.,
pdj 3,50 €, repas 9 €, coin cuisine, accès internet
3 €, MLP, 129 rue Fondue-Haute, réservation,
Mlle Tikoutoff, 05 65 35 29 32

La tour Jean XXII, à Cahors

00,0 Varaire. Depuis la place, longez le lavoir à gauche et empruntez la petite route vers le Nord en bordure du cimetière. Vous laissez une rue à gauche avant d'atteindre une bifurcation (à 450 m du départ) où vous virez à gauche. Allez ensuite tout droit au carrefour.
D 52 : suivez-la à droite jusqu'au point bas 260 m plus loin.

01,0 GR 65 (venant du hameau de la Plane, à droite) : empruntez à gauche un chemin flanqué d'un panneau "Bach 4 km". Après 130 m, l'itinéraire suit le goudron en face et passe à droite d'une ferme. Après celle-ci, prenez le chemin de gauche qui s'enfonce dans la forêt.
Au carrefour à 3 branches prenez le chemin du milieu.

03,6 Près d'un portail de propriété privée, bifurquez à gauche sur la piste. Passez devant une construction récente. Suivez tout droit la petite route près d'une maison.

04,7 Croisement de route et du GR. Poursuivez en face sur Bach (panneau : 1 km). Au carrefour en Y, allez à droite et 140 m plus loin prenez en face la route qui entre dans Bach.

1h20 **5,6 Bach.** Carrefour avec la D 19 que vous suivez à droite sur près de 600 m en laissant à la sortie un chemin à droite.

06,2 A la hauteur d'un poteau électrique, prenez à droite un chemin pierreux et herbeux qui file au milieu des prairies.
Au carrefour en T, prenez à droite en direction de Mas de Vers sur le "Cami ferrat" (altitude 307 m). À gauche, Vaylats à 1,4 km avec possibilité d'étape.
À la bifurcation un peu moins de 100 m plus loin, continuez tout droit sur un chemin de terre qui passe en alternance en forêt et dans les prairies.

2h10 **08,5** Traversez la **D 42** ; 140 m plus loin traversez une autre route. Laissez un chemin à gauche qui va aussi à Vaylats.
Croisement dans la forêt du Grézal : continuez tout droit. Vous passez un ru à sec et à l'Y, continuez à gauche.
Vous suivez une piste plus large en face.

12,7 Traversez la D 55 (altitude 274 m). Plus loin à la bifurcation continuez en face. Poursuivez sur le goudron.

3h40 14,4 Mas de Vers : croisement avec la D 26. Poursuivez en face sur une petite route. Plus de 600 m après, laissez un chemin à gauche et un à droite. Continuez toujours sur le goudron.

Carrefour avec une autre route : poursuivez en face sur un chemin empierré. Laissez un peu plus loin à droite un itinéraire balisé vers Pech Petit et continuez vers Cahors.

17,1 Traversez la D 10 pour continuer en face toujours sur le "Cami ferrat" (voie romaine). Après une cabane en pierre (cazelle), le chemin se rétrécit et descend.
Vous rencontrez une petite route que vous suivez à gauche en passant devant le lavoir et la fontaine d'Outriols. Plus loin, dans le virage, laissez à gauche la direction du moulin à vent de Cieurac pour continuer sur la route.

19,3 Au croisement en Y près d'une ancienne carrière, montez à droite en direction de Combe Nègre. Dans le deuxième virage, quittez le goudron pour un chemin de terre à gauche. Il passe devant deux anciens moulins.
À la bifurcation prenez à gauche. Vous rejoignez le goudron (D 49) que vous remontez à gauche.

20,7 Carrefour avec la D 6 : descendez à droite pour passer sous l'autoroute et remontez ensuite.

5h30 22,0 Quittez la D 6 au lieu dit **le Gariat** (panneau) pour un chemin à droite. En haut, à la hauteur d'un poteau électrique, tournez à droite sur un chemin empierré. Après la maison, continuez en face.
Vous parvenez en 300 m à une bifurcation de chemins : empruntez la branche de gauche qui descend ensuite. Dans le vallon, prenez à gauche à la bifurcation et montez dans la forêt.
Après le point haut et un ancien moulin, vous dépassez le stade et au goudron vous allez tout droit. Après le panneau

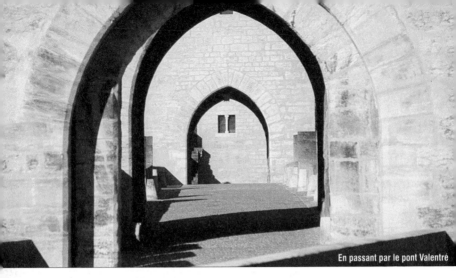

d'entrée de Flaujac-Poujols, prenez à gauche.

23,6 Fin du goudron à l'entrée d'une maison : poursuivez sur un chemin caillouteux. Plus tard, il descend fortement.
En bas, allez à droite sur un chemin qui suit le fond du vallon.

24,9 Près de la route (D 22), prenez de suite un autre chemin à gauche qui repart vers l'Ouest. À la prochaine bifurcation, allez à gauche. Quand le vallon se divise en deux, montez en face un petit chemin qui vire à droite un peu plus haut. À la sortie du bois, le chemin fait un virage à gauche.

6h45 26,8 La Quintarde (belle demeure à gauche) : allez à droite sur le goudron. Plus loin, suivez la D 6 à droite et aussitôt la route de la Marchande à droite. Juste après la première maison, prenez à gauche une allée empierrée qui se poursuit par du bitume.

27,6 Traversez la D 6 en biais pour prendre en face une voie sans issue (chemin de Cabridelle). Après le goudron, continuez sur un chemin blanc. À la bifurcation sur une esplanade, continuez à gauche. Le chemin navigue sur une large croupe.

30,2 Vous retrouvez le goudron que vous suivez en face en laissant l'accès à une maison à gauche. Plus loin, vous doublez une antenne ; la route descend fortement (très belle vue sur Cahors). Après deux virages, la petite route vient buter contre la voie ferrée et vire à droite. Croisement en T avec la D 6 que vous suivez à gauche : passez sous la voie ferrée.

31,9 Aux feux traversez le boulevard pour prendre en face une petite route qui plus loin longe le Lot. Traversez le pont des Chartreux.

8h30 33,1 Cahors. Pont Valentré.

 VARAIRE, PÉTRONILLE ET PEYRONÈSE

Le territoire de Varaire s'étend 1 500 mètres plus au sud, jusqu'à une voie antique que nous retrouverons au début de l'étape. Au bord de celle-ci, un petit calvaire de pierre sur un muret, dit croix de Pétronille, marque probablement l'endroit où se trouvèrent l'ancien hôpital et l'église de Saint-Jacques de Peyronèse (ou de Peyrounasse), qui existait au XIIIème siècle. De la même époque, demeurent dans le village une tour, vestige du château, et le lavoir communal aux dimensions vraiment seigneuriales car il en fut le vivier. Bach-en-Quercy, où sont d'anciennes carrières de phosphate, ne doit pas son nom (en allemand : ruisseau) à une famille venue d'Allemagne au XVIIIème siècle : l'existence de la paroisse est en effet attestée dès le Moyen Âge.

VOIE ROMAINE, CAMI GASCO ET CAMI FERRAT

Après le Mas de Barthe, Varaire, nous empruntons un chemin quasi rectiligne qui ne saurait tromper : c'est une voie romaine. On y a trouvé des dalles sous la couche de terre et l'on peut vérifier sur la carte qu'elle est dans l'exact prolongement de la voie antique précédente. On l'appelle à Varaire cami gasco (le chemin gascon) et à Bach cami ferrat (ferré, dans le sens de muletier, appellation fréquente dans le Midi). C'était la route antique de Caylus à Cahors. Près du Mas de Vers, on y a aussi trouvé des tombes gallo-romaines. Nous la suivrons sur quinze kilomètres.

Mais les pèlerins, eux, n'empruntaient probablement pas cet axe oublié et dangereux de solitude. La route départementale, qui va de village en village, était leur itinéraire plus probable.

LA DIVONA CADURCORUM DES GALLO-ROMAINS

Le Lot était habité il y a 40 000 ans, comme le montrent les grottes du val du Célé. Nous avons vu en chemin certains des 500 dolmens témoignant de la densité de vie humaine au néolithique final et au calcholithique. Puis vinrent sur les hauteurs les *oppida* fortifiés des Cadurques, Gaulois tributaires des Arvernes.

Leur place forte, Uxellodunum, qu'on situe mal, fut en 51 av. J.-C. l'un des derniers bastions résistant à César. La capitale des Cadurques romanisés fut Divona Cadurcorum (la source sacrée des Cadurques) devenue Cadurca puis Cahors. On a identifié cette *divona* à la fontaine des Chartreux, jaillissant sous la falaise, non loin du pont Valentré qui fournit toujours l'eau de la ville et dont on sait, depuis 1969, par des spéléologues, qu'elle est une résurgence des gouffres du causse de Limogne. D'autres historiens penchent plutôt pour la source Saint-Georges dont les eaux ont la même origine. La Cadurca romaine périt en 571, incendiée par Théodebert, roi franc d'Austrasie. Il en reste, près de la gare, la Porte de Diane, arc

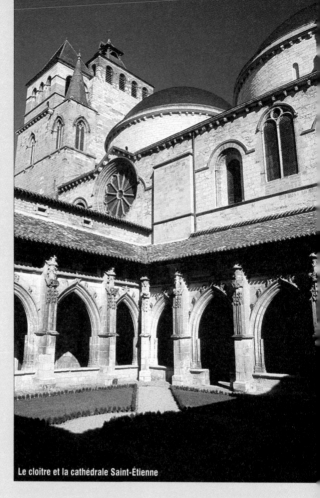

Le cloître et la cathédrale Saint-Étienne

des anciens thermes, et plusieurs pierres sculptées au musée Henri-Martin.

LA VILLE OÙ NAQUIT UN PAPE

Cahors se releva et saint Didier, dit aussi saint Géry, édifia une première cathédrale en 650. Après les raids des Vikings, Sarrasins et Huns, l'actuelle cathédrale s'élève en 1119. Les évêques sont seigneurs de la ville. L'un d'eux octroie en 1270 aux Cadurciens une charte et des consuls élus. Cahors résiste aux Anglais mais, en 1360, le traité de Brétigny la leur livre. Catholique, elle résiste aussi au protestant Henri IV, ce qui lui coûte cher.

C'est aujourd'hui un chef-lieu de département de 22 000 habitants, actif et gourmand. Parmi ses fils illustres, deux poètes de la Renaissance, Clément Marot et Olivier de Magny, le tribun républicain Gambetta et, bien plus tôt, le pape d'Avignon, Jean XXII, né en 1245 à Cahors d'une famille de banquiers. Il enrichit sa ville natale et y fonda une université qui perdura pendant cinq siècles. On voit, dans la partie haute du boulevard Gambetta, trois immeubles qu'il fit bâtir : Saint-Barthélemy, sobre église languedocienne de briques, le palais de Pierre Duèze, son frère, et à côté la tour Jean XXII, haute de 34 mètres, à cinq étages de fenêtres géminées.

Dans le cloître de Cahors

⬡ DES REMPARTS À LA CATHÉDRALE ROMAINE

Cahors eut plusieurs hôpitaux dont celui de Saint-Jacques qui fut d'abord près de l'actuelle place Galdémar. S'ils ont disparu, pèlerins et touristes trouveront à Cahors bien des vestiges médiévaux, à commencer par les remparts qui, dévalant la pente, fermaient au nord la presqu'île. Il en reste des murs, deux portes, la barbacane, la tour des pendus.

On verra surtout la cathédrale Saint-Étienne, avec ses deux coupoles romanes larges de 18 mètres, à 32 mètres au-dessus de la nef. Elle a été transformée : façade fortifiée, chœur et absides gothiques, chapelles flamboyantes, cloître gothique aussi, où l'on voit sur une pierre carrée se disputer deux pèlerins, dont l'un à la coquille. Mais le portail roman, réalisé entre 1140 et 1150, est toujours là. Il forme un avant-corps sur la façade nord. Sa voussure en arc brisé abrite deux portes jumelées et un tympan cloisonné portant une Ascension du Christ en mandorle, entouré d'anges, et de la vie de saint Étienne : prédication, procès, lapidation, vision du paradis, programme relativement courant mais magistralement exécuté. Comme à Moissac, que nous verrons dans trois jours, la sculpture déborde le cadre du tympan pour envahir voussures, archivolte et corniche. Malheureusement, une grille empêche d'apprécier toute la virtuosité, la finesse et l'humour de cette œuvre foisonnante.

⬡ LE PONT VALENTRÉ RÉSISTA MÊME AU DIABLE

Le vieux Cahors occupe une presqu'île, cap au sud, entourée d'une longue boucle du Lot. C'est aussi par le sud, au quartier Saint-Georges, où aboutit le CD 22, que le pèlerin des premiers temps franchis-sait la rivière. À partir du XIVème siècle, la sortie se fit à l'ouest où l'on avait lancé le hardi pont Valentré. Malgré les restaurations, il reste un exemple remarquable de l'architecture militaire lors des guerres franco-anglaises. Avec ses six grandes arches gothiques, ses trois tours dominant l'eau de 40 mètres, ses avant-becs crénelés, il a découragé les assaillants. Ni les Anglais, ni Henri IV ne l'attaquèrent. Seul le diable… La légende dit que le maître maçon, désespérant de terminer à temps, fit appel à son aide. Mais, voulant sauver son âme, l'entrepreneur envoya son sulfureux second à la source des Chartreux chercher de l'eau avec un tamis. Satan revint naturellement bredouille, perdit son marché mais, furieux, ôta une pierre à la tour centrale. Elle manquait toujours en 1879 quand l'architecte chargé de la restauration la remplaça et y fit graver un diable qui essaye de l'arracher…

Église de Labastide-Marnhac

Cahors

Lascabanes

U HAUT du Pech d'Angély, jetez un dernier coup d'œil sur l'ancienne capitale du Quercy avant de partir de nouveau sur les causses qui se meurent dans les vallées plus riches, à l'ouest du département du Lot. Après une pause agréable au pied de l'église de Labastide-Marnhac, le GR vous propose de choisir de passer ou non par Lhospitalet. Le charme discret de cette ancienne étape vaut-il un détour de près de trois kilomètres ? Après cinq heures et demie de marche, au minimum, les maisons fleuries et la tranquillité de Lascabanes, dans la vallée du Verdanson, sauront vous convaincre de vous poser ici pour la nuit. Le gîte accolé à l'église paroissiale sera le nid douillet de votre halte.

🌐 CARTES UTILES

🌐 IGN 57 Cahors – Montauban, au 1/100 000

🌐 2039 E Cahors – Labastide-Marnhac, au 1/25 000

👫 RENSEIGNEMENTS PRATIQUES

❖ LABASTIDE-MARNHAC (46090)

➜ 4 km avant Labastide, CH et GE Domaine des Mathieux ; gîte (28 pl.), nuitée 14 €/pers., pdj 4 €, coin cuisine ; ch. (8 pl.), nuitée 58 €/ch., 1/2 pension 30 €, panier repas 5 €, MLP, repas 13 €, accueil équestre, acheminement vers Cahors sur réservation, M. Dubois, 05 65 31 75 13 ou 06 81 44 89 37, www.domainedesmathieux.com

❖ L'HOSPITALET / LE MONTAT (46090)
2,5 km hors GR (sur variante)

➜ 4 km hors GR : CH et TH Domaine Les Tuileries, 11 pl., C.O., nuitée 56 à 80 €/pers. (tarifs pour 2 à 4 pers.), pdj compris, repas 17 €, panier repas 6 €, accès internet, MLP accueil équestre 10 €, acheminement, 1602 chemin de l'Hospitalet, M. Carrier, 05 65 21 04 72, http://pagesperso-orange.fr/domainelestuileries

❖ LASCABANES (46800)

→ GE de Lascabanes, 17 pl., nuitée 12 €/pers., pdj 5 €, repas 12 €, panier repas 5 €, MLP, épicerie dépannage, accueil équestre, réservation, accueil à partir de 13h, Mme Maupoux, 05 65 31 86 38 ou 05 65 31 49 12

→ Ch. chez l'habitant, 3 ch., nuitée 11 €, repas 12 €, 1/2 pension 28 €, MLP, enclos chevaux, la Bouy (100 m du village), Mme Bessières, 05 65 22 92 63 ou 06 73 07 46 37

À l'adresse des pèlerins

00,0 Cahors. Dos au pont Valantré, empruntez à gauche et de l'autre côté de la route l'escalier raide qui permet de gravir la paroi de calcaire. En haut des marches, remontez plus calmement une croupe à gauche vers le Sud.

Plus loin, dépassez un réservoir pour remonter son chemin d'accès sur le Pech d'Angély.

01,0 En dessous d'une antenne, empruntez à droite le goudron d'une petite route (chemin de la Croix de Magne).

Au premier carrefour de routes allez à gauche et de même au suivant. Un peu plus loin, après un virage, continuez en face et 20 m après allez toujours tout droit. Cette petite route descend parallèlement à la N 20.

02,7 Passez sous le pont de la N 20. À la sortie du pont, montez le talus à droite pour retrouver la petite route après le pont (raccourci). Au carrefour, 300 m plus loin, poursuivez tout droit dans un vallon qui

s'affirme de plus en plus en laissant à droite d'abord la côte d'Arbouis, puis la côte de Nouret.

1h00 04,0 Après avoir laissé la **côte de Bessières,** tournez à gauche vers les Mathieux. Dans un virage, quittez le goudron pour monter à gauche le chemin de la Combe Nègre. En haut, virez vers la droite en longeant une murette.

Suivez ensuite le goudron et à la première bifurcation, à la hauteur d'un poteau électrique, allez à gauche. Dans un virage, laissez le chemin d'al Cayrou à gauche et prenez une voie sans issue.

Après le goudron, continuez tout droit sur un sentier qui plus tard descend fortement pour rejoindre un chemin plus bas que vous suivez à droite. Il aboutit à une route : descendez à gauche.

06,4 Carrefour avec la D 653 que vous suivez à droite sur 120 m. À la bifurcation, prenez la direction de Labastide-Marnhac à gauche sur la D 7.

Après le pont sur le ruisseau de Bartassec, prenez un chemin à droite qui monte dans la forêt. Ce chemin (le Cayrel) file tout droit vers l'Ouest sur une croupe. Dans un virage, quittez le chemin (que vous retrouvez plus tard) pour un sentier en face.

Poursuivez tout droit sur le goudron près des premières maisons du village. Deux minutes plus tard, suivez à gauche une petite route.

Traversez la D 7 et poursuivez en face sur une allée goudronnée.

2h30 10,2 Labastide-Marnhac. Laissez l'église sur votre gauche (point d'eau et wc) et traversez le village tout droit. Laissez la direction de Lhospitalet à gauche. Suivez ensuite la D 7 à gauche sur une centaine de mètres avant de prendre un chemin blanc à gauche, au Sud (cazelle à gauche).

Carrefour de chemin (alt. 287 m) : laissez à gauche la variante qui passe par Lhospitalet (gîte), distant de 3,4 km, et continuez en face. Plus loin, suivez le goudron en face qui disparaît après 450 m pour un chemin empierré.

Bifurcation en Y à la hauteur d'un poteau : allez à droite et passez devant une maison.

Passez un bosquet et au croisement en T (panneau) allez à gauche.

3h20 **13,5 Trigodina :** empruntez la route à droite en laissant à gauche les balises de la variante qui arrive de Lhospitalet, à 1,5 km. Au croisement de Fabre, continuez tout droit puis laissez une ferme à gauche et une maison à droite pour partir sur un chemin blanc. Plus loin, laissez une piste secondaire à gauche, puis à droite, en restant sur le haut de la croupe. Vous suivez une ligne téléphonique qui vient de la droite.
Au carrefour de plusieurs pistes arrivant de gauche, continuez sur la droite.
À la bifurcation à la fois du chemin et de la ligne téléphonique, tournez à gauche franchement. Plus loin ce chemin devient plus étroit.

16,8 Petite route : suivez-la à gauche sur seulement une trentaine de mètres avant de prendre un chemin blanc en face, dans le virage. Au croisement de sentiers avec panneau directionnel, poursuivez tout droit sur le chemin principal.

19,3 A la route, traversez en oblique pour prendre un autre chemin en face (aire de pique-nique sur la droite).
À la bifurcation à l'angle d'une plantation de pins, tournez à droite et descendez plus tard dans un vallon. À l'autre bifurcation, allez cette fois-ci à gauche : le chemin passe plus loin entre deux haies de buis.

5h20 **21,0 Baffalie.** Suivez le goudron et un peu plus loin, au carrefour, allez à droite. 230 m plus bas, empruntez un chemin de terre à gauche (croix en bois). Après le lavoir, laissez le pont sur le Verdanson à droite et empruntez la petite route à gauche. Après une grande demeure, prenez à droite, traversez le ruisseau et montez dans le village.

5h40 **22,2 Lascabanes.** Mairie et carrefour avec la D 7 : le balisage tourne à gauche dans la rue principale, mais vous pouvez aller en face pour rejoindre l'église et le gîte d'étape (vous y retrouvez le GR 65 qui vient de la gauche).

Rue à Lascabanes

LE PÈLERIN GASTRONOME EN QUERCY

Au pays de Cahors, qui est en Quercy, c'est déjà le foie gras, le jambon et les pruneaux d'Agen, si proche ; c'est encore les truffes du causse, plus l'eau de noix, la liqueur de genièvre, l'eau-de-vie de prune… Et, bien entendu, le vin de Cahors. Il l'a échappé belle : déjà à peu près abandonné sur les causses, le vignoble des vallées était réduit à 1 % de sa surface antérieure après les gelées de 1956. Mais sa reconstitution et sa promotion ont été spectaculaires. C'est un vin charnu et chaleureux basé sur les cépages cot et malbec, avec un peu de tanat et de merlot. Il se marie bien avec grillades et gibiers, truffes et cèpes.

D'HÔPITAL EN HOSPITALET

- De la croix de Magne où l'on monte à travers chênes et genévriers, belle vue sur Cahors, le pont Valentré et leurs environs. Puis on retourne au causse…

- À un quart d'heure de Labastide-Marnhac, pourvue d'un château, Saint-Rémy (hors chemin) conserve l'hôpital fondé en 1286 pour les pèlerins de Compostelle.

- Après Lascabanes (village joli et paisible), la chapelle Saint-Jean est un lieu de pèlerinage près de la fontaine "miraculeuse" Saint-Jean-Baptiste : il s'agit de la citerne fermée par une grille en contrebas de la route. On pense que, avant même sa consécration, elle était déjà révérée par les druides.

- Le moulin d'Escayrac est un château d'eau aménagé dans un ancien moulin à vent : chaque hauteur portait autrefois un moulin tour de type occitan, à calotte tournante. La base était en pierre appareillée, large et solide pour résister à l'ébranlement du mécanisme de bois sous la poussée des vents.

À TRAVERS LE QUERCY BLANC

On appelle Quercy blanc la partie méridionale du Lot, au-dessous d'une ligne Fumel-Lalbenque. La craie y domine, d'où son nom, dans un paysage qui annonce déjà le Midi par son ensoleillement lumineux, par ses tuiles roses, parfois par la silhouette d'un cyprès gris ou même en certains endroits celle de moulins à vent à calotte tournante : leur présence s'explique par l'importance qu'avait ici la culture du blé avant l'exode rural ; aussi bien le meunier était-il avant tout un "farinier".

Ce grand plateau blanc propice aux moutons est découpé en *planhès* tabulaires, en *serres*, chaînons coiffés de chênes, en *pech* ou *tuques*, monticules calcaires, par le creusement de vallées descendant lentement vers le bassin de la Garonne le long de leurs couloirs verts et cultivés.

Mais le Quercy blanc n'est qu'une désignation géographique. Du point de vue historique, il faut considérer le Quercy dans son ensemble, vaste province des antiques Cadourques qui s'étendait des portes de Sarlat et de Villefranche-de-Rouergue au nord jusqu'au-delà de Montauban au sud. Elle fut par trois fois cédée aux Anglais, en 1259 par saint Louis, en 1286 par Philippe le Bel et en 1360 au traité de Brétigny, puis reprise, d'où les malheurs de la guerre de Cent Ans.

La chapelle Saint-Jean

Lascabanes
Montcuq Lauzerte

AUJOURD'HUI, le paysage change peu. Le parcours hésite encore entre les vallons modelés et les croupes crayeuses qui ont donné son nom au Quercy blanc. Si vous avez fait étape à Lascabanes, une variante évite la cité de Montcuq. Mais si vous souhaitez la visiter, vous pourrez admirer son donjon carré qui domine une organisation médiévale où la pierre blanche des maisons égaye les rues pentues. Dans sa deuxième partie, le parcours subit montées et descentes. Pour terminer, un ultime effort est nécessaire pour atteindre Lauzerte. Cette charmante bastide perchée vaut bien une étape ; une attention particulière y est accordée aux pèlerins : la ville leur a dédié un jardin, en balcon, ouvrant largement la vue sur la campagne environnante.

🌐 CARTES UTILES

🌐 IGN 57 Cahors – Montauban, au 1/100 000
🌐 2039 E Cahors – Labastide-Marnhac, au 1/25 000
🌐 2039 O Montcuq, au 1/25 000
🌐 2040 O Moissac, au 1/25 000

👥 RENSEIGNEMENTS PRATIQUES

✤ ESCAYRAC (46800, hameau de Lascabanes) 1,5 km hors GR

→ Ch. chez l'habitant Chez Lucette, 5 pl., nuitée 16 €/pers., pdj 3 €, repas 9 €, (en face de l'église), 1/2 pension 28 €, MLP, réservation souhaitée, Mme Caumont, 05 65 31 87 26

✤ SAINT-DAUNÈS (46800) 1 km hors GR

→ Ch. chez l'habitant, 3 ch., nuitée 12 €/p., pdj 4 €, repas 12 €, MLP, acheminement possible, toute l'année, la Bouysse, M. Mme Couture, 05 65 31 84 39

✤ SAINT-CYPRIEN (46800) 2 km hors GR depuis Rouillac

→ Ch. chez l'habitant La Paille, 3 ch., C.O., (sauf été) nuitée 13 €/p., pdj 3 €, repas 15 €, coin cuisine d'été, en été nuitée 38 €/ch., pdj compris, épicerie dépannage, accès internet, MLP, acheminement, Mme Bessières au 05 65 24 38 97, http://lapaillesylvie.free.fr

❖ MONTCUQ (46800)

→ OT en Quercy Blanc, 8 rue de la Promenade, 05 65 22 94 04, www.tourisme-montcuq.com

→ Tous commerces (fermeture le lundi sauf été), services

→ À voir : le donjon (XIe/XIIe siècle), la tour, quartier médiéval…

→ 500 m avant Montcuq : GE Le Souleillou, 30 pl., C.O., nuitée de 9,50 à 13,50 €/pers. (selon ch.), pdj 4 €, repas 11,50 €, demi-pension de 25 € à 29 €, coin cuisine, MLP, accueil équestre, accès internet, possibilité camping tente 5 €, réservation souhaitée, 22 rue du Souleillou, M. Lagane, 05 65 22 48 95, www.gite-etape-souleillou.com

→ CH, 12 pl., nuitée 18 €, pdj 3 €, 1/2 pension 30 €/pers., coin cuisine, réservation, 12 rue Faubourg-Saint-Privat, Mme Simon, 05 65 36 97 46 ou 06 70 37 65 59

→ CH, 2 pl., nuitée 35 €/pers., pdj compris, C.O., nuitée 25 €/pers., 32 €/2 pers., pdj compris, MLP, 4 rue du Faubourg Saint-Privat, M. Toulet, 05 65 24 90 78

→ G, 4 ch., nuitée 20 €/pers., pdj compris, coin cuisine, MLP, réservation, 8 allée des Marronniers (côté jardin), Mme Tranchant, 05 65 24 57 36 ou 05 65 53 03 38

❖ LEBREIL (46800)
4 km hors GR après Montcuq

→ CH et TH Mas Labrugade, 8 pl., C.O, panier repas 6 €, CH nuitée 34 €/pers., 44 €/2 pers., pdj compris, TH 16 €, épicerie dépannage, MLP, accueil équestre 3 €, acheminement, Mme Bibard, 05 65 31 84 66, www.mas-labrugade.com

❖ MONTLAUZUN (46800)
200 m hors GR

→ CH, TH et GE Ancien Presbytère, 12 pl., gîte : nuitée de 12 à 14 €/pers. (selon ch.), pdj 5 €, repas 13 € ; ch. : nuitée 38 €/pers., 54 €/pers. (pour 2 pers.), pdj compris, panier repas 5 €, MLP, ouvert de Pâques à Toussaint (sur réservation), M. Gillon, 05 65 36 04 02

→ 250 m après Montlauzun, 1 km hors GR : CH et TH Auberge du Canabal, 12 pl., nuitée 55 €/2 pers., pdj compris, repas 16 €, C.O., 1/2 pension 38 €/pers., coin cuisine, MLP, Lagarde Haute - Tréjouls, réservation, M. Tressens, 05 63 95 70 83, http://canabal.free.fr/

❖ LAUZERTE (82110)

→ OT, pl. des Cornières, 05 63 94 61 94, www.quercy-blanc.net

→ Tous commerces, services

→ À voir : un des plus beaux villages de France, le jardin du Pèlerin et son jeu de l'oie, le site et son point de vue, la Barbacane, l'église Saint-Barthélemy, l'église des Carmes…

→ 2,5 km avant Lauzerte, 2 km hors GR : CH Le Moulin de Tauran, 9 pl., nuitée de 42 à 45 €/pers. (selon saison), pdj compris, repas 19 €, panier repas 8 €, MLP, acheminement, Graulat, réservation, Mme Chambon, 0 63 94 60 68, http://moulintauran.free.fr

→ GE communal, 21 pl., nuitée 10 €/pers., coin cuisine, ouvert du 01/03 au 31/10, réservation OT

→ CH et GE Les Figuiers, 27 pl., C.O., nuitée de 11 à 17 €/pers., pdj 4 €, repas 11,50 €, coin cuisine, MLP, accès internet, chemin du Coudounier, M. Reversat, 05 63 94 61 29, http://pagesperso-orange.fr/michel.reversat

→ Camping de Lauzerte, le Grenier des Cœur, empl. libres, tente 5 €/pers., yourtes 52 €/nuit, location caravane et mobil home, pdj 4 €, poss. repas et épicerie, accès internet gratuit, les Vignals, M. Macary, 05 63 94 75 60 ou 06 67 31 20 19, www.camping-lauzerte.com

→ 2,5 km hors GR : centre équestre, GE Domaine du Pigeonnier, 40 pl., gîte : 1/2 pension 33 €/pers. ; mobil home : nuitée 16 €, pdj 5 €, repas 15 €, panier repas 6 €, coin cuisine, MLP, accueil équestre 9 €/nuit, ouvert de mars à novembre (hors vacances scolaires), acheminement, sur réservation uniquement, Mme Favrot 05 63 94 63 46, http://www.equi-sejour-lauzerte.com

00,0 Lascabanes. Derrière le gîte et l'église, prenez la petite route vers le Nord. Dans un virage à 90°, quittez le goudron pour aller tout droit sur un chemin blanc en direction de Sabatier (à droite le très joli domaine de Saint-Géry). Après cette maison, le chemin se rétrécit, monte raide et passe en forêt.

Après une belle cazelle, retrouvez le goudron que vous suivez à droite. Allez ensuite à gauche vers Saint-Jean.

02,1 Chapelle Saint-Jean : dépassez-la, toujours sur le goudron. À droite de la ferme, poursuivez sur un chemin mi-herbeux mi-pierreux. Au premier croisement de pistes, continuez en face vers Montcuq.

03,1 Au carrefour suivant, allez à gauche (on peut aussi aller en face), passez un dôme et traversez un bosquet. À la hauteur d'un ancien moulin devenu réservoir d'eau, allez à droite sur le chemin qui suit en laissant à gauche la direction d'Escayrac. Poursuivez sur le goudron et, dans le premier virage, continuez en face sur un chemin blanc.
D 37 : empruntez-la à droite en descente sur 420 m.
Avant la courbe, prenez à gauche une piste qui navigue ensuite entre les champs et laisse deux chemins sur la droite. Au croisement, continuez en face et à la bifurcation en Y allez à gauche avant un petit dôme. Le chemin exécute plus loin un virage à gauche.

1h40 06,4 Suivez la **D 4** à droite. 600 m après, laissez à gauche la direction du Bousquet et continuez sur 200 m.

07,2 Après la courbe, prenez à gauche en direction de Marnac*. Après 20 m sur le goudron, prenez un chemin herbeux à droite qui passe bien à droite d'une ferme et rejoint son chemin d'accès que vous remontez tout droit.

08,4 Croisement avec la D 55 : poursuivez en face. Laissez plus loin à gauche l'accès pour Marmon et à droite pour Thouron-Haut.
À un autre carrefour, continuez en face sur un chemin blanc (vue sur Montcuq).

09,8 Carrefour avec panneau directionnel où vous retrouvez le GR 65 venant de Montcuq : allez tout droit sur une centaine de mètres et suivez la D 28 sur la gauche. Dans le premier virage, quittez-la pour un chemin goudronné en face, en direction de Charry. 250 m après, juste avant de rentrer dans le bois, allez à droite en lisière (panneau "Bonal 3 km, Monlauzun 5 km, Lauzerte 12 km"). Vous longez plus loin le centre équestre d'un château en traversant son chemin d'accès. En face, le sentier traverse un bosquet de pins et continue entre deux rangées de chênes. Il descend en deux lacets raides.

2h50 11,3 Traversez une petite route à l'angle de l'entrée de la ferme **Roux** pour

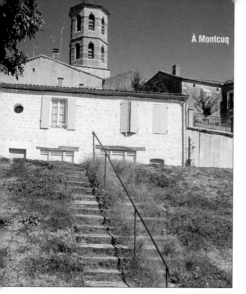
À Montcuq

descendre en face un petit chemin avec un passage raide et boueux.

Rejoignez le goudron que vous suivez à droite. Après la ferme Berty, laissez à droite la direction de Rouillac pour continuer sur Carros dont vous laissez le chemin goudronné à gauche.

12,4 Au niveau d'une haie qui descend de droite, prenez un chemin de terre à gauche. Rapidement vous traversez le ruisseau Tartuguié sur une passerelle en fer avant de remonter un chemin herbeux. Au-dessus, il fait un coude à droite et une grande courbe vers la gauche. Il passe à gauche d'un étang et suit une ligne électrique. Sous un verger, allez à droite et remontez jusqu'à la ferme.

13,4 Traversez la ferme Bonal et descendez son chemin d'accès (goudron). Plus bas, laissez un embranchement à droite pour continuer en face vers Monlauzun. Dépassez les Grèzes.
Au carrefour en T flanqué d'un gros chêne, virez à droite. Après la ferme le Sorbier allez à gauche et laissez le Poujol à droite. Au carrefour après la ferme Combelle, montez à droite vers Monlauzun.

3h50 **15,2** Carrefour sous **Montlauzun :** descendez à gauche sur la route.
Plus bas vous rencontrez la D 45 : suivez-la à gauche vers Saint-Laurent-Lolmie. Après une courbe peu prononcée, quittez le goudron pour aller à droite. Passez devant une vigne et montez à droite par un sentier assez raide sous le couvert (corde !). Après deux lacets et une traversée à découvert, vous longez une haie de chênes.

16,8 Vous parvenez sur un chemin goudronné (panneau de l'auberge paysanne) que vous suivez à droite. Quelques minutes plus tard, au carrefour à plusieurs branches, poursuivez en face sur la route. Dans un des virages, laissez à gauche l'accès à la Truffière.

17,7 A l'angle d'une clôture et d'un portail, quittez le goudron pour aller en face sur un chemin blanc flanqué d'une borne d'incendie rouge. Longez la clôture jusqu'à son terme et tout droit poursuivez sur un sentier parallèle au chemin. Reprenez ce dernier un peu plus loin et suivez-le vers la droite. Après un bosquet, longez un jeune verger. Quittez ensuite le chemin pour un sentier en face qui rentre dans la forêt.
Traversez un chemin goudronné pour aller en face en suivant une petite clôture. Celle-ci contourne un champ avant de descendre raide entre deux clôtures et aboutir sur le goudron près d'une ruine.

18,8 Pech de la Rode. Descendez la petite route à droite sur 300 m environ pour virer, au niveau d'une ferme, à droite sur un chemin herbeux, à plat. En bout de champ il fait un coude vers la gauche, monte ensuite entre deux haies.

20,4 Ferme de Montjoie : descendez par le chemin de terre en creux à droite. Plus bas, croisez un autre chemin où vous continuez en face. Le chemin navigue à travers champs.
Suivez la D 54 à droite.

21,7 Croisement avec la D 953.
(Si vous ne faites pas étape à **Lauzerte** et si vous ne souhaitez pas visiter ce village, suivez à gauche la D 953 pendant 1,2 km en laissant la D 34 à gauche.)
Continuez en face sur Lauzerte. Au carrefour en Y, laissez à droite la D 73 (direction

Toufailles) et poursuivez à gauche. 130 m plus loin, empruntez un sentier à droite : il rejoint une allée goudronnée que vous remontez. Sur la voie au-dessus, allez à droite et, 30 m plus loin, à gauche sur un chemin prolongé d'un sentier. Sur le goudron, allez à gauche.

Prenez la route à droite. Vous entrez dans le village après le monument aux morts par la rue de l'Éveillé(sens interdit).

5h45 **22,8 Lauzerte.** Place de l'Église.

VARIANTE
POUR PASSER À MONTCUQ

A - ALLER

06,4 Laissez la direction Marnac à gauche.

07,6 À la bifurcation de routes, laissez-en une à droite et une petite à gauche qui s'en va vers Monticule. 120 m après, prenez à droite un chemin goudronné suivi d'une ligne téléphonique.

Bifurcation à la fin du goudron : poursuivez en face sur un chemin.

09,2 Retrouvez le bitume à la hauteur d'une antenne et descendez en face. Sur la petite place, allez vers la gauche.

09,6 Montcuq. Carrefour de la D 28 et de la D 45.

B - RETOUR

00,0 Depuis le carrefour de la D 28 et D 45, descendez la route en direction de Monlauzun (D 28). Dans la descente, laissez une petite route sur la droite ; passez un petit pont. Dans le virage suivant, quittez la route pour aller à gauche sur un petit chemin bordé d'arbres. Après la forêt, vous longez un champ et rejoignez un chemin herbeux.

01,5 Au croisement en T avec un chemin pierreux (panneau directionnel et arrivée à gauche de la déviation de Montcuq voir km 09,8), allez à droite…

LE SITE POÉTIQUE DE MONTCUQ

N'oubliez pas que dans les langues d'oc toutes les lettres se prononcent, surtout la dernière ; cela évitera aux gens du nord de dire une incongruité en nommant Montcuq. En fait, l'étymologie en est poétique : *montem cuci* était en latin le "mont du coucou".

Le site aussi est plein de poésie : sur une colline verte qui domine le cours de la Barguelonnette et les vignobles de chasselas, les rues médiévales, parfois en escalier et toujours pentues, montent à l'assaut du dôme rocheux dit "la roque", couronné d'un haut donjon solitaire, vertical, rectiligne, fait d'une tour et d'une tourelle rectangulaires.

DES CATHARES DE 1229 AUX ANGLAIS DE 1991

D'origine romaine, donc. Et au XIIème siècle, chef-lieu d'une châtel-

lenie à laquelle Raymond VII, comte de Toulouse, donna une charte de coutumes. Hélas pour Montcuq : il protégeait les Cathares.

La ville fut prise et reprise par les croisés, Simon de Montfort puis son allié le comte de Beaudoin, récompensé d'avoir trahi son frère. Après le traité de Meaux en 1229, le roi de France fit abattre les murs de la ville et le château, dont il ne reste que le donjon. Il demeurait pourtant attractif : Montcuq fut au XIVème siècle plusieurs fois reprise par les Anglais et, au XVIème, ravagée par les huguenots.

C'est aujourd'hui un bourg actif, ouvert au tourisme, mais riche aussi d'une coopérative agricole et fruitière, et du voisinage de la fabrique de meringues et de gaufres de Saint-Daumes.

Les Anglais y sont de retour, mais pacifiquement : le nombre de leurs résidents est tel que vous trouverez un rayon de livres britanniques à la

librairie et du whisky irlandais et écossais à gogo.

LES VIEILLES PIERRES DE MONTCUQ

- Le donjon du XIIème siècle est ouvert aux visites en juillet et août. Un escalier taillé dans la pierre mène à l'unique porte, celle de la tourelle-escalier. À travers un mur épais de deux mètres, elle donne accès à la tour où se superposent de grandes salles de 12 mètres sur 8, sur quatre niveaux. La salle basse servait de magasin, celles des premier et second étages avaient une cheminée.
- La mairie, du XIVème siècle, possède une cloche du XVIème dans son beffroi ; plusieurs maisons sont des XIVème et XVème siècles.
- L'église Saint-Hilaire, au clocher octogonal, conserve un chœur du XIVème siècle avec de grandes baies gothiques et des vitrages modernes.

- La chapelle du couvent des Cordeliers (quartier Saint-Privat) a un portail du XIIIème siècle.

⬤ CHEMIN FAISANT, SORTANT DE MONTCUQ

- Hors chemin, à gauche, le château de Charry, propriété privée, est du XVIème siècle ; il domine à l'est le val de Tartuguié où était son moulin.
- Dix minutes plus loin, également hors chemin mais à droite, l'église de Rouillac mérite le détour. Sa nef a été reconstruite au XVème siècle mais son abside du XIIème abrite des peintures romanes : Crucifixion, Cène, Adam et Ève, entrée à Jérusalem. Christ entouré des symboles des évangélistes. (Pour visiter, s'adresser au propriétaire de l'ancien presbytère.)
- Le village de Montlauzun est perché sur la crête séparant le val du Tartuguié que nous venons de traverser (c'est un affluent de la petite Barguelonne ou Barguelonnette) et celui du Lendou.
- Nous franchissons la limite du Tarn-et-Garonne à la cote 247, sur le rebord du plateau de Sainte-Juliette.

⬤ LAUZERTE, BASTIDE ET PLACE FORTE

Encore un fort piton, mais celui-ci isolé, visible de loin, au confluent de la Barguelonnette et du Lendou : de son sommet, Lauzerte surveille depuis le XIIème siècle la route Cahors-Moissac.

Raymond VI de Toulouse, qui y possédait déjà un château, y fonda une bastide, en lui concédant des coutumes. Elle connut depuis guerre de Cent Ans et guerres de Religion : aussi fallut-il reconstruire ses églises. On peut y voir, dans la vieille ville, des maisons du XIIIème siècle à façades de bois et fenêtres géminées, d'autres de la Renaissance à fenêtres à meneaux, d'autres encore formant rempart ; colombages et pierres blanches, rues descendantes

bordées d'histoire… Un chemin de ronde incliné mène à la place des Cornières aux couverts marchands, des esplanades plus récentes offrent leur panorama.

⬤ LES DEUX RETABLES BAROQUES DE LAUZERTE

Édifiée après la fondation de Lauzerte, l'église Saint-Barthélemy a été agrandie et voûtée d'ogives entre 1591 et 1654 : abside à cinq pans, large nef unique à trois travées flanquée de six chapelles, clocher rectangulaire. Le retable doré de Notre-Dame-de-Vaux (vers 1651) est un chef-d'œuvre d'art baroque. Autre retable baroque en l'église Notre-Dame-des-Carmes, à chevet plat et nef unique, dans le bas de la ville, reconstruite en 1673 : on y voit la Vierge remettant le rosaire à saint Simon Stock et à sainte Thérèse d'Avila. Dans les niches latérales, le prophète Élie et saint Jean de la Croix.

Façade à Lauzerte

98

Le cloître de Moissac

Lauzerte

Moissac

 N PIGEONNIER sur pilotis au bord du chemin, la chapelle Saint-Sernin isolée au fond d'un vallon, celle de Saint-Martin frappée par le vent sur les hauteurs, tout comme l'église d'Espis : voilà la partition culturelle qui attisera votre curiosité. Vos pas vous conduisent d'une ferme à l'autre sur fond de champs aux cultures diversifiées. La vigne apparaît sur les coteaux ensoleillés où le fameux chasselas de Moissac livre dans ses grains dorés toute sa saveur subtile. A l'autre bout, Moissac, étape majeure et historique, ne manque pas d'attraits avec l'abbatiale Saint-Pierre : son tympan représente l'Apocalypse selon saint Jean ; le cloître est considéré comme l'un des plus richement décorés avec ses soixante-seize chapiteaux sculptés.

🌐 CARTES UTILES

🌐 IGN 57 Cahors – Montauban, au 1/100 000
🌐 2040 O Moissac, au 1/25 000

🚶🚶 RENSEIGNEMENTS PRATIQUES

❖ DURFORT-LACAPELETTE (82390)

→ Boulangerie, épicerie (fermé le mercredi)

→ 1 km avant Durfort : HR l'Aube Nouvelle, 28 pl., C.O., nuitée à partir de 43 €, menu à partir de 13,50 €, panier repas 7 €, accueil équestre, fermé du 23/12 au 22/01, M. de Smet-Bruneel, 05 63 04 50 33, www.chez.com/aubenouvelle

→ 1,5 km hors GR : ferme et gîte de Bayssade, C.O., nuitée 16 €/pers., pdj compris, 1/2 pension 30 €/pers., coin cuisine, accueil équestre, ouvert du 01/03 au 31/10, acheminement, Saint-Hubert, Mme Favarel, 05 63 04 56 62

❖ MOISSAC (82200)

→ OT, 6 place Durand-de-Bredon, 05 63 04 01 85, www.moissac.fr

→ Tous commerces, services, gares SNCF et routière

→ À voir : l'espace Patrimoine, l'église abbatiale Saint-Pierre et son cloître (UNESCO), les collections d'art sacré et ethnographique,

Moissac : le porche de l'abbatiale

le Centre d'Art roman (photothèque
des enlumineurs moissagais), artisans d'art,
visite du cloître (C.O., 3,50 €)

→ Centre International d'accueil et de séjour
L'Ancien Carmel, 70 pl., nuitée 12 €/pers.,
pdj 4,50 €, repas 12 €, C.O., nuitée 11,80 €/pers.,
1/2 pension 28,30 €, coin cuisine, MLP,
accueil équestre, 5 sente du Calvaire, Mme Huc,
05 63 04 62 21, www.clubalpin.com/toulouse

→ Accueil spirituel par la communauté
Marie Mère de l'Église, 6 pl., C.O., se renseigner,
coin cuisine, ouvert de Pâques à Toussaint,
20 bd. Camille-Delthil, réservation de 11h à 12h
et de 16h à 17h au 05 63 32 28 87

→ CH et gîte, 10 pl., C.O., nuitée 20 €/pers,
36 €/2 pers., pdj 4,50 €, coin cuisine,
MLP, accès Internet, 40 rue Guilleran,
Mme Provensal, 05 63 04 07 88,
http://jeanyvesprovensal.free.fr/gitevacances

→ Camping de l'île de Bidounet, 100 empl.,
tente de 5 à 7,50 €/pers., de 10,50 à
14,90 €/2 pers. (selon saison + taxe de séjour
0,30 €), bungalow nuitée 33 €/pers. (de mi-juin
à sept., hors juillet/août), ouvert du 01/04
au 30/09, Saint-Benoît, 05 63 32 52 52

L'église Saint-Sernin

00,0 Lauzerte. De la place, repartez
par la rue du Marché sur 50 m avant de
descendre la Grande rue à droite (à gauche
vous pouvez visiter le jardin du Pèlerin et
son point de vue). Poursuivez sur la rue de
la Gendarmerie.
Face au porche de la maison de retraite,
descendez les escaliers à gauche. À la bifurcation sur ces escaliers, allez à droite, puis
traverser la rue et descendez un passage en
face. Sur la route, descendez quelques mètres à gauche, puis tournez à droite sur une
allée goudronnée.
Plus bas, poursuivez en face et contournez
le cimetière par sa gauche.

00,6 Descendez sur la D 2 à droite, sur
60 m, avant de quitter le goudron pour descendre à gauche un sentier herbeux et en
creux ensuite.

01,0 Carrefour de routes : prenez à gauche un tronçon de route marqué par un sens
interdit. À son extrémité, allez à gauche par
la D 953 sur une centaine de mètres.

01,3 Empruntez la D 81 à gauche en
direction de Saint-Jean. Une centaine de mètres après le virage de Lamothe, prenez à
droite la direction de Periès ; à la bifurcation
suivante, allez à droite. Vous passez tout droit
sous une maison pour suivre un chemin de
terre. Il passe près d'une mare, devient sentier
et atteint la forêt où il se redresse.

03,0 Sur le haut, carrefour à trois branches : poursuivez à gauche en laissant en face la Combe de Joucla. 400 m plus loin, et juste après le Chartron et un magnifique pigeonnier, descendez à droite un chemin ombragé. Dans un de ses virages, laissez à droite l'accès à un bâtiment.

1h00 04,2 Église **Saint-Sernin** que vous laissez à gauche pour monter en face un chemin empierré. En haut, suivez la petite route à droite sur 230 m jusqu'à la bifurcation où vous prenez un chemin de terre à droite.

05,3 Ferme Parry où vous prenez à droite sur le goudron. Contournez la ferme et descendez (Sud). 500 m plus loin, au carrefour le plus bas, continuez en face et passez le pont sur la Barguelonne.

1h30 06,4 Carrefour en T : continuez sur la **D 57** à droite pendant 1,4 km.

07,8 Quittez-la après un pont pour un chemin herbeux à gauche (Sud-Sud-Est). Plus haut, il longe un bosquet sur la gauche, vire vers la droite et laisse une maison à gauche (Biscot). Suivez le goudron d'une petite route à gauche.

08,9 Sur le point haut flanqué d'un gros poteau électrique, prenez à gauche et, après 140 m, tournez à droite sur un chemin qui devient sentier. Après une fontaine, l'itinéraire descend dans un chemin herbeux. Plus loin il fait un coude à droite puis un autre à gauche.

09,6 Dans le coude d'une petite route, sous un noyer, prenez à gauche un chemin herbeux à l'horizontale, parallèle du ruisseau. 800 m plus loin, à la hauteur d'un grand chêne, tournez à droite et traversez le ruisseau de Bonnet. En face, remontez un chemin de terre entre deux clôtures. Plus haut, passez entre une vigne et un verger. Traversez une ferme et continuez sur le goudron.

11,0 Hôtel restaurant **Aube Nouvelle** : prenez la première route à droite qui fait une grande courbe sur la gauche. 40 m avant

En visitant Moissac : sculptures de Toutain

d'arriver à la D 2, prenez un chemin à gauche qui longe le haut d'une vigne. À la bifurcation près des maisons, prenez à droite le long d'une haie de chênes. En bout de champ, descendez un chemin à droite qui se prolonge par une trace dans la prairie.
Vous rejoignez la D 16 à l'entrée de Durfort : allez à droite. Au rond-point, prenez à gauche vers le centre.

3h00 12,3 Durfort-Lacapelette. Carrefour de la D 2 et D 16.
Empruntez la D 16 en direction de Moissac. 900 m plus loin, laissez la direction Piquet à droite et Saint-Hubert à gauche.

13,5 Prenez à droite une petite route en direction du Fraysse sur plus de 1300 m. Tournez à gauche vers l'église de Saint-Martin, sur une centaine de mètres.

3h50 15,2 Église de Saint-Martin
que vous laissez à droite pour continuer tout droit sur la route. Vous laissez les accès de chaque côté ; à la bifurcation descendez à gauche.

16,3 Vous suivez de nouveau la D 16 vers la droite sur 1350 m en marchant en contrebas de la route sur la gauche après le petit pont. Laissez deux chemins à gauche.

17,6 Prenez une petite route à gauche (panneau voie sans issue ; Est) qui passe le ruisseau de Laujol. Dans le deuxième virage, allez à droite sur un chemin herbeux, à l'horizontale.
Juste après un carrefour à l'entrée d'une prairie, prenez un sentier à gauche sous les arbres. En haut de la montée, empruntez un chemin empierré sur la droite (Ouest).

19,1 Petite route (cote 181 m) à prendre à droite longuement. Après 200 m, vous traversez un bosquet, puis une maison ornée de pins parasol. La petite route se déroule en crête.

5h20 21,2 Espis. Laissez l'église et son cimetière à droite (eau) et continuez sur la route.

21,7 Carrefour : prenez en face la C 76 (chemin de Merle).
Un kilomètre plus loin, laissez la direction de l'hôtel des *Crêtes de Pignols* à gauche. Ensuite l'itinéraire descend assez fortement dans une zone résidentielle.

23,3 Carrefour en bas : utilisez le chemin de Ruillet en face, avec des serres à droite. Après le goudron, continuez sur l'herbe avant de franchir une passerelle en bois sur le ruisseau de Laujol.

23,6 D 957 : suivez la à gauche en dépassant rapidement le panneau d'entrée de Moissac. Après le rond-point (sculpture de pèlerins) continuez en face sur le chemin de Laujol qui est en fait l'avenue du Chasselas. 300 m après, vous laisserez à droite la variante du GR qui passe par Malenguane. En revanche, 200 m plus loin, vous emprunterez à droite le chemin des Vignes sur 700 m pour suivre ensuite à droite le boulevard du Faubourg-Sainte-Blanche.
Avant le pont ferroviaire, prenez à droite le chemin de Ricard, le long de la voie que vous traversez 300 m plus loin pour descendre la côte de Landerose.

25,8 Après le feu tricolore, reprenez le boulevard du Faubourg-Sainte-Blanche à droite. Au carrefour de la place Sainte-Blanche, continuez tout droit par la rue Général-Gras, puis au carrefour giratoire suivant prenez en face la rue Malavielle. Ne tenez pas compte des petites rues à droite comme à gauche. Après la halle du marché municipal, engagez vous dans la rue de la République. Tout droit, vous traversez la petite place Roger-Duthil.

6h40 26,3 Moissac. Porche de l'abbatiale Saint-Pierre.

**PAR SAINT-SERNIN,
CHEMIN FAISANT**

- De Lauzerte, des escaliers descendent au cimetière Saint-Mathurin et à sa chapelle.

- Le pigeonnier du Chartron, au toit pointu à quatre pentes, en colombages, perché sur quatre piliers et restauré en habitation est un modèle du genre…

- La chapelle Saint-Sernin apparaît dans la pente d'un vallon boisé — quand on croyait se perdre — encadrée de peupliers, simple mais de bel appareillage, émouvante et toute à l'abandon : chevet roman à modillons, certains sculptés, ouvertures béantes, voûte manquante, charpente rustique, tribune, beaux restes d'autel, traces polychromes sur l'arc régnant. À l'extérieur, le cimetière qui servit jusqu'au siècle dernier.

- Pas d'église à Durfort-Lacapelette malgré le nom (la chapelle Saint-Paul de Burgues est au sud sur le coteau, et nous passerons demain au lieu-dit Saint-Martin), mais un délicieux hôtel *Aube Nouvelle*.

 **LE TARN,
PAISIBLE
ET REDOUTABLE**

Nous trouverons le Tarn à Moissac. Né dans le Massif central au pied du mont Lozère, d'abord encaissé entre des causses, puis s'étalant plus largement dans une mince plaine alluviale, il approche ici, après un parcours de 375 kilomètres, de son confluent avec la Garonne, en aval de la ville. En le voyant si calme, souvenons-nous que ses crues peuvent être redoutables, surtout quand les deux fleuves enflent ensemble. Ce fut le cas les 3 et 4 mars 1930, après pluies et fonte des neiges. Le pont du chemin de fer qui faisait barrage ayant cédé, Moissac fut inondée. Il y eut 617 maisons détruites, 120 morts, et un mouvement de solidarité qui dépassa les frontières.

Moissac : le cloître

Moissac, l'abbatiale, détail

son javelot qui se planta dans les marais : c'est pourquoi Moissac fut construite sur pilotis." Jolie légende, mais évidemment fausse. Le suffixe ac (um) est gallo-romain et la découverte, en 1947, sous l'église Saint-Martin, d'un hypocauste, le chauffage d'une villa romaine, l'a confirmé. Le nom de Moissac apparaît en 680 quand le propriétaire Nizezius et son épouse Ermentrude donnent à des moines quatorze villages entre Garonne et Tarn. Moissac, qui naît autour de leur monastère, est ravagée en 732 par les musulmans et aux deux siècles suivants par les Normands remontant la Garonne, puis les Huns. L'abbaye est rattachée en 1047 à Cluny par saint Odilon et bénéficie du pèlerinage.

DÉTRUIRE LE CLOÎTRE POUR FAIRE PASSER LE TRAIN

En 1212, fidèle au comte de Toulouse, Moissac est ravagée par Simon de Montfort. Entre Toulouse la Française et Bordeaux l'Anglaise, puis papiste face à Montauban la huguenote, elle souffre de toutes les guerres. Navigations et moulins font sa richesse au XVIIème siècle, mais l'abbaye est négligée par des abbés commandataires comme Mazarin. La Révolution en fait une caserne livrée aux vandales. Les ingénieurs du chemin de fer pensent même détruire le cloître en 1853, quand un sursaut de l'opinion et Viollet-le-Duc amorcent enfin le sauvetage.

DEUX MUSÉES DANS L'ENSEMBLE ABBATIAL

Des fouilles ont révélé sous l'abbatiale Saint-Pierre le couloir annulaire d'une église préromane avec un graffiti du IVème siècle, puis les piliers ronds de la nef primitive. La partie la plus ancienne qui subsiste est le clocher porche de 1120, fortifié vingt ans après et abritant l'un des plus beaux portails romans qui soient. La partie

basse de la nef, en pierre, est également romane, mais la partie haute en briques est du gothique méridional ; les deux travées du chœur, l'abside à cinq pans et les chapelles sont du XVème siècle. On y voit une pietà du XVème et une Crucifixion du XVIIème. Les chapiteaux romans du cloître étaient achevés en 1100 sous l'abbé Amsquitil, mais l'ensemble a été repris au XIIIème avec d'autres colonnettes et d'autres arcades en ogive. Salles des moines, palais des abbés et tour s'échelonnent du XIIIème au XVème siècle.

Centre d'Art roman Marcel Durliat (enluminures, peintures murales) ; musée d'Arts et Traditions populaires Marguerite Vidal (meubles, faïences, céramiques).

LES 150 IMAGES ROMANES DU PORTAIL ET DU CLOÎTRE

Le cloître de Moissac, orné sur les seules galeries du jardin (la charpente de bois du couvert reposant sur un mur nu), ne présente pas moins de 76 chapiteaux différents, sculptés sur quatre faces de thèmes floraux ou stylisés, de personnages ou d'animaux, et de scènes bibliques. Comme le portail compte plus de 60 figures, un jour suffirait à peine pour chercher, manuel en main, le sens de ces plus de 150 *ymages*. Il faut en tout cas avoir vu le porche (Abraham, Moïse, scènes et paraboles de l'Évangile) et le portail inscrit dans un arc brisé.

Il représente pour l'essentiel l'apparition du Christ à la fin des temps, les symboles des quatre évangélistes et les vingt-quatre vieillards de l'Apocalypse. Le trumeau monolithe est orné d'animaux entrelacés, les pieds-droits (polylobés : influence mauresque) portent Jérémie et saint Pierre. Le linteau pose problème : analogue à la "pierre constantine" du musée de Cahors, il doit être un vestige romain réemployé.

EAU PAR-DESSUS EAU : LE PONT-CANAL

Curieux spectacle que ce cours d'eau qui en enjambe un autre sur un viaduc : le pont-canal construit en 1853 permet le passage par-dessus le Tarn du canal latéral à la Garonne. Celui-ci, long de 183 kilomètres, prolongeait de Toulouse à La Réole le canal du Midi qui existait entre Montpellier et Toulouse. Il sert aujourd'hui davantage au tourisme qu'à la batellerie. Il existe un autre pont-canal à Agen, où le canal latéral franchit la Garonne pour passer rive gauche.

LE JAVELOT DE CLOVIS TOMBA DANS LE MARAIS...

"En 506, Clovis ayant vaincu les Wisigoths et perdu mille chevaliers voulut bâtir l'abbaye aux mille moines et, pour en déterminer le lieu, jeta

Le canal latéral à la Garonne

Moissac
Auvillar Saint-Antoine

ETTE ÉTAPE est marquée du signe de l'eau. Autrefois, les jacquets traversaient le Tarn sur un bac ; maintenant il faut aller chercher les ponts de Pommevic pour franchir les deux canaux tandis que la Garonne n'est enjambée qu'après Espalais. À partir de l'écluse d'Espagnette, vous avez le choix de suivre le GR 65 sur les collines de Boudou ou de préférer un raccourci de 2,3 km le long du canal. Perché au-dessus de la Garonne, Auvillar abrite une halle ronde de toute beauté au cœur d'une place entourée d'arcades d'où repartent des ruelles, en étoile.

Votre vagabondage sur les coteaux finira dans le petit village de Saint-Antoine où il est agréable de dormir, loin du tumulte des grandes villes.

🌐 CARTES UTILES

🌐 IGN 56 Marmande – Agen et 57 Cahors – Montauban, au 1/100 000

🌐 1941 E Saint-Nicolas-de-la-Grave, au 1/25 000

🌐 1941 O Miradoux, au 1/25 000

🏃 RENSEIGNEMENTS PRATIQUES

❖ MALAUSE (82200)

➜ Alimentation, boulangerie, bar restaurant (fermés le lundi), poste

➜ 2,5 km hors GR : GE Le Grenier du Levant, 19 pl., nuitée 13 €/pers., pdj 5 €, repas 16 €, C.O., 1/2 pension 30 €/pers., coin cuisine, panier repas 7 €, MLP, gestion libre en juillet/août, Bouillan (Saint-Vincent de Lespinasse, 82400), Mme Granier, 05 63 29 07 14, www.legrenierdulevant.com

❖ AUVILLAR (82340)

➜ OT, 13 place de la Halle, 05 63 39 89 82, www.auvillar.com

➜ Commerces, services

➜ À voir : un des plus beaux villages de France, l'église Saint-Pierre, la tour de l'Horloge (exposition permanente sur la Batellerie), musée d'art et de traditions populaires (collection de faïences), la halle aux Grains, artisans d'art,

Sur la place d'Auvillar

le port et sa chapelle Sainte-Catherine,
le marché fermier (tous les dimanches matin)

→ Gîtes d'étape communaux, 22 pl.,
C.O., nuitée 12 €/pers., coin cuisine,
épicerie dépannage, ML, accès internet,
ouvert du 15/04 au 15/10, se présenter à l'OT

→ GE + CH Le Baladin ; G 5 ch., cuisine,
nuitée 16 €, repas 14 € ; pdj 6 € ; CH 4 ch.,
35 €/p, 50 €/2 p, pdj inclus, 1/2 pension 40 €,
5 place de la Halle, M. Mme Wojtusiak,
05 63 39 73 61, www.le-baladin82.com

→ 500 m hors GR : CH, 4 ch., nuitée 35 €/pers.,
45 €/2 pers., pdj compris, tarif groupe
(min. 7 pers.) nuitée 17 €/pers., coin cuisine,
épicerie dépannage, ML, accès internet,
acheminement, Cap du Pech, M. Sarraut,
05 63 39 62 45 ou 06 08 35 18 02

→ 3 km hors GR : gîte rural du Moulenq, 6 pl,
C.O., nuitée 20 €/pers. pdj compris, repas 12 €,
coin cuisine, MLP, accès internet, accueil équestre,
acheminement, réservation, M. Laurens,
05 63 39 62 32 ou 06 66 24 62 30,
www.moulenq.com

❖ SAINT-ANTOINE (32340)

→ Restaurant, épicerie

→ Ch. chez l'habitant, gîte d'étape de Saint-Antoine,
30 pl., nuitée en dortoir 11 €/pers., en ch. de 5
ou 6 12 €/pers., pdj 4 €, coin cuisine, M. Dupont,
05 62 28 64 27

A - MOISSAC - AUVILLAR

00,0 Moissac. Dos au porche de l'abbaye, partez à droite dans la rue Marcassus, puis à gauche pour suivre les allées Marengo qui effectuent une courbe vers la droite tout en longeant le boulevard de Brienne. Au carrefour, traversez et prenez à gauche le boulevard Lakanal. Vous passez devant l'ancien collège des Doctrinaires, devenu centre des impôts. Juste avant le pont sur le canal, suivez à droite le quai Antoine-Hébrard sur 400 m.

00,8 Traversez maintenant le pont sur le canal, puis continuez à droite sur le chemin de halage sur l'autre rive.
Au niveau de l'écluse d'Espagnette*, traversez le pont à droite.

0h50 03,4 N 113. Suivez-la à droite sur 300 m et empruntez à gauche la direction de Boudou. Vous remontez cette route sur 600 m.

04,3 Quittez la route pour un chemin herbeux à gauche. Rapidement il fait un coude à droite et passe plus haut entre un verger et des noisetiers où il exécute un autre coude vers la droite.

Avant une maison, descendez à gauche, puis de suite à droite. À la fin des noisetiers, montez sur le chemin herbeux au-dessus. Au bout du champ, allez à gauche, puis en face.

Allez tout droit sur l'allée goudronnée où vous laissez les accès à des résidences, à droite comme à gauche.

05,2 Empruntez à gauche la petite route de Boudou sur 700 m.

Après une ferme, quittez le goudron pour aller à gauche et descendre un chemin herbeux qui en bas traverse une zone de broussailles.

06,4 Bitume : allez à gauche sur une centaine de mètres et prenez à droite un chemin empierré (100 m).

Après un ruisseau, et à la hauteur d'une boite aux lettres, empruntez à gauche un large sentier herbeux assez raide. Sur le haut, longez un verger ; au niveau d'un poteau électrique, faites un écart sur la droite pour suivre un vieux chemin vers la gauche. Sur la route, allez à gauche (chambres d'hôtes 300 m à droite).

1h50 07,6 Boudou. Sur la place avec des platanes, tournez à droite vers l'église. Un peu avant celle-ci, descendez à droite.

Dessous, dans le virage, abandonnez le goudron pour aller tout droit dans un chemin herbeux. Il descend le long d'un verger puis passe à gauche de la haie.

Traversez le petit ruisseau et continuez à gauche et à plat sur le chemin de terre. À la bifurcation en Y, poursuivez en face.

09,3 À un carrefour non loin de la route, allez toujours en face. Au nouveau carrefour près de la route, tournez à droite pour suivre une large piste de terre. Après un hangar en ruine, préférez le sentier parallèle à gauche de la piste que vous retrouver plus haut. Près d'une maison (Bourdailles), vous suivez à gauche la D 4 en laissant la direction de Couty à droite.

10,7 Après une grande courbe, prenez à gauche (cote 171 m) la petite route vers Sainte-Rose. Laissez bien à gauche l'église et empruntez un chemin herbeux à droite. (Vue sur la centrale de Golfech.)

Près d'une ancienne ferme, empruntez le goudron à droite. Au carrefour suivant, montez à droite et ensuite descendez la D 4 à gauche.

3h10 **12,4 Malause.** Rond-point : prenez à gauche la rue vers la gare (laissez la direction de Pommevic à droite). Deux minutes plus tard, allez à droite ; 50 m plus loin descendez à gauche. Traversez la voie ferrée ; après le pont sur le canal de Golfech suivez à droite le chemin de halage.

1650 m plus loin, traversez sur un pont pour continuer sur l'autre rive et passez ainsi l'écluse n° 28.

16,5 Pommevic. Au pont en béton, montez le raidillon à droite pour atteindre la route au-dessus que vous suivez à gauche. Vous traversez ainsi le pont sur le canal latéral et celui du canal de Golfech.

Au carrefour, prenez la direction d'Espalais en ignorant les embranchements à droite et à gauche .

5h00 **20,1 Espalais.** Traversez le village (alt. 59 m) par l'avenue Montplaisir et la rue du Barry. Après l'église, tournez à droite en laissant à droite le monument aux morts. Au rond-point, tournez à gauche sur la D 11 pour traverser plus loin le pont suspendu sur la Garonne.

20,6 Après le pont suspendu, virez à gauche dans une rue en direction de la chapelle Sainte-Catherine. Passez devant le gîte d'étape provisoire (le nouveau se trouvera au centre). La rue fait un coude à droite et monte fortement. Au-dessus du lavoir, montez à gauche une rampe qui aboutit dans une rue pavée. Passez à gauche de la halle ronde pour continuer sur la rue de l'Horloge.

5h20 **21,3 Auvillar.** Porte de l'Horloge.

---

* Au niveau de l'écluse d'Espagnette, vous pouvez continuer en face le long du canal pendant 7,3 km. Vous rejoindrez le GR 65 à la hauteur du pont de Malause au km 12,4. C'est un raccourci de 2,3 km qui est aussi conseillé à VTT.

B - AUVILLAR - SAINTE-ANTOINE

00,0 **Auvillar.** De l'horloge, montez en face la rue de la Sauvetat en direction de Bardigues. En haut, poursuivez tout droit sur la route. Un peu avant le panneau de sortie de la ville, empruntez à gauche une allée goudronnée en direction de Haute-Peyrères. À la fin du goudron, descendez le chemin herbeux en face. Il s'enfonce plus bas entre deux haies de broussailles, puis fait un coude à gauche.

01,5 D 11 : suivez-là à gauche. Elle passe sur le ruisseau et sous l'autoroute.

1h00 **03,9** Carrefour de **Bardigues.** Laissez le village à gauche et continuez par la D 11 sur 350 m en laissant une route à gauche et l'entrée du château à droite (alt. 160 m). Prenez ainsi la petite route à droite direction de la Gravière. Laissez-y plusieurs fermes et une station de pompage à droite.

05,8 Au carrefour, laissez à gauche l'embranchement pour Berdoulet et descendez un chemin en face, sous les arbres. Laissez à droite une ancienne carrière et poursuivez tout droit. Plus bas, vous marchez entre un champ et le bosquet. Ensuite continuez en face sur le goudron et passez à gauche d'une ferme. 400 m après, traversez la D 88 légèrement à gauche pour suivre une petite route en direction de Saint-Antoine (panneau). Vous faites un coude à droite devant la ferme (moulin).

07,1 Suivez la D 953 à gauche. Au carrefour suivant, 500 m plus loin, laissez la direction de Saint-Cirice et une petite route à droite pour continuer vers Lectoure et toujours sur la D 953.

2h10 **08,3 Saint-Antoine.** Allez à gauche pour passer sous le porche (le balisage continue sur la D 953). Dans cette rue, vous passez devant l'église et vous atteignez la mairie. Le gîte se trouve un peu plus loin à droite.

Saint-Antoine, rendez-vous des pigeons

 SAINT JACQUES PÈLERIN, À LA TABLE DU CHRIST

À la sortie ouest de Moissac, l'église Saint-Martin garde dans ses murs quelques traces du bâtiment gallo-romain précédent (VIᵉᵐᵉ siècle) : le chœur de Saint-Martin et une partie de sa nef sont préromans. Le reste a été agrandi au XIVᵉᵐᵉ siècle et une chapelle ajoutée au XVᵉᵐᵉ. Les fresques qui ornent celle-ci méritent l'attention du pèlerin. On y trouve les scènes classiques de l'Évangile : Annonciation, Nativité et Cène. Or, dans cette dernière, l'apôtre au grand chapeau semble bien être un saint Jacques le Majeur… déjà pèlerin. Ce détail, anachronique pour des yeux d'aujourd'hui, peut surprendre, mais, quoique rare, il n'est pas sans exemple. On retrouvera un saint Jacques pèlerin à la table du Christ dans l'église catalane de Solsona et dans le retable sculpté de l'église allemande Saint-Jacques de Rothenbourg qui sont de la même époque. Dans ce dernier cas, le chapeau est orné d'une coquille dorée qui ne laisse aucun doute. Ici, le couteau placé devant lui est peut-être aussi un symbole discret de sa future décollation. L'église Saint-Martin est fermée au public. Les fresques sont désormais visibles dans la chapelle adjacente à la salle capitulaire du cloître.

 PAR LA POINTE, CHEMIN FAISANT

- Non loin de cette petite église et de la gare, nous quittons Moissac par la promenade Saint-Martin, ancien chemin de halage du canal latéral.
- Ce chemin aboutit aux pont et écluse de l'Espagnette puis à la Pointe du confluent du Tarn et de la Garonne où était, depuis le XIIᵉᵐᵉ siècle, un hôpital pour les pauvres.
- Nous ne pouvons, comme les pèlerins d'il y a sept siècles, traverser là le fleuve sur un bac pour gagner Merles sur l'autre rive. Mais nous trouverons un pont plus loin.

 DU PORT AU BALCON D'AUVILLAR

Au bout de la longue plaine, un pont suspendu franchit la Garonne entre Espalais et le port d'Auvillar : vieilles maisons au bord du fleuve et, sur les anciens quais, Sainte-Catherine-du-Port, du XIVᵉᵐᵉ siècle, chapelle des mariniers.

Juste au-dessus, le bourg d'Auvillar, au site exceptionnel : perché sur une terrasse au-dessus de la Garonne, il offre panorama et table d'orientation. Il y a une rue Saint-Jacques, une rue de la Sauvetat. On arrive par une ruelle bordée de vieilles maisons du XVᵉᵐᵉ au XVIIIᵉᵐᵉ siècle, dont celles des Consuls et de la chapelle désaffectée des Carmes, à la place à couverts où trône une halle circulaire sur colonnes, à plan très ancien, véritable leçon d'architecture et d'urbanisme ! Après le passage voûté sous la tour de l'Horloge, on passe sous l'église Saint-Pierre. Longue de 43 mètres, elle conserve une partie romane aux pierres claires et sombres alternées, et une voûte gothique à liernes et tiercerons. On visite son Trésor et aussi le musée du Vieil Auvillar (faïences du XVIIᵉᵐᵉ, fabrications de plumes d'oie pour l'écriture, ex-voto de mariniers).

 LE TROUBADOUR MARCABRU

Marcabrû ou Marcabrun, fils d'une pauvre femme du lieu nommée Marcabruna, fut jeté à la rue par son maître et recueilli par le vicomte Aldic d'Auvillar. Devenu troubadour, il écrivit en gascon, de 1120 à 1150, des poèmes occitans, d'abord à la cour d'Aliénor d'Aquitaine puis, après le mariage de celle-ci en terre d'oïl, chez Alphonse VI de Castille.

Maison à Bardigues

LA LOMAGNE, GASCOGNE BOSSUE

La Lomagne est, au sud de Moissac et jusqu'à Lectoure, ce pays de collines escarpées appelé aussi la Gascogne bossue d'où, par temps clair, on aperçoit déjà les Pyrénées. Ces collines sont faites d'un calcaire argileux très fertile et de "boulbènes" plus gluants. La France des départements la laisse à cheval sur Tarn-et-Garonne et Gers, mais géographie historique et géologie s'accordent à en faire une région naturelle correspondant à l'ancien évêché de Lectoure et, auparavant, à la tribu des Lactorates.

L'ÉGLISE POLYLOBÉE, SOUS LE SIGNE DU T

Saint-Antoine tient son nom des religieux antonins qui s'y installèrent en 1204 à la suite d'un legs fait par Gaillard d'Ascot, mort en pèlerinage. Ils y vécurent jusqu'en 1777. De leur hôpital, ils surveillaient le pont et le moulin sur l'Arrats. C'est derrière ce moulin que nous franchissons la rivière : l'intéressant pont barrage a malheureusement perdu une travée. L'église de Saint-Antoine porte le T (*tau*) des Antonins sur ses clefs de voûte et possède un reliquaire du saint en forme de bras. Sa porte est d'influence mozarabe : sous trois voussures romanes reposant sur chapiteaux et colonnettes, le tympan est découpé en quatre lobes outrepassés.

L'ordre avait été fondé en 1119 dans le Dauphiné à la suite de la guérison miraculeuse d'un gentilhomme survenue cinquante ans plus tôt et attribuée aux reliques du saint ermite, ramenées de Constantinople. Les antonins soignèrent le "feu de saint Antoine" qui était sans doute l'ergotisme, et plus tard la peste. La disparition progressive de ces maladies marqua la fin de l'ordre, prononcée en 1775 ; il fut alors réuni à celui de Malte.

Saint-Antoine

Lectoure

E DÉPARTEMENT du Gers commence sur le pont de l'Arrats, quelques kilomètres avant Saint-Antoine : il faudra près de cinq étapes pour le traverser. Vous allez marcher dans une région véritablement imprégnée de culture jacquaire, à travers de riches terres agricoles. Une campagne où il fait bon vivre, avec sa gastronomie que l'on ne présente plus, symbolisée par le foie gras et l'armagnac.

Aujourd'hui, la marche égrène petit à petit de charmants villages comme Flamarens et Castet-Arrouy ou encore, à mi-chemin, Miradoux, une des plus anciennes bastides du département.

La vue de Lectoure depuis les hauteurs de Tarissan était rassurante pour le pèlerin qui, autrefois, parcourait de très longues étapes sur des chemins incertains.

🌐 CARTES UTILES

- 🌐 IGN 56 Marmande – Agen et 63 Tarbes – Auch, au 1/100 000
- 🌐 1941 O Miradoux, au 1/25 000
- 🌐 1841 E Lectoure, au 1/25 000

👫 RENSEIGNEMENTS PRATIQUES

✤ MIRADOUX (32340)

→ SI / mairie, 05 62 28 63 08, www.citaenet.com/miradoux

→ Épicerie, boulangerie, bar-restaurant, petits services

→ 200 m avant Miradoux : gîte et camping, 10 pl., C.O., nuitée 11 €/pers., camping : 5 €/pers., coin cuisine, ouvert de mi-avril à début novembre, Mme Laville, 05 62 28 64 65

→ CH Maison Lou Casau, 9 pl., nuitée 74 €/2 pers., pdj compris, ML, accès internet, réservation, Mme Lanusse-Cazalé, 05 62 28 73 58, www.loucasau.com

→ CH Le Bonheur, 11 pl, nuitée de 47 à 62 €/2 pers., pdj inclus, repas 17,50 €, MLP, 16 Grand-Rue, Mme Thissen, 05 62 28 69 19, www.leboheurmiradoux.com

Le château de Flamarens

❖ CASTET-ARROUY (32340)

→ À voir : église au chœur flamboyant

→ GE communal, 18 pl., nuitée 13,50 €/pers., pdj compris, coin cuisine, MLP, épicerie dépannage, accueil équestre, possibilité de camper 6 €/nuit, ouvert de mars à novembre, M. Sala, 05 62 28 73 97, ou mairie 05 62 28 67 95

❖ Avant Lectoure
à 4 km, proche GR (Saint-Avit-Frandat)

→ À voir : château de la Cassagne (reconstitution de la salle du conseil suprême du palais des Grands maîtres de l'ordre de Malte), église

→ GE, 6 pl., nuitée 25 €/pers., pdj 4 €, repas 15 €, C.O., 1/2 pension 39 €/pers., coin cuisine, MLP, ouvert de mai à octobre, acheminement, Tarissan, réservation, Mme Sellin, 05 62 68 92 73 (HR)

❖ LECTOURE (32700)

→ OT, place de la Cathédrale, 05 62 68 76 98, www.lectoure.fr

→ Tous commerces, services

→ À voir : le palais épiscopal et son musée (pharmacie, archéologie), la cathédrale Saint-Gervais et le donjon abritant le musée d'Art sacré, flânerie dans la vieille ville, le couvent des Clarisses, l'Été photographique de juillet à septembre, expositions au Bleu de Lectoure consacré au travail du pastel…

→ GE L'Étoile Occitane en 2 dortoirs, 14 pl., nuitée 12 €/pers., pdj 4 €, coin cuisine, MLP, accès internet 1 €/15 min, ouvert du 01/04 au 15/10, 140 rue Nationale, Mme Fournier, 05 62 68 82 93, www.gite-etoileoccitane.blogspot.com

→ CH et GE Le pèlerin d'Occident ; gîte : 10 pl., nuitée 11 €/pers. ; CH : 6 pl., 34 €/pers., pdj 5 €, coin cuisine, panier repas 5 €, MLP, accès internet, accueil équestre, 28 rue Sainte-Claire, M et Mme Davet, 05 62 28 50 35, www.lepelerindoccident.com

→ CH et TH Gîte La Jouanelle, 4 pl., C.O., nuitée 20 €/pers., pdj 4 €, repas 8 €, 1/2 pension 30 €/pers., coin cuisine, MLP, ouvert de mai à septembre, 3 rue du Docteur-Souviron, réservation, Mme Souviron, 05 62 68 81 56

→ CH, 6 pl. (ch. partagée à la demande), nuitée 39,50 €/2 pers. (+ taxe de séjour), pdj compris, MLP, ouvert toute l'année, 13 rue Nationale, réservation, Mme Luydlin, 05 62 68 82 63

00,0 Saint-Antoine. Depuis la mairie (ou le gîte d'étape), empruntez la D 953 vers le Nord-Ouest et passez devant le gîte. Plus loin, laissez un chemin sur la droite. Dans un virage, au carrefour à trois branches, prenez la route du milieu. 700 m après, poursuivez ; encore 500 m : allez à droite.

02,3 Empruntez un chemin herbeux flanqué d'un panneau d'interdiction à tous véhicules. Il descend entre deux haie et, en bas, traverse un petit ruisseau et remonte en face. À la hauteur d'une ferme (Cluset), continuez tout droit sur le goudron (quelques courtes portions sont empierrées) en laissant des accès aux maisons sur la droite.

1h10 04,6 Flamarens. Au stop, allez tout d'abord à droite puis rapidement à gauche. Vous passez devant l'ancienne église et le château. Descendez la rue en sens interdit et rejoignez ainsi la rue principale (D 953) que vous suivez à gauche. Laissez un chemin empierré sur votre droite.

05,2 Carrefour : prenez à gauche (Sud) la direction de Gauran sur une petite route. Après cette ferme, quittez le goudron pour un chemin herbeux à droite. Il descend le long d'une haie et atterrit sur un autre chemin herbeux que vous devez prendre à droite.

06,5 D 953 : suivez-la à gauche. Après un bon kilomètre, laissez la direction de Peyrecave à gauche (alt. 161 m).

07,9 Quittez la route pour un bout de sentier à gauche, le long d'un bosquet de pins et d'un verger de noyers. Le Point du Jour (quartier de Miradoux) : au lampadaire, allez à gauche (goudron) sur 350 m environ. Retrouvez la D 953 que vous suivez à gauche.

2h10 08,8 Miradoux. Au stop, continuez à gauche sur la D 953 en laissant le centre ville (à visiter). Passez à gauche de l'église et faites une grande courbe vers la gauche. Plus loin, vous laissez à gauche la D 525 et la direction de Lavit. Ignorez la direction Caouze à gauche, et Bel Air à droite.

10,0 Carrefour. Prenez la D 23 en face vers Lectoure. 400 m plus bas, tournez à gauche sur un chemin goudronné vers Tucola. Après 50 m, quittez le bitume pour un chemin herbeux en face. À la hauteur d'un chêne, virez à droite.
Plus haut à la rencontre de trois arbres, tournez légèrement sur la gauche et suivez une haie.
Plus loin, bien à gauche d'une ferme, descendez tout droit, toujours sur un chemin herbeux entre les champs. Plus bas, à la rencontre de deux chênes, poursuivez à droite et en bout du chemin utilisez en face une petite route.

12,8 Carrefour avec la D 23 que vous suivez à gauche pour traverser deux ponts sur l'Auroue. 500 m plus loin, vous la quittez pour prendre à gauche une petite rue ; encore 50 m et vous tournez à droite à 90°.

3h20 13,6 Castet-Arrouy. Église. (La variante par Saint-Avit n'est plus balisée.) Le GR 65 traverse le village tout droit, puis suit de nouveau la D 23 vers le Sud-Ouest (cote 103 m) sur près de 2,5 km.

16,1 Une centaine de mètres après la direction de Bidon, empruntez à droite un chemin herbeux avec une haie. Plus loin, passez un ruisseau puis contournez un champ par la gauche. Dans l'angle, laissez à gauche le chemin de randonnée PR 4 vers Barachin. Passez à droite d'un petit étang.

17,8 Traversez un petit ruisseau et longez-le sur l'autre rive. Plus tard, suivez un chemin en creux. Vous passez maintenant à gauche d'un étang.

18,6 Au coude d'un chemin : allez en face ; au carrefour suivant prenez à gauche un chemin mi-goudronné mi-pierreux que vous abandonnez après 90 m pour aller à droite sur un chemin de terre. Il passe sous un étang (non visible) et se rétrécit en entrant dans la forêt.

Vous retrouvez le goudron que vous suivez sur la gauche. Plus loin, dans un virage à gauche, laissez à droite l'accès de Pitrac (belle demeure restaurée).

5h10 **20,5 N 21,** à la hauteur de deux cèdres : empruntez la nationale à gauche sur une centaine de mètres pour prendre un chemin goudronné à droite (cote 213 m). Vous passez derrière Tarissan et poursuivez sur un chemin herbeux d'abord à plat, puis en descente. Dépassez deux ruines.

21,6 Empruntez une petite route à droite sur 600 m qui traverse le Petit Vaucluse. Au carrefour, juste avant une ferme et après un poteau électrique, tournez à gauche sur un chemin empierré. À la bifurcation, prenez à gauche le chemin herbeux qui va longer un champ plus bas. Plus tard, suivez une allée empierrée en face sur une centaine de mètres.

23,2 Vous rejoignez une petite route que vous descendez à gauche. En remontant, laissez un embranchement à droite pour continuer en face. La montée se fait raide et vous dépassez le cimetière.

24,3 Carrefour giratoire après une grande croix rouge : prenez à droite vers la tour du Bourreau que vous laissez à droite pour une rue à gauche. Ensuite, prenez à droite la rue Corhaut, puis virez à gauche rue Saint-Gervais (gîte d'étape à gauche en montant). Traversez la rue Nationale.

6h15 **24,8 Lectoure.** Porche de la cathédrale et O.T.

LE CHÂTEAU DE FLAMARENS, "BEAU DEHORS"

En haut de Flamaréns qui a donné son titre au dernier roman de Pierre Benoît, le château domine la plaine de sa terrasse et de son donjon circulaire. Sur l'emplacement d'un castrum attesté en 1289, Jean de Grossoles, seigneur du lieu, le fit bâtir en 1469 par un tailleur de pierre limousin.
C'est une de ces gentilhommières gasconnes avec fenêtres et mâchicoulis, à la charnière du fortin passé, et de la résidence nouvelle, logis carré aux deux tours rondes. On disait alors : *Lo castèt de Flamaréns, bèt dehore, bèt deguéns* (le château de Flamarens, beau dehors comme dedans). Mais il se dégrada et en 1851 le poète agenais Jasmin traduisait cela par : *poulit deforo, led dedéns* (joli dehors, laid dedans). Un incendie en 1944 faillit bien l'achever.
Depuis 1976, Les Amis de Flamarens secondent son courageux propriétaire pour mener à bien sa restauration. À côté, l'église, elle aussi menacée, a un clocher mur pointu à deux arcades et une tourelle ronde d'escalier.

À Castet-Arrouy, le pèlerinage est gravé dans la pierre

MIRADOUX ASSIÉGÉE PAR CONDÉ

Fondée en 1253, Miradoux est la plus ancienne des bastides gersoises. L'hôpital Sainte-Marie-Madeleine était tenu par les chevaliers de Saint-Jean-de-Jérusalem et, sur une hauteur, le lieu-dit le Temple atteste le souvenir des Templiers. Église à nef unique, clocher massif et portail Renaissance, voûtes en ogives. Dans une châsse d'argent du XVIIIème, relique de saint Orens.
Autre relique, profane : un boulet de canon de la bataille de février-mars 1652 que commémore aussi une procession à la Saint-Joseph. Cette année-là, pendant la Fronde, la ville était tenue par le comte d'Harcourt, fidèle au roi. Entre-temps, les maisons à colombage avaient flambé.

LE CONSEIL DE MALTE À LA CASSAGNE

Le village perché de Saint-Avit-Frandat n'a qu'une église du XIXème siècle, mais elle conserve les fonts baptismaux hexagonaux du XIVème et un plat de quête en cuivre du XVème. Remarquables croix de pierre dans le mur du cimetière. À 300 mètres, ruines informes d'un pigeonnier rond.
Au bout de l'éperon calcaire de Saint-Avit, il n'y avait, à la fin du XVIème siècle, qu'une simple tour. La famille de Luppé-Garrané y fit construire le château de la Cassagne, qu'elle possède encore, et le transforma au siècle suivant en demeure à la Mansard, version tuiles-picot :

combles brisés, corps central à galerie flanqué de deux grosses tours rondes. Une salle de 13 mètres sur 9, haute de 5 mètres, était la copie exacte de celle du grand conseil des Chevaliers de Saint-Jean au château de Malte, que construisait alors le grand prieur Jean-Bertrand de Luppé (1586-1664). Celui-ci est représenté en pied sur le panneau peint de la cheminée relatant le siège de l'île par les Turcs. La destruction, en 1798, de la salle originale par l'attaque de Bonaparte, rend précieux ce fac-similé.

 ## LES 2 000 ANS DE LACTORA

Lectoure (Leytoure en gascon) fut un oppidum préhistorique, capitale des Lactorates. À la différence de leurs belliqueux voisins, leur chef Piso s'allia d'emblée aux Romains et Lactora devint l'une des douze *civitas* de la Novempopulanie (Aquitaine méridionale). Plus tard, Lectoure fut capitale de la Lomagne, puis ville aux deux châteaux et aux deux seigneurs, l'évêque et le comte d'Armagnac, jusqu'au terrible siège de 1473, par les troupes royales que commandait le cardinal d'Albi. Malgré sa reddition avec les honneurs, les soldats saccagèrent la ville, massacrèrent ses habitants et poignardèrent le comte Jean V devant sa femme, épisode cité en exemple des traîtrises de Louis XI, qui n'y était pour rien. Il releva la cité et lui accorda des consuls. Cent ans plus tard, en 1562, Lectoure protestante est prise et ravagée par Blaise de Monluc, puis reprise par Henri de Navarre. Républicaine, elle a fourni à la Révolution sept généraux, le plus célèbre étant le maréchal Lannes, duc de Montebello, tué en 1809 à Essling.

UNE GRANDE ÉTAPE SUR LE CHEMIN

L'hôpital-léproserie du Pont-de-Pile, les quatre hôpitaux Sainte-Catherine, Saint-Jean-Baptiste au faubourg est, Saint-Jacques & Saint-Antoine et Saint-Esprit près de l'église de ce nom, ainsi que le corps de saint Gény, alors conservé au couvent bénédictin, firent de Lectoure une halte majeure des pèlerins.

LES VINGT ET UN AUTELS TAUROBOLIQUES DE LECTOURE

- La cathédrale Saint-Gervais occupe l'emplacement d'un temple gallo-romain de Cybèle : on le sait par la découverte, sous le chœur, d'un autel taurobolique (sacrifice de taureaux au sang purificateur). La nef, à l'origine romane et faite pour une coupole, fut rebâtie en 1325 en ogives, puis en 1540, le chœur flamboyant. La tour carrée à cinq niveaux refaite au XVIIIème siècle dans le respect du style perdit peu après sa flèche qui en faisait, dit-on, le plus haut clocher de France. Mobilier classique dont quarante stalles, un lutrin, une Assomption de marbre blanc. Musée d'Art sacré dans la salle capitulaire.

- L'hôtel de ville de la fin du XVIIème siècle, palais des évêques jusqu'à la Révolution puis demeure du maréchal Lannes et sous-préfecture, abrite une salle des Illustres, une pharmacie de jadis reconstituée autour d'une cheminée Renaissance et, au sous-sol voûté, un musée lapidaire avec vingt et un autels taurobóliques.

Lectoure : la cathédrale Saint-Gervais

- Voir encore (itinéraires fléchés) : le jardin des Marronniers, à l'hôtel de ville ; le portail des Cordeliers ; une église des Carmes XVIIème ; la tour XIIIème de la rue principale ; l'hospice XVIIIème ; la fontaine de Diane (devenue Hountélie en gascon), romaine, habillée de trois arcades au XIIIème et qui alimenta au XVIIIème une tannerie de cent ouvriers ; rue de la Barbacane, la tour du Bourreau (XIVème), voisine des remparts ; et nombre de demeures d'Ancien Régime.

Avant Lectoure, des cultures

Lectoure

Condom

 ETTE JOURNÉE en Lomagne est à négocier selon vos envies et vos possibilités physiques. Le GR 65 vous dirige vers la prestigieuse localité de La Romieu, d'où un étonnant ensemble collégial s'élève très haut au-dessus des champs. La visite de ce site classé au Patrimoine Mondial de l'Unesco allonge de cinq kilomètres une étape déjà longue, mais il est possible d'y passer la nuit.

À partir de la chapelle d'Abrin, la variante plus courte que nous vous proposons file tout droit dans la jolie vallée de l'Auvignon et récupère le GR sous Castelnau, un peu avant la chapelle Sainte-Germaine. La suite est un agréable vagabondage, jusqu'à l'admirable centre-ville de Condom.

🌐 CARTES UTILES

🌐 IGN 63 Tarbes – Auch, au 1/100 000

🌐 1841 E Lectoure, au 1/25 000

🌐 1841 O Condom, au 1/25 000

🚶 RENSEIGNEMENTS PRATIQUES

✤ MARSOLAN (32700)

→ À voir : église (copie d'une crucifixion de Rubens)

→ GE et CH L'Enclos du Tabus, 14 pl., gîte : nuitée 14 €/pers., pdj 4 €, 1/2 pension 32 €/pers., repas 14 €, C.O. ; CH : 1/2 pension 42 à 55 €/pers., coin cuisine, MLP, accueil équestre, accueil du 22/03 au 31/10 sauf en juillet/août, Mme Musset, 05 62 68 79 40

✤ LA ROMIEU (32480)

→ OT, rue du Docteur-Lucante, 05 62 28 86 33, www.la-romieu.com

→ Tous commerces, services, sauf banque

→ À voir : la collégiale Saint-Pierre (UNESCO), le jardin botanique de Coursiana

→ 3 km avant la Romieu : ferme de Gratuzous, mobil home ou chalets, 1/2 pension 30 €/pers., coin cuisine, accueil équestre, ouvert de mai à octobre, M. Tichané, 05 62 28 44 54

➜ Gîte d'étape communal, 19 pl., nuitée 8 €/pers., coin cuisine, MLP ouvert du 01/03 au 30/06 (à partir de 14h), rue Surmain, Mme Chevallier, 05 62 28 85 45 ou mairie

➜ CH Relais des Arcades, 10 pl., nuitée 35 €/2 pers., pdj compris, place Bouet, M. Lenoir, 05 62 28 10 29

➜ 500 m hors GR : Camping de Florence, 183 empl., tente 4,50 à 6,90 €/pers.(selon saison), ch. en chalets ou mobil home (70 ch.), C.O., nuitée 49 €/2 pers., pdj 6 €, repas 16,90 €, panier repas 10 €, MLP, accueil équestre, ouvert du 01/04 au 11/10, Mme Mijinsbergen, 05 62 28 15 58, www.lecampdeflorence.com

➜ 1,2 km en hors GR : gîte Domaine de Pellecahus, 10 pl., C.O., 62 €/2 pers., pdj compris, coin cuisine, dépannage épicerie, ML, accès internet, accueil équestre, acheminement, Mme Legueurlier, 05 62 28 03 89, www.pellecahus.com

❖ 6 km avant Condom, proche GR
(Caussens 32100)

➜ Bio-gîte de La Maurague, 12 pl., pdj 5 €, repas 15 €, C.O., 1/2 pension 34 €/pers. (en dortoir) ou 45 €/pers. (en ch. double), + taxe séjour 0,80 €, panier repas 6 €, épicerie dépannage, MLP, accueil équestre 2 €, ouvert de Pâques à début oct. (hors saison se renseigner), projet pilote en matière d'environnement, la Maurague (suivre les grenouilles), Mme Landru, 05 62 68 46 32, www.lamaurague.com

❖ CONDOM (32100)

➜ OT, place Bossuet, 05 62 28 00 80, www.tourisme-tenareze.com

➜ Tous commerces, services

➜ À voir : musée de l'Armagnac dans l'ancien palais épiscopal, la cathédrale et le cloître

➜ 1 km avant Condom : gîte d'accueil et centre équestre l'Étrier Condomois, 70 pl., ch. : 1/2 pension 32 €/pers. ; ch. partagée : C.O., 1/2 pension 28 €/pers., panier repas 8 €, accueil équestre 10 €/box et 8 €/enclos, le Haou, M. Defrancès, 05 62 28 09 41

➜ 500 m avant Condom : camping municipal de l'Argenté, 75 empl., tente 7 €/pers., MLP, ouvert du 01/04 au 30/09, mairie, 05 62 28 17 32

➜ GE de Gabarre, 40 pl., nuitée 13 €, pdj 5 €, 1/2 pension 32 €, prix groupes, réservation, à 200 m du GR, 42 bis av. des Mousquetaires, M. Lanxade, 06 86 41 58 39, www.gitedegabarre-condom.com

➜ 1,5 km hors GR : camping à la ferme Laillon, 50 empl., dortoir (12 pl.), et poss. location caravane, C.O., se renseigner, coin cuisine, MLP, accueil équestre, ouvert du 21/03 au 21/12, Laillon, M. Danto, 05 62 28 19 71 & 06 07 69 14 19

00,0 Lectoure. Dos à la porte de la cathédrale, traversez la petite place Charles-de-Gaulle pour descendre la rue Fontelie à gauche. Elle exécute un coude vers la gauche à la hauteur de la rue des Capucins. Sur la petite place Cesiraie, descendez les escaliers à gauche (fontaine) que vous prolongez par la rue Claude-Ydron, à gauche. À la bifurcation, descendez à droite le chemin Ydron. Au stop, tournez à gauche sur la N 21 (avenue Ville-Saint-Louis) sur 80 m. Carrefour avec la D 7 que vous laissez à droite pour descendre en suivant une petite route à droite. Après un vaste bâtiment, suivez à droite la D 36 sur 150 m environ pour prendre à gauche avant de grands silos. De suite après la voie ferrée, tournez à droite. Au carrefour suivant, laissez la direction de Pradoulin à gauche pour continuer tout droit.

01,9 Vous retrouvez la D 7 que vous suivez à gauche pour franchir le pont sur le Gers (cote 83 m). Avant l'autre pont, quittez la route pour un chemin herbeux à droite. Assez vite, il fait un coude à gauche suivi d'une courbe. À la bifurcation, poursuivez à gauche.

03,0 Traversez la D 36 et utilisez une petite route en face. 600 m plus loin, après la maison Pagnoulet, laissez un embranchement à droite.

04,0 Traversez la ferme Hausset et poursuivez sur un chemin herbeux qui descend et passe près d'un étang. Plus haut, changez de rive.

1h15 04,6 Chemin blanc à prendre à gauche en montée sur plus de 200 m. Suivez ensuite la petite route à droite et passez le hameau d'**Espasot.** Sur cette route de crête, laissez tous les embranchements à droite comme à gauche.

06,3 Laissez à droite une voie sans issue.

07,3 Croisement de routes : continuez en face sur Marsolan et 140 m plus loin prenez un chemin herbeux à la hauteur d'une croix en pierre (croix de la Justice). Au carrefour en bout de haie, allez à gauche et passez devant une croix. Plus loin, vous croisez un chemin empierré pour continuer en face.

08,7 Carrefour en T avec une petite route que vous empruntez à gauche. Passez devant le cimetière (cote 174 m).

2h20 **09,3** **Marsolan.** Passez à droite de l'église pour descendre une rue en laissant le bourg sur la gauche. Au carrefour, continuez en face sur un bout de route en sens interdit, puis, toujours tout droit, traversez la D 166 pour une route en face qui passe un pont sur l'Auchie. Au carrefour suivant, prenez tout droit en direction de Mounet-Sarté sur 130 m.

10,0 Dans le virage, prenez un chemin herbeux en face qui rejoint le bord d'un grand fossé. Ensuite, montez le talus d'un étang et au-dessus suivez un chemin en creux qui fait un coude vers la gauche.
À droite d'une ferme (Cauboue), dans le coude d'une petite route, suivez le goudron sur 200 m. À la bifurcation, allez en face sur allée goudronnée qui se prolonge par un chemin terreux à la hauteur d'une maison. Le chemin file entre les champs et rejoint plus bas une haie et des arbres.

13,2 Coude d'une petite route que vous empruntez en face. Laissez un chemin blanc et un hangar à droite. Au carrefour, 3 min plus tard, continuez en face en direction de Castelnau-sur-l'Auvignon. Laissez à droite la direction d'Ardente.

3h30 **13,9** À la hauteur des conteneurs, près d'un arbre isolé, laissez à droite un chemin blanc et le GR 65 qui passe par La Romieu (voir descriptif) pour continuer tout droit. Vous passez ainsi à gauche de la **chapelle d'Abrin.**
Dans le virage suivant (cote 166 m), quittez le goudron pour un chemin terreux. 10 m avant un chemin d'accès à une maison, prenez à gauche un chemin herbeux. Plus bas, au T, continuez à droite et 30 m plus loin allez en face. Le chemin passe entre les champs, effectue une courbe vers la gauche, descend plus fortement, puis vire vers la droite.

15,6 Virage d'une petite route que vous prenez à droite (Nord-Ouest). 250 m plus loin, après un petit pont, laissez la route pour un chemin blanc que vous suivez longuement dans le vallon de l'Auvignon. Vous passez ainsi devant la maison Tougnet (à droite) et laissez un embranchement à droite. Au carrefour, continuez tout droit.

18,6 Dans une courbe de la piste, vous retrouvez le GR 65 que vous suivez à gauche sur un chemin de terre (cote 103 m) qui passe un pont sur l'Auvignon. À la bifurcation, prenez à gauche et montez plus loin le long d'une haie de chênes. Passez à gauche de la ferme de Pavail et suivez le goudron. Au carrefour, tournez à droite.

19,5 Chapelle Sainte-Germaine que vous laissez à gauche en poursuivant sur la route.

5h00 **20,0** **Le Baradieu** (alt. 168 m) : au carrefour avec une mare, allez à gauche. À la hauteur d'un garage, tournez à droite vers Moras que vous laissez à gauche pour descendre un chemin herbeux à droite. Plus bas, faites un coude à gauche.

21,3 A l'extrémité Sud de l'étang de Bousquetara, passez un ruisseau à gué et virez de suite à droite le long des broussailles, puis le long du lac.
Sur l'esplanade à mi-lac, remontez un chemin d'accès mi-empierré et goudronné à gauche.

22,3 Sur le point haut, laissez à gauche l'accès à la ferme Fromagère et poursuivez sur la petite route. Passez le pont sur le ruisseau de Lassos et remontez en face.

23,8 Carrefour de routes en bout (D 204) de vignes (cote 176 m) : poursuivez en face et, au carrefour suivant, allez tout droit sur un chemin empierré. Il se prolonge par un chemin herbeux avec des portions pouvant être boueuses.

25,2 Plus loin, à la hauteur d'une maison (la Haille), vous continuez sur un chemin empierré. Au carrefour, prenez à gauche un chemin herbeux entre les maisons Bagatelle et le Chalet. Plus bas, vous reprenez le goudron sur une centaine de mètres.

26,2 Stop avec la D 7 : prenez à droite sur l'avenue Rhin-et-Danube et passez le pont. Aux feux, 300 m après, prenez à gauche la D 931 (rue des Anciens-Combattants

Voûtes gothiques à Condom

d'AFN et TOE). Sur la place du Souvenir, prenez à droite la rue Léon-Gambetta et laissez le GR 65 partir à droite du monument aux morts. Vous atteignez ainsi la place Saint-Pierre.

6h45 26,9 Condom. Porche de la cathédrale.

VARIANTE PAR LA ROMIEU (GR 65)

13,9 Embranchement un peu avant la chapelle d'Abrin : descendez à droite un chemin blanc, direction le Juge. Après 500 m, laissez un embranchement à gauche vers le Cousiné.

14,9 Point haut : descendez en face un chemin terreux à l'ombre, raide au départ. Après le ruisseau, montez à découvert entre les champs, puis traversez un bosquet. De nouveau vous marchez à découvert avant de rentrer dans la forêt.

15,9 Carrefour en T avec une palombière en face : allez à gauche sur un chemin terreux. Vous atteignez une petite route que

vous prenez à droite sur plus de cent mètres.

16,8 A l'angle d'un bosquet clôturé et avant une maison avec deux éoliennes, tournez à gauche sur un chemin blanc. Laissez plus loin sur la gauche l'accès au Cané.

17,5 Au carrefour avant une ferme, virez à droite sur un autre chemin blanc que vous suivez tout droit face à la collégiale. Poursuivez sur le goudron et passez à gauche d'un étang.

4h40 18,8 La Romieu. Allez à gauche et suivez la D 41 vers Castelnau. Plus loin, laissez une petite route à droite ; dans le virage suivant (à 900 m), prenez à droite un chemin terreux entre les chênes. Plus loin il descend entre une haie et un champ.
Suivez à droite un chemin blanc et au carrefour tournez à gauche sur le goudron vers…

20,9 Maridac : descendez à droite du château sur un chemin herbeux le long d'une haie d'arbres. Retour sur le goudron que vous suivez à gauche en laissant à droite Bidalané.

22,1 Carrefour au point haut (167 m) : prenez la D 41 à gauche (Est) sur une trentaine de mètres, puis virez à droite sur un chemin empierré qui se prolonge par un chemin de terre. Il descend dans le vallon, traverse un ruisseau bien à droite d'un lac et remonte en face, assez raide sur la fin. Gravir au niveau de deux anciens silos.

5h50 23,2 Castelnau-sur-l'Auvignon. Traversez la route en diagonale pour prendre en face un chemin qui descend vers Quiot. Avant cette maison, prenez à droite un chemin de terre assez raide qui vire ensuite vers la gauche (passages boueux).
Débouchez sur une piste empierrée que vous prenez en face quelques instants avant de poursuivre sur un chemin herbeux en face.
À ce point, vous retrouvez l'itinéraire décrit plus haut au km 18,6. Il vous reste donc sensiblement deux heures de marche avant d'atteindre Condom.

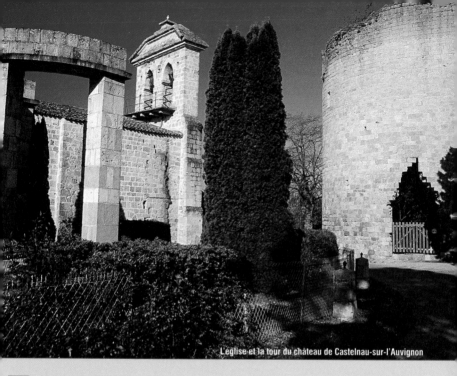

L'église et la tour du château de Castelnau-sur-l'Auvignon

ENTRE TOURISME ET HISTOIRE

Dans nos éditions précédentes, un balisage aberrant du point de vue historique, mais justifiable du point de vue culturel, imposait au marcheur un sensible détour au nord par La Romieu. Il figure toujours dans ce guide, mais en variante. La raison en était à la fois touristique et sentimentale. Liée au pèlerinage par son nom même, La Romieu est un haut lieu des chemins de Saint-Jacques, mais on y parvenait en réalité autrefois soit par le chemin jacquet venant de Rocamadour, matérialisé par le GR 652, soit par la voie romaine secondaire de la Peyrigne, menant d'Agen à Auch.

LES SOUVENIRS DE MARSOLAN

Étalé en terrasses, d'étymologie romaine, Marsolan conserve, à l'entrée, le nom d'un ancien hôpital Saint-Jacques. Au sommet totalement labouré, rien ne reste que le nom du château disparu. Il appartient en 1082 au vicomte de Lomagne. Mais l'église

Notre-Dame-du-Rosaire, reconstruite au XVème siècle, garde un clocher donjon et un cadran solaire dans l'encoche d'un contrefort d'angle. En face, vue sur la vallée de l'Auchie.

UNE LAMPE BRÛLAIT SOUS L'ENFEU D'ABRIN

Au carrefour du chemin historique et de la Peyrigne, la chapelle d'Abrin et certains des bâtiments attenants sont les ultimes vestiges d'une commanderie des hospitaliers de Saint-Jean-de-Jérusalem. Fondée en 1135, elle possédait en 1271, 69 couettes, 42 couvertures, 11 draps pour l'accueil des pèlerins auxquels un lumignon toujours allumé signalait l'abri. On voit encore le clou auquel il pendait, sous l'enfeu roman et denticulé de la chapelle à chevet plat.

LA ROMIEU, VISION MÉDIÉVALE

Le nom même de ce bel ensemble médiéval, l'Arroumîu, signifie le pèle-

rin. (Cet a euphonique trahissait la répugnance du vieux gascon au r initial, par héritage basque. La francisation en a fait La Romieu.) À l'origine, une sauveté de 1082, établie par des bénédictins de Saint-Victor de Marseille. Dans la petite cité, un itinéraire est fléché parmi remparts, ruelles et couverts. La collégiale fut achevée en 1318 par le cardinal d'Aux. Le cloître carré à quatre galeries de huit arcades gothiques géminées, à roses tribolées, soutenait l'étage disparu des bâtiments conventuels. Du cloître, une arcade à mâchicoulis conduit à l'église, longue (36 mètres), haute (15 mètres) et étroite (9 mètres).

Voûte gothique et abside à pans coupés. Dans le chœur, tombeaux du prélat et de ses neveux, profanés au moment de la Réforme, banalement refaits. Trois tours : l'une à l'est, octogonale, isolée, avec une sacristie ornée de peinture du XIVème siècle (16 anges chanteurs ou musiciens escortés de la famille d'Aux) et 168 marches menant au sommet (voir

121

Vers La Romieu, d'un champ à l'autre

le Si) ; la seconde, un clocher de 33 mètres ; et la troisième est ce qu'il reste du palais du cardinal.

Un quart d'heure après La Romieu, le château de Maridac, dont deux atlantes encadrent la porte, a été construit en 1582 par Bernard de Bousquet, magistrat du présidial de Condom. Il l'a discrètement daté et signé en latin sur la tourelle d'angle.

LE CARDINAL D'AUX

Le cardinal d'Aux de l'Escout, né à La Romieu vers 1260, d'une branche cadette des Armagnac, était cousin du pape gascon Clément V. Il fut son vicaire, son camérier, ainsi que celui de Jean XXII, et aussi ambassadeur et archevêque de Poitiers. Il consacra une partie de sa fortune à embellir sa ville natale, mais n'en profita pas car il mourut en Avignon en 1320, deux ans à peine après l'achèvement de la collégiale.

PAR CASTELNAU-SUR-L'AUVIGNON, CHEMIN FAISANT

- Castelnau-sur-l'Auvignon remonte au XIème siècle et joua son rôle dans la guerre de Cent Ans. En 1944, elle abritait des maquisards et fut détruite par une colonne allemande. Il n'y reste d'ancien qu'une tour du château et l'église : escalier extérieur d'accès au clocher, cloche de 1571.

- Sur l'autre rive de l'Auvignon, chapelle romane de Sainte-Germaine avec enclos et mystérieuse arcature dans le mur sud. La sainte, locale, aurait été martyrisée par les Normands ou les Sarrasins. (Mais la statue saint-sulpicienne représente, elle, une sainte Germaine de Pibrac, naïve, l'agneau aux pieds.) Toiture, hélas, éventrée.

- Aux portes de Condom, nous retrouvons le chemin historique à l'Espitalet, ancien "petit hôpital".

CON-DOM... INIUM ?

Des hommes préhistoriques, notamment au magdalénien, vivaient déjà dans la falaise de l'éperon calcaire cerné par la Gèle à l'est et la Baïse à l'ouest, mais on ignore tout de l'origine de la ville de Condom : celte, *Condate Dun* (ville confluent) ou plutôt latine *Cum-Dominium* (seigneurie partagée).

La première mention est celle d'un hôpital fondé au Xème siècle par Amuna, femme du duc Sanche le Courbé, dans la dépendance d'une abbaye Saint-Pierre. En 1317, le pape Jean XXII en fait un évêché, dont Bossuet, Monsieur de Condom, sera plus tard le titulaire lointain. Mais l'armagnac aura alors remplacé le pèlerin dans l'économie de la ville. Il sera exporté par la Baïse rendue navigable en 1832. (Autre titre de gloire : l'annuel Festival des Bandas, cliques tauromachiques sonores.)

LE PÈLERIN MALADE SUIVAIT LA MESSE DE SON LIT

L'hôpital d'Amuna resta le seul deux siècles durant puis ce fut toute une floraison : Notre-Dame-du-Pradau à l'est, Saint-Jacques de la Teste à l'ouest vers l'Espagne, Saint-Jacques-de-la-Bouquerie, Notre-Dame-du-Bout-du-Pont-des-Cannes, et le Barlet... Si bien qu'au XVème siècle, on finit par les fusionner tous. Le troisième nommé fut fondé en 1319 par le cardinal de la Teste, fils de Condom. Sa chapelle abondait en reliques : fragment de la Vraie Croix, chef d'Hilaire, anneau de saint Benrand, restes des saints Bernard, Front, Loup, Cécile et même morceau du bâton qui avait fleuri dans l'Arche pour le sacre d'Aaron ! S'ouvrant sur l'hôpital, elle permettait au malade de suivre la messe de son lit.

FLAMBOYANTE ET RENAISSANCE À LA FOIS

La cathédrale, dont le clocher quadrangulaire domine Condom, a été bâtie de 1507 à 1531 sous l'impulsion de l'évêque Jean de Marre, dans un gothique flamboyant marqué par la Renaissance. La ville paya 10 000 écus d'or à Montgomery pour qu'elle soit épargnée en 1569. Personnages et anges sculptés dans les niches à dais ouvragés du portail donnant place Saint-Pierre (ex-place d'Armes). Voûtes aux clefs ornées et dorées, grandes baies à remplages flamboyants, aux vitraux locaux (1838) et limousins (1969). La chapelle axiale de la Vierge, gothique à cinq pans, paraît un vestige de l'abbatiale du XIVème siècle.

VOIR ENCORE À CONDOM...

- De l'église, on passe au cloître (voûtes gothiques), puis au palais de justice, ancienne chapelle de l'évêché. Le palais épiscopal de 1764 est devenu sous-préfecture.

- Dans les anciennes écuries (charpente du XVIIème), le musée de l'Armagnac possède un pressoir en poutres de 18 tonnes.

- Place Bossuet, ex-place d'Armes, la tour d'Andiran (XIIIème) abrite le syndicat d'initiative. Beaux hôtels du XVIIIème avec leurs jardins, avenue de Gaulle, anciennement cours Scipion-Dupleix.

Le pont d'Artigues

Condom
Montréal
Éauze

VOICI une étape riche en paysages où l'histoire se lit et se raconte à travers les villages et les monuments. Il serait dommage de passer à côté de la cité de Larressingle sans la visiter ; le petit détour concédé est vite compensé par la beauté de la "petite Carcassonne", comme l'appellent les Gascons. Une fois franchi l'Osse sur le vieux pont roman d'Artigues, construit spécialement pour les roumieux, le chemin continue dans un paysage partagé entre la forêt et la viticulture. À mi-parcours, Montréal-du-Gers, capitale de la Ténarèze, est fière à la fois d'être la plus vieille bastide de Gascogne et de posséder le plus grand vignoble de l'Armagnac. Le tracé historique n'est pas toujours facile à suivre ; parfois privatisé ou même disparu, il demande des arrangements. Justement, en fin de parcours, la voie ferrée désaffectée va servir de fil conducteur au GR 65 sur plus de sept kilomètres, jusqu'aux portes d'Éauze.

🌐 CARTES UTILES

- 🌐 IGN 63 Tarbes – Auch, au 1/100 000
- 🌐 1841 O Condom, au 1/25 000
- 🌐 1741 E Mézin – Montréal, au 1/25 000
- 🌐 1742 E Vic-Fézensac, au 1/25 000
- 🌐 1742 O Éauze, au 1/25 000

🚶🚶 RENSEIGNEMENTS PRATIQUES

❖ LAURAET (32330) 1,5 km hors GR

→ 2 km après Lauraët : CH et TH Le Fezandier, 12 pl., nuitée 43 €/pers. 55 €/2 pers., pdj compris, repas 19 €, panier repas, MLP, accueil équestre, le Fezandier, M. Van Oudenhove, 05 62 29 49 82

❖ MONTREAL-DU-GERS (32250)

→ OT, place de l'hôtel de ville, 05 62 29 42 85, www.citaenet.com/montreal

→ Commerces, services, sauf hôtel

→ À voir : un des plus beaux villages de France

→ CH, 7 pl., nuitée de 50 à 55 €/ch.,
pdj compris, 15 rue Aurensau, Mme Labatut,
05 62 29 41 44, http://perso.orange.fr/labatut/

→ 500 m hors GR : ch. chez l'habitant,
gîte et ferme d'accueil Le Couloumé,
nuitée de 8 à 50 €/pers. (selon hébergement :
camping, ch., gîte), pdj 3,50 €, repas 18,50 €,
MLP, accueil équestre, accès internet,
Mme Lussagnet, 05 62 29 44 78 ou 05 62 29 47 05,
www.gites-montreal-du-gers.com

→ 1 km après Montréal : GE Maison
de Campagne, 10 pl., C.O., nuitée 8 €/pers.,
coin cuisine, ouvert du 01/05 au 15/10,
acheminement, M. Massartic, 05 62 29 43 18

→ 2 km hors GR : camping Rose d'Armagnac,
12 pl. (dans mobil home), nuitée 40 €/2-4 pers.,
60 €/6 pers., camping 8,50 €/2 pers.,
coin cuisine, ouvert de Pâques à Toussaint,
acheminement, les Moulierous, Mme Owen,
05 62 29 47 70, http://campingrosedarmagnac.free.fr

❖ Proche Montréal, hameau de Séviac
2 km hors GR

→ Gîte villa gallo-romaine de Séviac, 13 pl.,
nuitée 8 €/pers., coin cuisine, faire ses courses
à Montréal, MLP, accueil équestre,
ouvert du 01/03 au 30/11, 05 62 29 48 57

→ 2 km hors GR : gîte La Ferme du Soleil, 3 ch.,
nuitée 13 €/pers., 1/2 pension 29 € en ch.
partagée, 33 €/2 pers., coin cuisine, MLP, accueil
équestre, acheminement, ouvert de mars à fin
octobre, Séviac, Mme Labeyrie, 05 62 29 45 77

→ CH, 2 ch., nuitée 45 €/pers., pdj compris,
Séviac, M. Cahuzac, 05 62 29 44 12

❖ ESCOUBET (32800)

→ Centre d'hébergement et GE Le Domaine
du Possible, 120 pl., C.O., (dortoir)
1/2 pension 29 € ; (ch.) 1/2 pension 33 €,
panier repas 8 €, MLP, accès internet 4 €/h,
accueil équestre 5 €/nuit, M. Decroix,
05 62 09 93 03, www.escoubet.com

❖ ÉAUZE (32800)

→ OT, 2 rue Félix-Soulès, 05 62 09 85 62,
www.mairie-eauze.fr

→ Tous commerces, services

→ À voir : la cathédrale Saint-Luperc, la maison
Jeanne d'Albret et la maison des Consuls,
les vestiges de remparts, le musée archéologique
Le Trésor d'Eauze

→ GE communal, 15 pl., nuitée 9 €/pers.,
coin cuisine, renseignements OT

Piliers de pigeonnier près de Lamothe

→ HR Triana, de 29 à 49 €, 1/2 pension de 42
à 80 €, 2 av. de Sauboires, 05 62 09 99 21

→ 4 km hors GR : CH et TH La Ferme de Mounet,
4 ch., 8 pl., 65 €/2 pers., pdj compris, repas 25 €,
Mounet, réservation, Mme Molas, 05 62 09 82 85,
www.ferme-de-mounet.com

→ 6 km hors GR : CH, 4 ch., 10 pl.,
nuitée 65 €/2 pers., pdj compris, acheminement
(en hors saison), pas de repas, Hourcazet,
réservation, M. Lejeunne, 05 62 09 99 53,
http://site.voila.fr/hourcazet

A - DE CONDOM À MONTRÉAL

00,0 Condom. Dos au porche de la
cathédrale, prenez à droite la rue Charron,
en sens interdit. Après la place du Lion-
d'Or, descendez la rue des Armuriers sur
140 m pour emprunter à gauche la rue
Roques, en sens interdit.
Au carrefour avec une pharmacie, allez à
droite et empruntez la D 930.
Traversez le pont sur la Baïse. À la sortie du
pont, prenez à gauche une allée parallèle à
la rivière, sur le haut de la digue, le long des
platanes.
Dépassez l'église Saint-Jacques et poursuivez 200 m sur la digue.

01,0 Traversez la D 931 pour prendre en
face une allée toujours piétonnière. Au stop
cent mètres plus loin n'utilisez pas la D 15
mais descendez une petite route à gauche.
Au carrefour, allez en face et de même au
stop.
Carrefour : allez à droite et laissez le pont à
gauche.

01,9 Passez ensuite le tunnel sous la voie
ferrée et tournez à gauche. À la bifurcation,
prenez l'embranchement à droite et 60 m
plus loin, au carrefour avec des conteneurs
et un poteau électrique, continuez en face.
Laissez dans un virage la direction de Pouy.
À la bifurcation 200 m après Vignau, prenez à droite sur 200 mètres.

04,4 Quittez alors le goudron pour un chemin terreux en face. Il se faufile entre deux haies d'abord en descente, puis en légère montée. Après un passage herbeux, vous tombez sur le chemin d'accès à la ferme Péninon que vous utilisez en face sur 200 m.

05,3 Carrefour avec un réservoir (cote 179 m). (Vous pouvez aller visiter le château de Larressingle à droite en prenant la petite route.)
Traversez la route pour descendre en face un chemin herbeux.
Carrefour de chemins : allez en face (passages humides et boueux*). Plus loin, contournez un étang par la gauche et continuez vers l'Ouest en entrant dans le bois.
Débouchez sur la D 278 : traversez pour aller en face sur une petite route en direction du pont.

1h40 06,7 Pont d'Artigues sur l'Osse.
Au stop suivant (cote 83 m), prenez une autre petite route à droite.

07,5 Quittez le goudron pour un chemin herbeux dans la ligne droite à la hauteur d'un poteau électrique. Ce chemin s'élargit dans le bosquet.
Dans le virage d'une route, allez en face et, 30 m après, prenez un chemin herbeux et terreux à gauche. Vous passez à gauche d'un bois.

09,6 Carrefour : allez à droite sur la route. 500 m plus loin, continuez à gauche en laissant la direction Routgès à droite. 200 m après, laissez aussi l'accès à l'église à droite.

11,0 Carrefour sur la D 254 : continuez en face et laissez à gauche le Fezandier.

3h00 12,3 Lasserre. Traversez le hameau. À la bifurcation dans un virage, prenez à gauche et, à la fin du goudron, poursuivez sur un chemin herbeux en face. 500 m plus loin, franchissez le ruisseau busé et remontez.

14,0 Pagès : après la maison, poursuivez sur un chemin blanc puis sur le goudron. Au bout de la ligne droite, prenez en face un chemin herbeux (fontaine à droite) en

✳ Éauze

0   1   2   3 km

la Gélise

D 931

Escoubet

Bretagne d'Armagnac

la Gare

l'Izaute

Lamothe

D 31

D 29

D 230

l'Auzoue

Séviac

Ribère

Montréal

D 113

Pagès

Lauraët

D 254

Lasserre

Routgès

Beaumont

D 278   pont d'Artigues

CHÂTEAU

Larressingle

179 m

Vignau

Pouy

D 15

l'Osse

D 931

O

S   N

E

D 930

Larressingle, la "petite Carcassonne"

laissant à gauche l'accès à Machin. Le chemin vire assez vite à gauche.

14,8 Réservoir d'eau : poursuivez sur une piste empierrée sur 250 m. Empruntez la D 113 en face.

15,6 Stop (croix) : prenez à gauche sur 50 m et laissez la D 113 à gauche avant de prendre à droite la D 15 vers le centre.

4h00 16,3 Montréal. Place avec des arcades.

* Les VTT éviteront ce passage très boueux par Larressingle et Cahuzac pour retrouver la D 270 non loin du pont d'Artigues.

B - DE MONTRÉAL À ÉAUZE

00,0 Montréal. À l'angle de la place, prenez à droite de l'église, puis tournez à droite boulevard des Pyrénées. Laissez deux routes à gauche et, au croisement avec la rue du Commandant-Parisot, descendez à gauche une petite route flanquée d'un sens interdit. Suivez la D 15 quelques dizaines de mètres à droite.

00,4 Suivez la petite route à gauche vers Moussègne. Laissez un chemin blanc à gauche, plus loin la maison Moussègne à droite et la Petite Hérouse à gauche. À la fin du goudron, poursuivez tout droit ; de même après un petit pont. Ce chemin de terre longe une peupleraie et passe entre deux haies d'arbres.

02,6 Vous rejoignez une petite route que vous suivez à gauche. 400 m plus loin, prenez un chemin à droite en direction de la barrière de Ribère.

03,2 Ancienne maison de garde-barrière : prenez à gauche l'ancien chemin de fer entre deux haies. Après un pont en fer, descendez à gauche pour rejoindre en dessous une petite route que vous empruntez à gauche.

1h15 05,0 À la **D 230** tournez à droite quelques instants sur plus de 100 m avant de la quitter pour aller à droite sur un chemin herbeux entre les vignes. Ensuite, ne suivez pas les traces de la piste, mais restez à droite de la haie d'arbres.

05,6 Prenez un chemin blanc à droite et 150 m plus loin abandonnez-le pour partir à gauche entre deux champs, puis deux vignes. Dans le coude d'une allée goudronnée, poursuivez en face pour passer devant une maison et continuer tout droit sur un chemin herbeux. Au chemin goudronné suivant, allez tout droit ; après le goudron, empruntez en face un chemin herbeux. 200 m plus loin, au carrefour, allez à droite près d'une vigne.

Éauze : le clocher

07,4 Traversez la en diagonale et prenez le chemin terreux marqué d'un panneau "Interdit aux engins à moteur". Devenu herbeux, il tombe sur une allée goudronnée près de la ferme le Bédat. Prenez-le à droite et rapidement tournez à gauche sur un chemin herbeux, juste avant un beau cèdre.

D 31 : allez à gauche un court instant avant de prendre à droite une allée goudronnée qui descend en direction de Bourdieu. Avant cette maison et une rangée de pins, prenez à gauche au pied d'une vigne. Passez un petit ru et poursuivez sur un sentier terreux. Sur la piste, allez tout droit pour monter un peu plus tard un chemin empierré.

2h20 09,2 Hameau de **Lamothe :** passez entre le cimetière et une croix pour descendre le talus à droite, et empruntez le goudron qui se poursuit rapidement par de la pierre au niveau de l'église.

En bas, au carrefour, prenez à droite un chemin à l'horizontale (ancienne voie de chemin de fer que vous allez suivre désormais). Passez sur un pont et, 200 m après, sous un autre. 300 m plus loin, remarquez un étang à gauche.

10,7 Après la gare de Bretagne d'Armagnac, traversez une route et poursuivez en face sur un chemin d'abord herbeux avant de revenir pierreux et terreux. Traversez une petite route, puis passez encore sur un pont et plus loin sous la voûte d'un autre.

15,3 Maison (ancien garde-barrière) et carrefour : poursuivez en face sur le chemin fermé à la circulation par deux plots en fer. Plus loin, sur un grand pont, vous dominez un étang sur la Gélise (panneau : camping à droite). Plus tard, laissez un chemin à droite. À la fin du chemin marqué par deux plots, vous rentrez dans une zone industrielle.

16,5 D 931 : suivez-la à droite et remontez vers le centre d'Éauze. Au carrefour, montez tout droit.

4h20 17,2 Éauze. Place d'Armagnac et église.

Sous les couverts de Montréal

LA PETITE CARCASSONNE

Côté nord, Larressingle vaut son quart d'heure de détour. Les Gascons l'appellent "la Carcassonne du Ger". Une Carcassonne de poche : 270 mètres de remparts, mais presque intacts, avec fossés, bretèches, mâchicoulis, tours, portes, encerclant un village dont le donjon, première résidence épiscopale avant Cassaigne, fut construit en 1286 par l'abbé Arnaud-Othin de Lomagne. Château sans toit, à tour escalier polygonale. Église à clocher mur faite de deux nefs, l'une gothique prolongeant l'autre romane, dont on ouvrit le chœur.

L'ÉVÊQUE DE COMPOSTELLE POSSÉDAIT LE PONT D'ARTIGUES

Le pont roman d'Artigues, aux cinq arches inégales, fut construit sur l'Osse pour les pèlerins : le propriétaire en était le diocèse de Compostelle qui, en 1254, le donna aux chevaliers de Saint-Jacques-de-l'Épée-rouge (ordre de Santiago). Quinze ans plus tard, ils le cédèrent aux chevaliers de Saint-Jacques-de-la-Foi-et-de-la-Paix, ordre fondé par un archevêque d'Auch. Il ne reste rien de l'hôpital monastère qui était à côté.

DU CÔTÉ DE CHEZ LA MONTESPAN, CHEMIN FAISANT

Notre itinéraire laisse à un quart d'heure sur la droite (au carrefour Sollé) le château de Beaumont (douves, terrasse, arcades…), demeure de Louis de Pardailhan-Gondrin, marquis de Montespan et mari de la belle marquise aimée de Louis XIV. "Enterré vivant sur ses terres", il fit enjoliver le château comme après lui le duc d'Antin, son seul fils légitime.
L'église de Routgès, isolée au-delà du hameau, présente une petite entrée qui aurait été la porte des cagots, ces parias gascons, probables descendants de lépreux.
Au Glésia (du latin *ecclesia*, non pas église mais communauté), une villa romaine fut fouillé au siècle dernier. La mosaïque du dieu Océanus, au musée de Lectoure, en provient.

LA BASTIDE DE MONTRÉAL ET SES AVANT-POSTES

Avant-poste de Montréal, le "château" de Lassalle-Baqué (étymologiquement, maison forte du vacher) a une cour du XVIIIème siècle.
Montréal-du-Gers fut précédée d'un oppidum antique sur son éperon rocheux dominant l'Auzoue. Une des premières bastides gasconnes y fut construite, dans la mouvance anglaise, en 1289. Il en reste quelques débris de fortifications détruites à la Révolution, de vieilles ruelles et une église gothique (XIIIème, restaurée au XVIIème) avec une mosaïque gallo-romaine. Mairie XVIIIème siècle et musée archéologique.
À vingt minutes au sud-ouest de Montréal, le site gallo-romain de Séviac (gîte), connu depuis un siècle mais fouillé depuis 1961, a vu resurgir une vaste villa et ses thermes. Le lac de la Ténarèse doit son nom à la voie romaine que nous croiserons plus loin. Sallepissan est un autre avant-poste de Montréal : tour du XIIIème siècle avec encorbellement, colombages, fenêtre à meneaux.

EN CROISANT LA TÉNARÈSE

Le modeste "château" de Montaut était le fief des Maribon-Montaut : le dernier du nom fut député conventionnel. Lamothe, fief des Pardailhan-Lamothe-Gondrin, était, dans la guerre de Cent Ans, une position avancée des Armagna : tour carrée, élancée, crénelée du XIIIème siècle, archères en croix pattée. Exposition à l'intérieur. Ce mini-piton de 167 mètres n'en commande pas moins la Ténarèse (Cesarea), chemin de transhumance devenue voie romaine, de la vallée d'Aure à l'Agenais, le long de la ligne de partage des eaux des bassins Adour et Garonne. L'église XVIIème de Lamothe a une pietà du XVIème, en bois.

D'ELUZA À LA FOIRE DE L'ARMAGNAC

Éauze (prononcer éauze) fut Eluza, capitale des bascophones Éluzates, dont les Romains firent une capitale de la Novempopulanie, en fut aussi au IVème siècle l'un des premiers évêchés ; il ne survécut pas aux Sarrasins. Un prieuré y naquit en 950 et fut rattaché à Cluny. La plus vieille église a disparu lors de la Révolution. Celle qu'on appelle "cathédrale" Saint-Luperc a été bâtie en 1521 par l'évêque de Condom Jean Marre. Henri IV, ayant reconquis Éauze en 1579, séjourna avec la reine Margot dans la maison dite de Jeanne d'Albret. Wellington, poursuivant Soult en 1815, installa ses canons sur notre chemin. Marché tous les jeudis et, la semaine de l'Ascension, foire nationale des eaux-de-vie d'Armagnac.
Saint-Luperc est un vaisseau gothique haut de 22 mètres, à nef unique, et chapelles basses entre les contreforts. Ses hautes baies ont des vitraux du XVIIème siècle. Des briques romaines ont été réemployées dans les murs. Sur la place d'Armagnac, à arcades, la maison Jeanne d'Albret (XVème) a des piliers de bois et des poutres sculptées. Voir aussi la maison des Consuls (colombages), les restes de remparts et le musée d'archéologie.

Dans le cloître de Nogaro

Éauze

Nogaro

A VIGNE vous rappelle tout au long de cette journée que vous êtes bien au pays de l'Armagnac ; Éauze en est la capitale, un titre attesté par le préfet d'Empire en 1802. Cette eau-de-vie, appelée *aygue ardent*, guérissait une partie des maux des pèlerins, autant le physique que le mental. C'est à Manciet, à mi-chemin sur le parcours, que la voie du Puy en rejoignait une autre venant d'Auch et de Vic-Fezensac pour atteindre ensuite Nogaro. Cette localité se conjugue au présent, entre tradition et modernité, avec les vieux monuments qui côtoient le circuit automobile de renommée internationale. Quel paradoxe que cette invitation à la vitesse quand le pèlerin ne "roule qu'au pas" !

Les arènes de Manciet

🌐 CARTES UTILES

- 🌐 IGN 63 Tarbes – Auch, au 1/100 000
- 🌐 1742 O Éauze, au 1/25 000
- 🌐 1642 E Nogaro, au 1/25 000

🚶🚶 RENSEIGNEMENTS PRATIQUES

✚ MANCIET (32370)

→ Bar-hôtel-restaurant, épicerie (dépôt de pain, fermée le lundi)

→ 2 km hors GR : gîte, 7 pl., nuitée 10 €/pers., pdj 4 €, 1/2 pension 25 €/pers., coin cuisine, MLP, possibilité camping, ouvert de Pâques à Toussaint, acheminement, Ranfort, réservation, Mme Munar, 05 62 08 58 11

❖ CRAVENCÈRES (32110)

→ GE et centre équestre Relais du Haget, 10 pl, nuitée 10 €/pers., pdj 4 €, repas 10 €, coin cuisine, panier repas 5,50 €, épicerie dépannage, MLP, accueil équestre, 1/2 pension 25 €, acheminement, ouvert de mi-mars à mi-novembre, Mme Brud, 05 62 08 54 02, www.relaishaget.com

❖ NOGARO (32110)

→ OT, 81, rue Nationale, 05 62 09 13 30, www.nogaro.fr

→ Commerces, services

→ À voir : l'église Saint-Nicolas, les arènes

→ GE communal, 27 pl., ch. : nuitée 11 €/pers. ; dortoir : nuitée 9 €/pers., coin cuisine, ML, ouvert du 01/04 au 31/10, avenue des Sports, à l'entrée tourner à droite, Cyclo-club, 05 62 69 06 15

→ Camping municipal, 20 empl., tente 7,50 €/pers., ouvert du 15/06 au 15/09, avenue Daniate, 05 62 69 06 15

00,0 Éauze. De la place d'Armagnac, allez vers le Sud pour prendre à gauche la rue Robert-Daury, en sens interdit. Au carrefour, suivez en face la N 524 direction Nogaro sur 500 m.

00,7 Quittez la N 524 pour emprunter à droite une route (allée de Soumcidé) qui, 200 m après, vire à gauche. À la fin du goudron, poursuivez sur un chemin herbeux.

Carrefour avec une nouvelle route (travaux en 2003) : traversez en face, à droite d'une vigne. Contournez une vigne dans un chemin en creux. Après la courbe vers la droite, continuez sur la gauche.
Point haut (178 m) : descendez à droite.

02,0 Sous une maison, montez la route à gauche. 300 m plus loin, à la bifurcation, prenez en face la voie sans issue vers Pennebert.

02,7 Dans un virage, à la hauteur d'un bâtiment agricole avec silos, empruntez à gauche un chemin blanc sur 200 m.
À la hauteur d'un hangar tôlé (élevage de canards), descendez légèrement à droite un chemin en creux entre les broussailles. Plus bas, contournez un champ par la droite, traversez un petit fossé avant de longer une haie sur sa droite.

1h00 04,2 Passerelle en bois sur le **Bergon** : remontez en face (haie à droite). En bout de champ, prenez un sentier plus humide encadré d'arbres.

05,0 Point haut à droite d'une ruine (Angoulin) : descendez en face (passages boueux en cas de pluie).
Traversez une petite route et continuez en face sur un chemin herbeux qui devient

Nogaro : le tympan

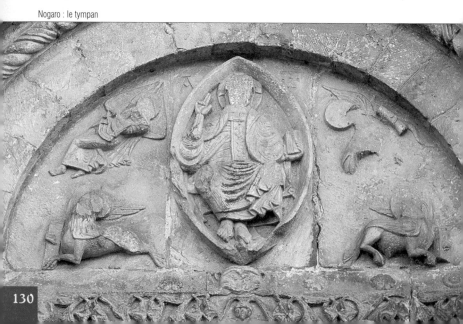

sentier. À découvert, contournez un champ par la droite ; près d'une vigne tournez à gauche.

05,6 Carrefour avec deux pins parasols : suivez la petite route à droite sur près d'un km. Laissez Labatut à droite et prenez à gauche un large passage entre les vignes. Descendez ensuite entre les broussailles. 10 m après la passerelle, prenez un chemin à gauche qui monte le long d'une haie.

Au carrefour de chemins, à 10 m d'une petite route, continuez en face. Autre carrefour sur un point haut : descendez à droite entre deux haies, puis le long d'une vigne et de nouveau entre des broussailles. Ensuite suivez un chemin empierré en face.

100 m après avoir laissé un accès à Martet, retrouvez le goudron que vous suivez en face. Plus loin laissez Barbé à gauche.

08,7 Carrefour avec la D 122 : suivez-la longuement à gauche.

Traversez la voie ferrée à l'entrée de Manciet.

2h45 **10,8 Manciet.** Carrefour : continuez à droite (station-service) et descendez la N 124. À la sortie, traversez le pont sur la Douze et laissez peu après à droite la direction de Panjas.

12,0 À la hauteur d'un garage automobile*, prenez à gauche direction Cravencères, par la D 153. Cette route vire vers la droite et double deux petits étangs.

Dans la petite ligne droite, quittez le goudron pour un chemin de terre à droite qui monte entre les champs.

13,4 Dépassez la ferme Belair et poursuivez sur un chemin herbeux. 300 m plus loin, utilisez une petite route à droite en laissant un peu plus loin l'accès à Belair sur votre droite. Laissez 400 m plus loin la chapelle de l'Hôpital à gauche.

3h40 **14,4** Carrefour avec la **D 522** que vous suivez à gauche vers Nogaro sur 600 m.

Au carrefour suivant, prenez à gauche le chemin en creux. Ensuite, après une maison à gauche (Pehour), ce chemin descend ; au carrefour suivant, le GR continue en face sur un chemin de terre.

15,9 Traversez le Midouzon à gué (en 2003 ; passerelle détruite par une inondation) et traversez le champ en face pour franchir une passerelle en bois. L'itinéraire continue à droite le long d'une haie pour contourner le champ. Plus loin, il traverse un autre fossé à droite pour monter vers un bosquet de chênes que l'on double sur sa gauche. En haut du bosquet, prenez un chemin en creux légèrement à droite.
Petite route que vous suivez à gauche sur plus de 150 m. Au point bas, prenez à droite un sentier qui se prolonge par un chemin herbeux. Celui-ci passe en bout de vigne, puis vous le quittez pour un sentier dans le bosquet. Il fait un coude vers la droite et revient sur le chemin.
Parvenu à une petite route, prenez-la à droite, traversez le pont sur le ruisseau de Saint-Aubin et passez ensuite un groupe de maison (Villeneuve).

17,6 Carrefour au point haut : continuez en face sur la voie sans issue (croix en pierre à droite et en fer à gauche). 100 m plus loin, à la fin du goudron, poursuivez par un chemin herbeux sur 150 m pour retrouver plus bas un chemin gravillonné, puis de nouveau le bitume.

18,0 Empruntez la D 522 à gauche. Après 600 m, traversez la voie ferrée. Au stop suivant, prenez à droite l'avenue Dianatte, en direction du gîte d'étape (si vous ne faites pas étape à Nogaro continuez tout droit).
À la hauteur de la quincaillerie, tournez à gauche rue des Sports sur une centaine de mètres.

4h50 **19,2 Nogaro.** Le gîte d'étape est à droite.

* Les cyclistes pourront continuer sur la D 522 pour retrouver le GR 65 1,6 km plus loin ; par temps de pluie, ils peuvent éviter la dernière partie en rejoignant Nogaro sur cette même D 522.

LUPERC, LE SAINT ÉLUZATE

En quittant Eauze, ayons une pensée pour son patron saint Luperc, ignoré du calendrier de la Poste mais qui fut, sans doute, le fondateur du christianisme éluzate, bien avant la destruction de la ville par les Normands.

LE PÈLERIN GASTRONOME EN ARMAGNAC

Le chemin traverse les trois régions productrices d'eau-de-vie d'Armagnac : Haut-Armagnac (Lectoure) ; Ténarèse au parfum de violette, tenant son nom de la voie romaine qui la traverse (Condom) ; et chaleureux Bas-Armagnac (Eauze) dont l'aire s'étend jusqu'aux Landes. Sa distillation commença au Moyen Âge avec l'importation des alambics de cuivre arabes. Un texte de 1441 attribue à l'*aygue ardént* (eau de feu) la guérison des "fistules, brûlures, maux de tête, apostumes, phlegmons, fièvre quarte, lèpre et paralysie". Nous nous contenterons d'une bonne digestion. Distillé à partir de onze cépages blancs entre 55 et 72 degrés d'alcool, il est ramené à 40-48 degrés, soit par coupage, soit, pour les meilleurs, par évaporation naturelle en fût de chêne ("la part des anges"). Deux dérivés en apéritif : le floc, moût de raisin coupé d'armagnac ; le pousse-rapière, cocktail de liqueur d'armagnac et de vin pétillant. Les palombes sont savoureuses flambées à l'armagnac.

MANCIET : RIVALITÉ D'HOSPITALIERS

À Manciet, une autre route rejoignait la voie du Puy : celle qui venait d'Auch par Vic-Fezensac. En 1224, le vicomte de Béarn Guilhem de Moncade donna aux Templiers et aux Hospitaliers ce lieu "où il y avait autrefois un beau château" et ils y bâtirent leur hospice. Mais, en 1235, l'ordre gascon de Saint-Jacques-de-la-Foi-et-de-la-Paix commença à restaurer le fortin primitif, d'où une querelle pendant plus de trente ans entre les deux ordres rivaux. Finalement, un troisième, l'ordre espagnol de Santiago (les chevaliers à l'épée rouge) les mis d'accord en occupant seul le terrain. L'hôpital Saint-Jacques se trouvait à l'emplacement actuel de la *Bonne Auberge*, avant la Douze, dont le franchissement par les pèlerins était exempt de péage. On voit des traces de commanderie plus au nord, à Malauret, près du moulin de Ricaut et de l'ancien hippodrome.

SAINTE CHRISTIE DE MALTE

À notre gauche dans les bois, l'église de l'Hôpital est une chapelle d'un gothique primitif. Bien que sise aujourd'hui dans la commune de Cravencère, on la dit "de l'hôpital de Sainte-Christie" (Sainte-Christie d'Armagnac, château du XVIIème, qui est de l'autre côté de la route).

Plus loin, au bord du chemin, la borne à la croix de Malte est l'unique survivante d'une bonne vingtaine qui délimitaient l'emprise directe de cet hospice. Il possédait, en outre, à trente kilomètres à la ronde, des dizaines de terres, de maisons et d'églises.

NOGARO, NÉE PARMI LES NOYERS

Plus connue de nos jours pour son circuit automobile, Nogaro tient son nom d'une plantation de noyers, Nogarolium : la première communauté y fut implantée en 1055 sur l'initiative de saint Austinde, archevêque d'Auch dont l'église au clocher tour de pierre blanche possède les reliques. Malgré les ravages de la soldatesque de Montgomery, elle garde un beau portail avec Christ en majesté, mandorle, symboles des évangélistes, de facture toulousaine, et en cul-de-lampe, une sirène tenant sa queue et un vieillard, plutôt espagnols.

La triple voûte en demi berceau fut reconstruite en briques en 1662, mais les colonnes aux arcs brisés conservent leurs chapiteaux romans : feuilles d'acanthe, centaures, musiciens, Daniel dans la fosse aux lions, Zachée dans l'arbre, Jésus dans la barque des pêcheurs.

UN NÉGOCE IMMÉMORIAL

Dès 1050, aux premiers jours de la sauveté de Nogaro, des marchands (*negociatores*) y acquittaient un péage (dont, fait rare, les pèlerins étaient exemptés à Manciet). C'est que la ville étant au carrefour des routes d'Auch et de Toulouse, de Bayonne et d'Eauze, on devait donc y trouver les produits de toutes les foires : sel de Salies-de-Béarn, harengs, saumons, esturgeons de l'Atlantique, drap, fer et fromage des Pyrénées, huile d'olive, figues, poivre, gingembre, ambre venus du sud, fût-ce au pas lent des bœufs, et les productions locales, vaisselle sans doute, huile de noix, blé, vin surtout…

La vigne, connue dès l'époque romaine si ce n'est avant, est fréquemment mentionnée dans la région. Au XIIIème siècle, les importations anglaises lui donneront un véritable essor. Mais déjà on voit par le cartulaire de Saint-Mont que sept tenanciers doivent chacun au monastère 30 bannes de vin de leur production et neuf autres 22 bannes. Or une banne devait valoir de 100 à 120 litres.

L'Adour baigne Aire

Nogaro

Aire-sur-l'Adour

UJOURD'HUI, l'influence des Landes se fait fortement ressentir : les pins apparaissent ici et là ; le Gers se veut Landais et la vigne se fait discrète. Les derniers soubresauts des collines viennent mourir dans la vallée de l'Adour. Celle-ci étale ses cultures céréalières sur les riches alluvions et l'étonnant plat des champs, conjugué à la rectitude des fossés, ne dessine qu'une courte parenthèse sur le chemin du Puy qui nous a plutôt habitué à parcourir un relief un peu plus tourmenté. La traversée de l'Adour sur le pont métallique évite Barcelonne-du-Gers et annonce le département des Landes. Au bout de la ligne droite, le portail d'Aire-sur-l'Adour vous donne accès au cœur du vieux centre rénové autour de la cathédrale Saint-Jean-Baptiste.

🌐 CARTES UTILES

- 🌐 IGN 63 Tarbes – Auch, au 1/100 000
- 🌐 1642 E Nogaro, au 1/25 000
- 🌐 1643 E Riscle, au 1/25 000
- 🌐 1643 O Aire-sur-l'Adour, au 1/25 000

🏃 RENSEIGNEMENTS PRATIQUES

❖ ARBLADE-LE-HAUT (32110
800 m hors GR, sur l'ancienne route d'Aire (voie romaine)

→ CH, TH et gîte L'Arbladoise, 15 pl., C.O., nuitée 15 €/pers., pdj 4 €, 1/2 pension 30 €/pers., coin cuisine, MLP, accès internet, accueil équestre, Mme Bloquet, 05 62 09 14 11

❖ LANNUX (32400) 6 km hors GR

→ Gîte de Talazac, 13 pl., C.O., 1/2 pension 30 €/pers., coin cuisine, ML, accueil équestre, acheminement, Braguets-Talazac, réservation, Mme Lépinay, 05 62 09 42 49

→ Gîte de Guiraute, 10 pl., C.O.,
1/2 pension 30 €/pers., coin cuisine, ML,
Guiraute, acheminement, Mme Gasking,
05 62 08 40 20

❖ AIRE-SUR-L'ADOUR (40800)

→ OT, hôtel de ville, 05 58 71 64 70

→ Tous commerces, services, cars SNCF

→ Café restaurant bio-végétarien Les Physalis
(repas de 10 à 14 € selon formule, réservation
pour le soir) et épicerie Luscrampo (rue du Mas),
Sandrine, 05 58 71 81 33

→ À voir : église Sainte-Quitterie (UNESCO),
cathédrale Saint-Jean-Baptiste abritant la fontaine
miraculeuse et le sarcophage de la sainte,
l'hôtel de ville, musée Lapidaire

→ 3 km avant Aire, 2 km hors GR : CH et TH
Ferme Crabot, 12 pl., C.O, nuitée 18 €/pers.,
pdj compris, repas 18 €, coin cuisine,
panier repas 6 €, accueil équestre, acheminement,
Crabot, quartier de Guillon, Mme Porte,
05 58 71 91 73, www.ferme-crabot.com

→ 1 km avant Aire : centre de loisirs, 63 pl.,
nuitée 9 €/pers., pdj 2,28 €, repas 10,15 €
(+ taxe séjour 0,33 € + adhésion 1,17 €),
coin cuisine, fermé du 01/07 au 15/08,
fermé du vendredi au dimanche et les jours fériés
(+ veilles) quartier de la Plaine, réservation,
M. Sauvaud, 05 58 71 61 63 ou 05 58 71 81 56

→ GE et H de la Paix, 21-30 pl., nuitée 22 €/pers.,
pdj 4,50 €, C.O. ; nuitée en dortoir 12,33 €/pers. :
en ch. 15,33 €/pers., pdj compris, coin cuisine,
ML, accès internet, 7 rue Carnot, Mme Laffont,
05 58 71 60 70, www.hoteldelapaix40.fr

→ Ch. chez habitant, Hospitalet Saint-Jacques,
14 pl., nuitée 12 €, pdj 3 €, aire de camping,
réservation, du 01/03 au 15/11,
21 rue Félix-Despagnet, 05 58 03 26 22,
www.saintjacques-hospitalet.fr

→ GE Maison des Pèlerin(e)s, 14 pl, pèlerins
uniquement, C.O., nuitée 12 €/pers., pdj 4 €,
coin cuisine, épicerie dépannage, MLP,
ouvert d'avril à fin oct., place du Commerce,
Jean-Michel, 05 58 71 68 07

→ Camping les Ombrages de l'Adour,
100 empl., tente 8,50 €/pers., C.O., (en caravane)
nuitée de 10 à 12 €/pers. (selon saison),
poss. location mobil home (nuitée de 40 à 50 €),
épicerie dépannage, MLP ouvert du 05/04
au 26/10, rue des Graviers, M. Lucas,
05 58 71 75 10, www.camping-adour-landes.com

→ CH Au Cap Blanc, de 30 à 40 €/p à 45
ou 55 €/2 p, pdj inclus, transfert depuis Aire ou
Barcelonne, à 4,5 km du GR, Corneillan (32400),
M. Mme Tiessen, 05 62 69 69 43 ou 06 76 22 19 21,
www.aucapblanc.com

Sainte-Quitterie, détail

00,0 Nogaro. À la sortie du gîte, prenez à droite la rue des Sports qui exécute une courbe vers la gauche. Tournez à droite au bout du stade ; à l'angle opposé, allez à droite. Ensuite, prenez en face la rue en sens interdit (chemin du Chêne-Liège). Suivez la D 147 à droite sur plus de cent mètres. Empruntez à gauche le chemin de Miran sur toute sa longueur (peu de balises).

02,1 Stop sur la D 143 : suivez-la à droite sur 700 m en traversant plus loin le quartier Labadie (panneau). Virez alors à gauche sur une petite route qui descend plus tard dans le bois.

03,8 Fin du goudron au pont sur la Jurane : continuez tout droit sur un chemin empierré qui monte d'abord avant de redescendre. Il fait un S et se poursuit en creux.

04,5 Petite route que vous empruntez à droite. À la bifurcation suivante, descendez à gauche, toujours sur le goudron. En bas, près d'un ruisseau, virez à gauche sur un chemin empierré à l'horizontale ; il passe devant un moulin en ruine.

1h30 06,1 Prenez la **N 124** à droite, franchissez deux ponts avant de laisser la D 6 sur votre droite.

06,9 Quittez la N 124 pour un chemin arboré à gauche. Après 600 m, il fait un coude à 90° à gauche et serpente dans un bois avant de repartir franchement vers la droite au Sud-Ouest. Restez sur le chemin principal.

08,7 Maison Labarbe : suivez le goudron sur 400 m.

2h15 09,1 Carrefour près de l'**église de Lanne-Soubiran.** Continuez à droite sur la D 152. Juste après avoir passé le panneau de Lanne-Soubiran, allez à gauche sur un chemin goudronné qui vire à droite et exécute ensuite une courbe vers la gauche. Au carrefour, prenez à gauche la petite route qui laisse un étang sur la gauche avant de monter après un virage à droite.

10,7 Abandonnez le goudron dans un virage pour un chemin terreux à droite. Après un coude vers la gauche, le chemin devient herbeux et entre un peu plus loin dans le bois. Il devient ensuite sentier qui navigue et descend raide et vire à gauche sur le bas. Près d'un champ, vous retrouvez une piste que vous prenez bien à droite (passage humide). Le chemin remonte ensuite en forêt et la traverse. Un chemin terreux continue entre les champs et exécute deux coudes.

12,3 Vous rencontrez une petite route que vous suivez sur la gauche une centaine de mètres avant de tourner à droite sur une autre petite route.

13,5 Carrefour après une antenne : tournez encore à gauche sur une route qui descend. Au carrefour en T (Saint-Orens), vous allez à gauche en laissant plus loin un chemin à droite. Poursuivez sur le gravier et, 50 m avant une maison récente (poteau électrique), prenez à droite un chemin herbeux en descente. En bas, à la bifurcation, remontez à droite entre les champs.

14,4 Sur le haut prenez à gauche (panneau vers Barcelone), puis passez près d'un chêne isolé et plus loin le long d'une haie d'arbres. Ensuite le chemin se poursuit en creux.

15,1 Au croisement de chemins à l'angle d'une vigne, virez à droite. Plus loin vous laissez une maison abandonnée à droite (Micoulas). En bout de vigne et à l'angle d'un bosquet de pins, empruntez le chemin herbeux de droite. Il ne tarde pas à rentrer dans le bois vers la gauche et devient terreux.

15,7 Suivez à gauche une petite route qui monte d'abord et descend ensuite. 300 m plus loin, au carrefour, suivez la D 169 à gauche sur plus de 100 m.

16,2 Quittez la D 169 pour un chemin à droite*, contre une ferme. Descendez un chemin herbeux en sous-bois qui traverse plus bas une zone marécageuse. Au carrefour en T, tournez à gauche où le chemin passe près d'un petit étang (présence de ragondins) et longe une clôture. Vous entrez dans le bois et passez une autre zone marécageuse. À la sortie, continuez tout droit en lisière.

4h30 **18,2** Ferme **Manet :** passez à sa droite. Vous tombez sur une petite route que vous suivez à gauche sur plus de 100 m. Tournez alors à droite sur une autre route que vous suivez longuement, sur 2 kilomètres environ.

20,4 Au stop avant la voie ferrée, tournez à droite sur un chemin agricole qui la longe. Après 1,5 km, continuez en face sur le goudron en laissant à droite un passage à niveau.

22,8 Avant la maison de l'ancien garde-barrière, tournez à gauche pour traverser la voie ferrée et suivez la route sur 300 m.

5h50 **23,2** Traversez la **D 935** pour suivre en face un chemin goudronné qui laisse la place à un chemin gravillonné puis herbeux qui vire vers la droite avant de tirer un trait droit le long d'un fossé. Vous laissez les chemins de droite et de gauche.
Au bout de 1,5 km, la piste fait un coude vers une ferme (Langlade). Après 40 m seulement, tournez à gauche et longez le fossé pour traverser en bout de champ une passerelle en béton.

25,0 Passez ensuite à droite d'un hangar (Laguillon) et suivez la piste gravillonnée sur la gauche. Après 400 m, continuez sur le goudron à droite pendant 700 m pour arriver sur un…

Un Aire de glycine

26,1 Carrefour près d'une ferme (Lacassagne) : tournez à gauche sur la route qui s'approche plus tard de l'Adour, longe un camping et un parking.

27,1 Au carrefour avec la D 107, prenez la à gauche pour traverser le pont sur l'Adour. Empruntez ensuite la D 22 à droite (attention voie rapide !) et, 300 m après, laissez une variante du GR 65 à gauche pour continuer tout droit (la D 22 devient D 39 en entrant dans le département des Landes).

Vous entrez dans Aire. Au cœur de la rue René-Mérican (D 39), prenez à gauche vers la piscine. Vous traversez le parking couvert de platanes. Passez les grilles de l'hôtel de ville (à droite) ; au début de la rue Henrie-Labeyrie tournez à droite dans la rue Gambetta et atteignez ainsi la petite place.

7h30 30,0 Aire-sur-l'Adour.
Cathédrale Saint-Jean-Baptiste.

* Les VTT continueront sur la D 169.

Aire-sur-l'Adour : Sainte-Quitterie

 PAR LA "GLEYSÈTE" DE LUPPÉ, CHEMIN FAISANT

- Hors GR, à Arblade-de-Haut, avant la Révolution Arblade-Comtal, l'hôpital jouxtait l'église. En 1699 encore, un pèlerin allemand y est mort au retour de Compostelle.
- Lanne-Soubiran ("la lande d'en haut") avait dans son église un pèlerin de Saint-Jacques en bois polychrome ; il a été transféré au musée de Flaran.
- Luppé était une étape importante ; à 250 mètres au sud de l'église se trouvait l'hôpital de Saint-Jacques, avec sa propre chapelle, la Gleysète, ou petite église, et son cimetière où étaient enterrés pèlerins et cagots. En 1336, un texte parle de l'hôpital neuf, car il fut probablement rebâti alors.

 DU BRÉVIAIRE D'ALARIC AU MARCHÉ AU MARCHÉ DES FOIES GRAS

Aire était la cité des Aturenses, peuple aquitain, et devint le *Vicus Julii* des Romains. La ville fut, au Vème siècle, capitale du royaume wisigoth d'Euric, puis d'Alaric II qui y promulgua, en 506, son Bréviaire, condensé du droit romain, un an avant d'être vaincu par Clovis. C'est durant cette période, en 476, que sainte Quitterie, princesse catholique d'Espagne, fille d'un roi Caius et fuyant son prétendant, aurait été décapitée par les ariens wisigoths à Aire. Sa tête y aurait

fait jaillir une source miraculeuse. Son culte était très répandu en Gascogne (on prononce Quitèri), où on lui faisait guérir maux de tête et folie. C'est aussi à Aire, mais en bas, dans la cité fortifiée bordant l'Adour, qu'un accord fut passé au XIIème siècle entre le roi d'Angleterre, Edouard Ier, et l'évêque Aturin, l'un accordant sa protection, l'autre une part de ses revenus.

Aire perdit son évêché à la Révolution, le retrouva de 1820 à 1833, puis Dax l'emporta définitivement. Mais personne ne conteste à Aire sa primauté dans le domaine des volailles et des foies gras. Le marché au gras, en fin d'année, est à voir.

 DANS AIRE L'ÉPISCOPALE

Dans la basse ville où résidaient les évêques, la cathédrale Saint-Jean-Baptiste, souvent remaniée et curieuse par son aspect hétéroclite, n'a conservé du XIIème siècle que trois tra-

vées et abside. La sévère façade du XIIIème, surélevée d'une tour à toit d'ardoise, a pour portail une simple voussure en arc brisé. La sacristie est une salle capitulaire XIVème, aux voûtes gothiques retombant sur des piliers centraux : facture toulousaine évoquant les palmiers des Jacobins. Autels et orgues du XVIIIème. Dans le prolongement de l'abside, vers le parc, l'orangerie de pierre (XVIIème) abrite des expositions temporaires.

L'hôtel de ville (depuis 1927) est l'ancien évêché : bâtiment du XVIIème siècle avec escalier de pierre et plafonds à caissons, tour ronde d'escalier du XVIème coiffée en poivrière. Au petit musée archéologique de l'hôtel de ville, pierres sculptées de coquilles Saint-Jacques.

La maison de l'officialité (XVIème ; 6, rue Labeyrie, fenêtres à meneaux) était la juridiction où siégeaient les jurats.

Le pont de pierre à cinq arches sur l'Adour est de 1852 ; la halle aux

Le porche de Sainte-Quitterie

grains octogonale avec de grandes arches de pierre de 1860. Le quai sud et les bords de l'Adour ont été aménagés en promenade ; le quai nord, vite gersois, est industriel (Centre national d'études spatiales et conserveries).

LE PORTAIL ROMAN DE SAINTE-QUITTERIE

Au bord du plateau sud, le Mas d'Aire domine la ville. Le "château" (époque Napoléon III, privé) est peut-être à l'emplacement du palais d'Alaric. L'église Sainte-Quitterie, elle, jouxtait au XIIème siècle le monastère bénédictin. De l'extérieur, c'est un édifice gothique, avec tour carrée et clocher porche abritant le portail sculpté. Beau gothique d'ailleurs : Christ bénissant sur le tympan, entre saint Jean et la Vierge ; au-dessus les anges, les apôtres et les prophètes ; au-dessous, sur deux bandeaux, le paradis perdu en cinq épisodes, puis les damnés dans la marmite du purgatoire et la gueule de l'enfer. À l'intérieur, nef ogivale et autel baroque (1770) des frères Mazetti, Italiens de Gascogne. Mais l'abside est romane, avec des arcatures aveugles très ornées et tout un bestiaire sur les chapiteaux. Romane aussi en dessous la crypte en cul-de-four.

LE BLANC SARCOPHAGE DE LA SAINTE

Il faut voir dans la crypte le tombeau de sainte Quitterie. C'est un sarcophage paléochrétien en marbre blanc, du IIIème ou du IVème siècle et de facture régionale (marbre de Saint-Béat : il pourrait donc venir de Saint-Bertrand-de-Comminges). Y sont sculptés en ronde bosse Adam et Ève, le baptême de Jésus, le Bon Pasteur, Daniel et les lions, Lazare et, sur les côtés, le songe et le naufrage de Jonas. Une dalle ornée de lauriers provient d'un temple romain du dieu Mars antérieur.

L'église de Pimbo

Aire-sur-l'Adour
Arzacq-Arraziguet

ETTE LONGUE ÉTAPE consacre à peine une journée au département des Landes où l'agriculture céréalière se consacre fortement à la culture du maïs. Par bonheur, le vagabondage du GR se joue souvent de cette monoculture pour s'insérer à travers des paysages plus variés.

En cours de journée, il vous sera agréable d'atteindre Miramont-Sensacq, de visiter l'église romane de Sensacq, et surtout Pimbo que le nouveau tracé du GR traverse. Ce village est remarquable, notamment grâce à la vieille collégiale Saint-Barthélemy. Toute proche, l'entrée dans les Pyrénées-Atlantiques se fait après le franchissement du pont sur le ruisseau de Gabas. Arzacq-

Arraziguet sera votre première étape dans ce grand département qui reçoit tous les chemins vers Compostelle.

On ne saurait mieux dire

Maison traditionnelle après Sensacq

✤ CARTES UTILES

- ⊕ IGN 62 Bayonne – Mont-de-Marsan, au 1/100 000
- ⊕ 1643 O Aire-sur-l'Adour, au 1/25 000
- ⊕ 1543 E Geaune, au 1/25 000
- ⊕ 1544 E Arzacq-Arraziguet, au 1/25 000

❀❀ RENSEIGNEMENTS PRATIQUES

✤ MIRAMONT-SENSACQ (40320)
300 m hors GR

→ HR, boulangeries, avec petite épicerie
(fermées le dimanche après-midi et le lundi)

→ GE communal du Pèlerin, 20 pl.,
nuitée 8 €/pers., coin cuisine
(faire ses courses à Aire), de nov. à fév.,
réservation Mme Dumartin, 05 58 79 91 23
(mairie) et de mai à septembre tél. aux hospitaliers
au 05 58 79 94 06

✤ ARZACQ-ARRAZIGUET (64410)

→ OT du Pays de Soubestre, pl. de la République,
05 59 04 59 24, www.communautecommunes-arzacq.fr

→ Commerces, services

→ À voir : la tour de Peich, la statue
d'une Vierge à l'enfant et Christ en croix
(dans l'église), le musée du Jambon de Bayonne

→ GE Centre d'accueil communal, 77 pl.
(35 pl. pour pèlerins), nuitée 9,50 €/pers.,
pdj 3 €, repas 10 €, 1/2 pension 20,50 €/pers.,
coin cuisine, panier repas 7,20 €,
accueil équestre, réservation souhaitée,
05 59 04 41 41, www.arzacq.com

→ 1 km hors GR : CH Chez Suzy,
nuitée 28 €/pers., 35 €/2 pers., pdj compris,
repas 11 € (sur réservation), MLP,
accueil équestre, chemin de Saubole,
réservation, Mme Langlois, 05 59 04 55 16

→ Ch. chez l'habitant, 2 pl., nuitée 45 €/1-2 p,
pdj compris, coin cuisine, MLP, transfert
vers Arzacq, chemin de Mariné à Vignes,
M. Mme De Poorter, 06 33 41 79 55

Le lavoir d'Arzacq-Arraziguet

00,0 Aire. Dos au porche de la cathédrale, empruntez à gauche la rue Gambetta, puis à droite la rue Henri-Labeyrie, en sens interdit. Passez le pont sur le canal et remontez en face la N 134 sur 200 m.
Prenez à gauche une rue montante (rue du Mas, en haut), assez raide. Elle passe devant l'église Sainte-Quitterie-du-Mas. Poursuivez par la rue du Mas.

01,0 Prenez à gauche la rue du Château-d'Eau. Au carrefour après le stade, continuez tout droit et 200 m plus loin utilisez la N 134 à gauche. Au rond-point (cote 152 m), prenez à droite l'avenue Nelson-Mandela.

02,0 Prenez à gauche la rue Georges-Fraisse. Au carrefour, 200 m après, poursuivez à gauche et laissez la rue du Lyonnais. Au bout de la rue du Jardinet, tournez à droite. Prenez en face la voie sans issue qui descend.

03,3 Petit parking de l'étang de Brousseau : continuez à gauche sur un chemin herbeux fermé à la circulation. Au carrefour à plusieurs branches, prenez à gauche celle qui monte raide au départ.

04,3 Après une barrière en bois, suivez une petite route à droite. En bas, franchissez le pont sur le ruisseau de Brousseau qui alimente le lac. Dans la montée, prenez à droite un chemin gravillonné avant un bosquet que l'on contourne ensuite.

1h20 05,6 Bégorre. Au coude d'une route à la hauteur d'un poteau électrique et d'une ferme, continuez en face sur le goudron sur environ 500 m. Au carrefour suivant, prenez à gauche et, 20 m après, laissez un chemin à droite pour suivre la route à gauche.

07,1 Dans un virage, prenez la piste gravillonnée à droite vers l'ouest sur 300 m avant de poursuivre sur une autre piste rectiligne qui passe à gauche d'un bosquet de pins et longe une haie plantée.
Au point bas, elle passe entre deux haies, remonte et passe sous une ligne électrique.

09,2 Après une plantation de pins, empruntez la D 62 à droite sur une centaine de mètres avant de reprendre une piste à gauche. Celle-ci passe entre une peupleraie et une plantation de pins. Un kilomètre plus loin, elle fait un coude à gauche.

10,5 Carrefour de pistes : allez à droite. 700 m plus loin, l'itinéraire fait un coude à gauche et après un autre à droite.
Bifurcation : continuez en face sur 200 m.

3h00 12,0 Latrille. Utilisez la petite route tout droit si vous ne souhaitez pas visiter le village à gauche (variante).

12,3 Stop sur la D 375 que vous traversez pour aller en face en direction de Saint-Pé. Bifurcation où vous poursuivez à droite. Au carrefour après le bosquet, continuez à gauche (altitude 185 m), puis laissez une petite route à droite (accès à Matot).

14,3 Calvaire dont il manque une branche ; après une ferme, tournez à droite sur une allée goudronnée. À la fin du goudron, poursuivez tout droit sur un chemin herbeux. Il navigue entre les prairies, puis se rétrécit et se creuse. Il traverse un bosquet et descend (passage humide).

15,5 Carrefour de chemins : poursuivez à droite et 130 m plus loin traversez la passerelle sur le ruisseau Bahus.
Plus haut, à la hauteur d'une maison, vous suivez le goudron en face sur 300 m.
Au carrefour, traversez en diagonale pour emprunter un chemin gravillonné qui vire à droite plus loin.

17,1 Traversez la D 11 et montez en face. 300 m plus loin, à un carrefour après un groupe de maisons, allez à gauche et entrez dans Miramont. À la bifurcation, prenez à droite et passez à droite du cimetière.

4h30 17,9 Miramont-Sensacq. Église. Descendez au stop où vous continuez tout droit. En face de l'*Eden Pack*, descendez à gauche, puis virez à droite.
Stop sur la D 314 : suivez longuement cette route à gauche sur plus de 2 km.

20,2 Après une vigne, au carrefour flanqué d'une bouche d'incendie, tournez à droite (Sud-Ouest). 500 m plus haut, après une borne "Michelin-Saint-Jacques", la route vire à droite (Nord-Ouest). À la hauteur de la ferme Pérou elle vire à gauche (Ouest).

5h20 21,4 Traversez la ferme de **Lamagnaques** (cote 201 m) et descendez un chemin herbeux et terreux, tout droit.
Au point bas empruntez la passerelle en bois et poursuivez sur un chemin terreux dans un bosquet.
À la sortie du bois, suivez un chemin gravillonné à droite ; 200 m plus loin, descendez à droite et traversez un pont plus bas.

22,9 Carrefour en T : prenez à droite en direction de l'église de Sensacq que vous laissez à droite dans un virage pour continuer sur la route. 100 m après, virez à droite en laissant le chemin en face.

23,8 Quittez le goudron pour un chemin gravillonné qui monte à gauche. Au bout de 500 m vous retrouvez le goudron que vous suivez tout droit.

6h20 25,1 Carrefour en T avec la **D 111*** que l'on suit à droite sur environ 150 m pour prendre un chemin terreux à gauche, dans un bosquet de chênes. Virez une fois à gauche, puis à droite pour descendre sur un sentier en lisière. Plus bas, il se poursuit en creux sous la végétation. Entre deux haies d'arbres, il descend plus sérieusement, puis passe sur une passerelle en bois pour franchir des passages marécageux .

26,4 Croisement de chemins avec barrières : continuez en face sur un chemin herbeux qui se transforme en sentier en descendant.
Point bas et croisement de chemins : allez à droite (à 50 m à gauche, fontaine de la Houngrosse et lavoir, panneau). Le chemin est raide sous le village. En haut, suivez le goudron.

6h50 27,1 Pimbo. Descendez la D 111 à droite de l'église sur 260 m. À la bifurcation avec une croix et des conteneurs, suivez à droite la route qui descend. 300 m après, virez à droite sur une petite route raide (panneau 3,5 T).
Au croisement après deux petits ponts, allez à droite.

28,5 Pont. Vous entrez dans le département des Pyrénées-Atlantiques.

Croisement : laissez le chemin de Plaa pour celui de Lassalle, en face.

29,2 Croisement : continuez en face sur la côte de Lassalle. Au carrefour après le château, prenez à droite la D 32 sur une vingtaine de mètres pour aller ensuite à gauche, toujours sur le chemin de Lassalle. Laissez à droite le chemin de Bourda et continuez à gauche sur la route qui effectue plusieurs virages.

31,5 T avec la D 32 : suivez la à droite.

Quand vous rencontrez la D 946, vous la suivez en face.
Prenez à droite la côte de Camot.

32,2 Croisement avec la D 944 : poursuivez à gauche. Plus loin, au carrefour giratoire, poursuivez en face.

8h15 32,7 Arzacq-Arraziguet.
Carrefour avec le Crédit Agricole en face.

* Les VTT iront à gauche jusqu'à l'entrée de Pimbo.

🐚 L'ÉGLISE ROMANE DE SENSACQ

Rattaché en 1844 à l'ancienne bastide anglaise de Miramont, le hameau de Sensacq fut jadis une baronnie dont le château conserve des ouvertures du XVIIème siècle. L'église de Sensacq (XIème) est romane. Autrefois placée sous l'invocation de saint Jacques, elle possède des fonts baptismaux par immersion. Sa situation isolée en rase campagne étonne. Est-elle le vestige d'un ensemble plus vaste ? Probablement. Son patronage le laisse supposer mais aussi les marques de tâcherons du chevet : ces signatures de tailleurs de pierre sont les mêmes qu'à Aire. Pas de traces de voûte, mais une charpente en carène de bateau qui l'imitait, récemment mise au jour par les Monuments historiques : du faux qui vaut du vrai !

🐚 PIMBO, BASTIDE ANGLAISE DE 1268

Curieusement, Pimbo, ou Pimbou, veut dire en gascon le thym. Et pour les voisins béarnais "à Pimbo" équivaut à "au diable vauvert". Sa collégiale aurait été fondée en 778 par Charlemagne. Ce qui est certain, c'est qu'il y eut très tôt des bénédictins dans ce village surplombant la vallée du Gabas. Quand y fut édifiée, en 1268, la plus vieille bastide des Landes, ce fut par paréage entre l'abbé

du lieu, Arnaud de Sanguinet, et le sénéchal de Gascogne Thomas d'Yppegrave, représentant le roi d'Angleterre. Il y eut alors trois églises, Sainte-Marie-Madeleine, Notre-Dame et Saint-Barthélemy, collégiale qui seule demeure. On voit, en face, une maison à colombages, garnie de pierre et de torchis et, à l'extrémité ouest du village, une enceinte de 20 mètres de diamètre, talus d'une ancienne fortification.

🐚 LES MYSTÉRIEUX DISQUES DU PORTAIL DE PIMBO

L'église de Pimbo garde intact le chevet du XIIème siècle : abside et deux absidioles en pierre bien appareillée et d'un bel élan, fenêtres romanes entre les contreforts et modillons sculptés. L'intérieur, en berceau, a davantage souffert, tant des protestants au XVIème siècle que des travaux de fortification au XIVème, et du remplacement des pierres érodées par un décor de stuc depuis. On peut y voir (si l'église est ouverte) un crucifix de bois du XVIIème siècle et deux statues de saint Marc et saint Barthélemy. Sinon, on se contentera du portail sculpté fin XIIème. Il s'ouvre en avancée avec un petit toit, sur un puissant mur pignon ajouré de deux arcades portant deux cloches, et coiffé du chemin de ronde. Une décoration naïve et faussement

primitive juxtapose des disques d'allure celtique, des pommes de pins, et des personnages assis et parfois enlacés.

🐚 PAR BOUCOUE, CHEMIN FAISANT

- Entre Pimbo et Boucoue, hameau de Poursuigues, à la ferme restaurée Loustaou, une fontaine d'eau potable au bord de notre route porte des coquilles Saint-Jacques et, sur un carrelage, l'inscription "Les Chemins du Roy – Saint-Jacques-de-Compostelle 924 km".
- Également en bord de route, que le GR quitte 100 mètres avant pour une boucle champêtre, l'humble église rurale de Boucoue a un clocher mur et un petit portail gothique en accolade, modèle tardif que l'on retrouve souvent en Béarn. À l'intérieur, carrelage de céramique locale, vieux bénitier et tabernacle.

🐚 LE "PETIT DIOCÈSE DE LESCAR EN FRANCE"

Nous sommes, entre Pimbo et Boucoue, passés des Landes aux Pyrénées-Atlantiques. Mais pas pour autant dans le Béarn d'il y a deux cents ans : cette mini-région correspondant en gros au canton d'Arzacq était une mosaïque de seigneuries, la vicomté de Louvigny étant la plus importante, qui relevaient de l'évêché béarnais de Lescar, mais non du vicomte de Béarn. Aussi, l'appelait-on "le petit diocèse de Lescar en France". C'est la raison pour laquelle, en 1620, venant imposer au parlement de Pau l'enregistrement de ses ordonnances, rattacher le Béarn à la France et y rétablir la religion catholique, le roi Louis XIII choisit ostensiblement de passer la nuit précédente à Arzacq, où il était sur ses terres.

De la même manière, nous trouverons après le Gabas deux autres rivières nommées l'une le Luy de France et l'autre le Luy de Béarn, car elles encadrent la colline qui fut une crête frontière.

TROIS COQUILLES D'OR SUR L'ÉCU D'ARZACQ

Deux signes du passage des *sén-jacquets* à Arzacq-Arraziguet : un vitrail de saint Jacques dans l'église, et trois coquilles d'or dans le chef d'azur des armoiries communales qui sont pour le reste "de gueule au lévrier courant d'or, surmonté d'un croissant".

La terminaison en *acq* suggère à l'origine la possible villa du Gallo-Romain Aricius. Au XIème siècle, un château y fut bâti puis un "village neuf" aux rues perpendiculaires. Elle devint aux siècles suivants une véritable bastide anglaise face au Béarn et garde une place centrale à arcades et couverts.

L'église d'alors était au milieu du cimetière. Celle d'aujourd'hui abrite une très belle Vierge du XVIème siècle ; taillée dans un bloc de bois de tilleul, assise sur une cathèdre, tenant l'Enfant nu, cependant que des anges tendent derrière elle un drap fleurdelysé.

Le nom complémentaire d'Arraziguet était celui d'un petit hameau. Voir encore à Arzacq la tour du Peich, nommée aussi de Louis XIII et, si on a le temps, au bas de la côte de la route de Morlanne, un lavoir couvert en forme de fer à cheval.

Pin parasol près de Fichous-Rioumayou

Arzacq-Arraziguet
Arthez-de-Béarn

A QUALITÉ du trajet réside surtout dans le bonheur de marcher sur de beaux chemins en balcon entre la vallée du Luy et les gaves du Béarn.

Un Béarn bucolique, modelé en collines pastorales d'où pointe parfois le clocher d'une église. Sans difficulté, le chemin est quand même long avec une trentaine de kilomètres rythmés par la traversée de nombreux villages. À la croisée des chemins, l'église isolée de Saint-Caubin (XIIème siècle), admirablement restaurée, annonce la proximité d'Arthez-de-Béarn. Cette dernière, petite ville-rue, s'étire tout en long sur une crête d'où la vue se porte sur les Pyrénées, de plus en plus proches.

🌐 CARTES UTILES

- 🌐 IGN 69 Pau – Bayonne, au 1/100 000
- 🌐 1544 E Arzacq-Arraziguet, au 1/25 000
- 🌐 1544 O Arthez-de-Béarn, au 1/25 000

👫 RENSEIGNEMENTS PRATIQUES
✤ MORLANNE (64370) 4 km hors GR

→ À voir : château et église fortifiée

→ CH, 5 pl., nuitée 36 €/pers., 42 €/2 pers., pdj compris, coin cuisine, ML, acheminement, Mme Geyre, 05 59 81 60 38

→ CH Maison Navarron, 7 pl., C.O., nuitée 35 €/pers., 45 €/2 pers., pdj compris, repas pèlerin à la ferme auberge, ML, accueil équestre, acheminement, place de l'Église, M. Cousin, 05 59 81 47 98

✤ POMPS (64370)

→ Épicerie

→ GE communal, jusqu'à 20 pl., nuitée 8 €/pers., coin cuisine, accueil équestre, M. Sainte-Cluque (épicerie), 05 59 81 65 12

→ 1 km après Pomps : GE La Posada, 6 pl., 1/2 pension 31/pers., coin cuisine, MLP, ouvert de mi-avril à mi-oct., réservation obligatoire la veille, accueil à partir de 15h, rue Dou-Pébé, Mme Devillebichot, 05 59 81 47 30, http://laposada.free.fr

✥ CASTEIDE-CANDAU (64370)
à 4km hors GR

→ CH & TH, et Gîte Domaine de Compostelle,
19 pl., C.O., gîte : nuitée 13 ?/pers. ;
CH : 46 à 59 €/pers. (selon la chambre), pdj 4 €,
repas 16 €, 1/2 pension 33 ?/pers., coin cuisine,
panier repas 4 ?, MLP, ouvert d'avril à nov.,
acheminement, réservation, maison Lacrouts,
Mme Drucbert, 05 59 81 43 48,
http://gite.compostelle.free.fr

✥ HAGETAUBIN (64370) 7 km hors GR

→ CH et gîte Costedoat, 15 pl.,
nuitée 30 €/2 pers., pdj compris,
1/2 pension 24 €/pers., coin cuisine, ML,
acheminement, M. Costedoat, 05 59 67 51 18

✥ CASTILLON-D'ARTHEZ (64370)

→ 900 m hors GR : ch. chez l'habitant (accueil
suivant disponibilité), C.O., nuitée 20 €/pers.,
pdj compris, repas 12 à 15 €, ouvert d'avril à sept.,
Mme Prat-Bardiau, réservation, 05 59 67 77 20

✥ ARTHEZ-DE-BÉARN(64370)

→ Tous commerces (épicerie fermée le dimanche,
boulangerie fermée le lundi), services

→ À voir : le clocher-tour du XIIe siècle
(ancienne commanderie des chevaliers
de Saint-Jean-de-Jérusalem)

→ GE La Maison des Pèlerins, 15 pl.,
nuitée 12 €/pers., pdj 4 €, coin cuisine, MLP,
accueil équestre, ouvert du 01/03 au 31/10,
la Carrère, mairie, 05 59 67 70 52

→ GE, 8 pl., C.O., nuitée 10 €/pers., pdj 4 €,
repas 8,50 €, coin cuisine, ML, accueil équestre,
vélo mis à disposition (pour balades),
à la boulangerie, M. Broussé, 05 59 67 74 46

Le Chemin passe bien là...

00,0 Arzacq. Face au Crédit Agricole, prenez à droite le chemin de Compostelle (panneau). Au carrefour de chemins, descendez à gauche en passant à droite de la maison. Plus bas, au croisement en T, prenez le chemin gravillonné à gauche qui longe l'étang sur 500 m.

Virez à droite sur un chemin herbeux qui passe au bout du lac marqué par une barrière en bois (la D 32 se trouve au-dessus à gauche). Le chemin suit la rive Sud du lac.

01,5 Prenez un chemin à gauche qui monte assez fortement dans la forêt vers Louvigny. Plus haut, ce chemin s'élargit et se poursuit à découvert.

02,1 Rencontre avec une petite route que vous suivez à droite (cote 238 m). À la bifurcation en Y marquée d'une croix blanche, continuez en face. À la suivante, laissez à droite le chemin de Laulhe pour descendre en face (panneau 12 T).

Après le goudron poursuivez sur un chemin gravillonné.

03,7 À la maison Cabirou, poursuivez en face sur le chemin qui devient terreux.

1h00 04,1 Passez le pont sur le **Luy de France** (chemin du Moulin), puis un autre au niveau de l'ancien moulin. Suivez sur la gauche une petite route qui rencontre la D 270. Allez en face et assez rapidement tournez à gauche sur le chemin de Fichous où vous passez devant l'église.

05,1 À la hauteur d'un poteau électrique, quittez le goudron pour un chemin herbeux à droite qui monte sérieusement et longe un bout de champ. Au-delà, il devient empierré et en creux. Ensuite il redevient herbeux.

(Pour les vététistes, il vaut mieux continuer et retrouver le carrefour de Moundy.)

Lou Castet : vous arrivez sur le goudron à suivre tout droit. Au carrefour en Y, 200 m plus loin, descendez à gauche.

1h30 06,0 Carrefour multiple (cote 146 m) de **Moundy :** prenez à gauche (Sud-Est) le chemin de Pédebignes (marqué voie sans issue). 300 m plus tard, à la bifur-

cation en Y, prenez à droite la route qui monte. Le chemin devient ensuite gravillonné et passe près d'une grange sur le haut.

07,2 Laissez un chemin herbeux qui descend en face pour continuer sur la piste qui tourne sur la gauche (borne de Saint-Jacques). En balcon, la vue est remarquable.

Laissez un embranchement à gauche qui vient de la chapelle de Beyrie (panneau "Sentiers d'Emilie").

Au carrefour suivant, allez toujours en face. Sur le haut, le chemin à découvert devient herbeux et navigue entre deux clôture sur la crête.

08,8 Rencontre en T avec un chemin gravillonné (cote 236 m) que vous empruntez à droite sur 50 m pour descendre à droite (Ouest) en écharpe sur un chemin herbeux. Il passe un petit ruisseau et remonte en face avant de virer sur la droite. Plus haut, il rencontre une autre piste que vous remontez (assez raide) à gauche (panneau). Vous suivez ensuite le chemin gravillonné qui devient goudronné au niveau de la première maison.

2h30 10,0 Fichous-Riumayou. Carrefour près de l'église : prenez à gauche sur 200 m, puis tournez à droite, route de Larreule. Laissez à gauche la route de Lesquibe et descendez en face.

12,6 Vous passez le panneau de Larreule (joli lavoir à gauche un peu plus loin). Laissez ensuite le chemin de l'église.

3h15 12,9 Larreule. Stop avec la D 262 (cote 123 m). Continuez en face, route de Mazerolles. 400 m plus loin, laissez venir une petite route sur votre gauche et continuez tout droit. Après un pont, la route exécute un virage sur la gauche.

Une station de pompage et un transformateur EDF précèdent le pont sur le Luy de Béarn que vous traversez. 200 m plus loin, prenez à droite (Nord-Ouest) la petite route d'Uzan. Passez une ferme.

14,5 Carrefour : tournez à droite. Laissez

à gauche un chemin gravillonné dans un virage. Après une grande ferme (Largounès), la route descend.

Au point bas (108 m), passez un pont sur le ruisseau d'Uzan avant d'atteindre l'église, 400 m plus loin. Au carrefour tout proche, continuez à droite et à celui avec une cabine téléphonique, allez encore à droite. 100 m après, prenez la direction de Géus à gauche.

4h20 **17,2 Uzan.** À la bifurcation avec une croix, partez à gauche et ensuite (moins de 200 m) empruntez à droite une autre petite route vers Géus (panneau de Saint-Jacques). Elle fait un coude à 90° à gauche et descend plus tard sous les arbres. Laissez deux accès à des maisons à gauche avant de traverser.

18,7 Pont sur l'Ayguelongue : la route remonte et fait un coude.

19,0 Géus-d'Arzacq, carrefour : allez à droite vers l'église et traversez une partie du village. Au carrefour avec une croix, prenez à gauche le Cami de Compostelle et passez devant la mairie. Après la sortie du village, laissez à gauche la route de Bordenave pour aller tout droit.

19,8 Au croisement avec une croix blanche, allez en face deux fois pour suivre un chemin gravillonné. Quittez-le quand il vire à droite pour aller tout droit sur un chemin herbeux bordé d'arbres. Plus loin, il passe en bordure de champ.

5h15 **21,0 Pomps.** Carrefour en T avec une route que vous suivez à gauche : laissez la direction de Morlanne à droite. Cent mètres plus loin, tournez à droite ; au carrefour avec une grande croix, allez à gauche et laissez de suite après une route à droite.

21,7 Après un pont sur un affluent du Luy de Béarn, tournez à gauche sur une petite route (ancienne scierie à droite). Carrefour en T : allez à droite sur une petite route pendant 700 m.

23,0 Stop sur la D 945 : allez en face, en direction de Doazon. Après la maison, pre-

L'église de Fichous-Rioumayou

nez à droite un chemin herbeux qui se prolonge par un sentier gravillonné. Celui-ci devient en terre sous les arbres. Il débouche sur un chemin herbeux que vous suivez à droite sur 50 m.

24,0 D 269 : suivez le goudron sur la gauche et traversez de suite le pont sur le Lech. Plus loin, dans un virage, laissez une route à droite et poursuivez toujours sur la D 269. Laissez une autre route à droite pour passer tout droit le panneau d'entrée à Castillon. Ignorez encore une route à droite.

6h30 **25,6 Castillon.** Église et carrefour avec une croix : poursuivez sur la D 269 qui vire vers la gauche. Au stop (cote 203 m), 250 m après, prenez une petite route en face (à droite d'une croix). Traversez la ferme de la Coume et descendez un chemin creux en terre.

26,6 Reprenez en face la D 269, puis passez deux ponts sur l'Aubin (cote 138 m).

27,6 Quittez la D 269 dans la montée

(vous pouvez continuer sur la D 269 pour atteindre le centre d'Arthez plus rapidement si vous êtes fatigué en cette fin d'étape : raccourci d'un km) pour une petite route à gauche en direction de l'église de Caubin. Elle monte sur 600 m.

28,5 Carrefour avec la D 233 que vous suivez à droite (Nord-Nord-Ouest). À 100 m se trouve la vielle église de Caubin. Après l'église, poursuivez désormais sur la D 233 qui entre longuement dans Arthez-de-Béarn. Traversez la D 269 et 800 m plus loin la D 31 pour aller en face dans la rue La Carrère.

7h45 31,0 Arthez-de-Béarn. Église.

LOUVIGNY, VICOMTÉ AU CHÂTEAU ABOLI

Louvigny fut le siège d'une petite vicomté qui résista à l'attraction béarnaise en s'alliant aux Anglais. Aussi, son château fut-il démantelé en 1453 quand Gaston IV de Foix-Béarn, optant pour le camp français, conquit dans une campagne éclair les places fortes du bassin de l'Adour. Reconstruit six ans après, le château devait être rasé sur l'ordre de Richelieu. Il n'en reste que le souvenir dans le nom du hameau Lou Castet.

LA "RÈGLE" DE LARREULE

La *réûle* en gascon, c'est la règle : le mot suggère un monastère bénédictin. Il y a un autre Larreule près de Maubourguet, sur le chemin d'Arles, et aussi La Réole en Gironde.
Sur la pente du coteau, l'église de Larreule est le vestige d'une abbaye fondée en 995 dans la dépendance de Saint-Sever, sous la protection des deux vicomtes de Béarn et de Louvigny. Longtemps étape du chemin de Saint-Jacques, elle fut ravagée en 1569, puis détruite à la Révolution. Dans une curieuse église paroissiale en forme de L, il n'en demeure que le transept et le chœur, notamment une absidiole en cul-de-four du XIIème siècle. Deux statues : un Christ de belle anatomie, un saint Loup tenant le Livre… et qui guérit les ulcères. Au pied de l'église, le village entouré de douves garde la marque de la bastide qu'il devint à la fin du XIIIème siècle.

LE ROI D'ANGLETERRE À SAINTE-QUITTERIE D'UZAN

Uzan a une jolie église rurale et une vieille fontaine, toutes deux consacrées à sainte Quitterie. Le roi Edouard Ier et la reine Aliénor d'Angleterre, ducs d'Aquitaine, y firent étape le 21 mars 1289, au retour de deux années de visites en Béarn. Le vicomte Gaston VII s'était entremis, à la demande du pape pour organiser, près du Somport (sur le chemin d'Arles), les rencontres d'Edouard Ier avec le roi Alphonse III d'Aragon. Les enjeux étaient un mariage qui ne se fit pas et la libération du prince de Salerne, captif dans la guerre des deux Siciles.

À TRAVERS LE SAUBESTRE, CHEMIN FAISANT

- Cette étape se déroule entièrement en Saubestre (ou Souvestre), petite région de fortes collines dont Arthez est le chef-lieu. C'était l'une des trois contrées composant le pays des Venarni (Béarnais) lors de la romanisation : *Vicus Vetulus* (Vic-Bilh, "vieux pays"), riche en villas romaines et par où vient le chemin d'Arles ; plaine et plateau de *Beneharnum* (Lescar, la capitale) ; et le *Pagus Sylvestrensis* (Saubestre, "pays boisé", encore sauvage).
- Castillon doit son nom de château à une forteresse préhistorique en haut de colline, le camp dit romain, mais où furent trouvées des haches de bronze. Église archaïque à chevet semi-circulaire et manoir Renaissance.

L'HÔPITAL DE CAUBIN, COMMANDERIE DE MALTE

La chapelle de Caubin dresse au bord du chemin, comme une étrave de navire, son chevet semi-circulaire, avec mur fronton en vigie et son toit plat comme une passerelle. Il y eut d'abord une toiture pentue comme partout dans la région, mais, après les guerres de Religion, le grand prieur de Saint-Gilles prit la restauration en main à la mode provençale. Car, dès sa fondation en 1154, l'hôpital de Caubin avait été donné à l'ordre de Malte dont il fut une commanderie très prospère. En 1569, elle comptait encore un prieur et sept frères quand le sinistre Montgomery les fit périr pour leur fidélité au pape. Ensuite exproprié, l'ordre récupéra Caubin en 1592 pour le perdre à la Révolution. Il n'en restait qu'une chapelle en ruine quand les Amis de Caubin (siège à la mairie d'Arthez) entreprirent, en 1966, une restauration exemplaire, accompagnée d'un festival de guitare et d'autres animations.

UN CHEVALIER DE PIERRE DORT DANS L'ENFEU GOTHIQUE

Les murs de Caubin sont d'un bel appareillage de pierre blanche de Castillon sauf, au sud, où on utilisa le grès car, du côté des bâtiments, on les voyait moins. En haut du clocher mur, un toit à quatre pentes remplace depuis trois cents ans les arcades primitives. La porte est un arc brisé très simple, sculpté d'un visage fruste. Les carrelages de céramique sont, en partie, d'origine. Mais il faut voir surtout, à droite de la nef, le gisant dans son enfeu flamboyant.

C'est un chevalier revêtu de la cotte de mailles, l'épée au côté, les pieds sur un lion, les jambes malheureusement brisées dans un transport au siècle dernier. Il semble s'agir d'Arnaud-Guilhem d'Andoins, mort au combat en 1301. La dernière héritière de cette baronnie sera Diane d'Andoins, dite Corisande, amie et inspiratrice dans sa marche vers le trône d'Henri de Navarre, bientôt Henri IV.

ARTHEZ-DE-BÉARN, CITÉ DES SOUVENIRS

Après quelques villas de banlieue nées du boom du pétrole de Lacq, Arthez-de-Béarn nous apparaît comme une ombre de citadelle perchée au-dessus de la plaine du gave. Son église paroissiale ne date que de 1887, mais elle a emprunté au château disparu un clocher tour du XIIème siècle, près des restes de remparts. Autour s'alignent de vieilles maisons béarnaises aux toits roux de tuiles plates. Car cette cité, sans grands monuments, n'en a pas moins un grand passé. Les sites préhistoriques sont fréquents sur les collines alentour. Gaston Phébus avait un château à Arthez et la ville se développa autour du couvent des augustins. Les guerres de Religion ont fait disparaître les églises de Notre-Dame et de la Trinité ; le temple protestant lui-même n'est qu'un souvenir. Mais Cagnès ou N'Haux, hameaux nichés dans les vallons, ont d'humbles chapelles romanes.

Pompis sur un air de lilas

Navarrenx : la porte Saint-Antoine

Arthez-de-Béarn

Navarrenx

A PROGRESSION en crête se poursuit à la sortie d'Arthez sur pratiquement cinq kilomètres avant de plonger dans la large vallée du gave de Pau, vers Argagnon. Le GR évite le bassin industrialisé de Lacq pour lui préférer la rive gauche du gave et la discrétion du sanctuaire de Muret.

De nouveau baigné par les coteaux, le cheminement passe par le bel ensemble monastique de Sauvelade avant de naviguer sur les crêtes magnifiques au-dessus de Mériteïn. Puis la longue descente forestière permet de gagner l'autre vallée : celle du gave d'Oloron où, vu du ciel, Navarrenx ressemble à une grosse tortue endormie au bord de la rivière. Cette ancienne bastide, fortifiée au XVIème siècle, laisse ses portes ouvertes pour accueillir en ses murs les hôtes du chemin de Saint-Jacques.

Les pèlerins aussi se désaltèrent

🌐 **CARTES UTILES**

🌐 IGN 69 Pau – Bayonne, au 1/100 000
🌐 1544 O Arthez-de-Béarn, au 1/25 000
🌐 1445 E Mauléon-Licharre, au 1/25 000

♟ RENSEIGNEMENTS PRATIQUES

❖ ARGAGNON (64300)

→ Restaurant

→ GE du Cambarrat, 10 pl. en ch., nuitée de 12 à 18 €, 1/2 pension de 24 à 30 €, coin cuisine, 350 chemin de Baraten, I. et N. Champetier, 05 59 67 65 98, www.giteducambarrat@yahoo.fr

→ Camping La Bulle, 14 empl., tente 8 €/2 pers, bar-restaurant (fermé le lundi et les soirs sauf WE), repas 11 €, réservation, Mme Rey, 05 59 67 68 69 (HDB) ou 06 61 38 84 16

❖ SAUVELADE (64150)

→ Bar, multi-service (le P'tit Làa)

→ GE communal, 18 pl., nuitée 8 €/pers., pdj 5 €, 1/2 pension 26 ?/pers., coin cuisine, panier repas, épicerie dépannage, MLP, accueil équestre, poss. de camper : forfait 3 €/pers. (pour utilisation sanitaire et cuisine), M. Sainty, 05 59 67 33 69

→ CH, 3 pl., nuitée 20 €/pers., 35 €/2 pers., pdj compris, coin cuisine, 280 camin de la Crotz de Loupin, las Campanhas, Mme Grosclaude, 05 59 67 60 57

❖ NAVARRENX (64190)

→ OT, rue Saint-Germain, 05 59 38 32 85, www.tourisme-bearn-gaves.com, www.cc-navarrenx.fr

→ Tous commerces, services

→ La Taverne Saint-Jacques (cyber café), menu pèlerin à 10,50 € le midi et 12 € le soir (fermé le lundi d'oct à avril), 05 59 66 25 25

→ À voir : la porte Saint-Antoine, l'église Saint-Germain, l'arsenal, bastion et remparts

→ GE communal, 35 pl., C.O., nuitée 10 €/pers., coin cuisine, MLP, tél. OT

→ GE Charbel, 22 pl., C.O., en ch. partagée nuitée 15 €/pers., pdj 6 €, repas 13 €, 1/2 pension 34 €/pers., coin cuisine, MLP, accès internet, accueil équestre, ouvert du 01/04 au 15/10 (hors saison se renseigner), chemin du Moulin, Mme Fournier, 05 59 66 07 25, www.etapecharbel.com

→ Gîte Bar des Sports, 6 pl., nuitée 25 €/pers., pdj 4 €, repas 10 €, coin cuisine, panier repas, fermé en août, rue Saint-Antoine, Mme Bergos, 05 59 66 50 63

→ Ch. chez l'habitant Résidence Les Pyrénées, 15 pl., nuitée 15 €/pers., C.O., ch. partagée nuitée 12 €/pers., tarif groupe (5 à 14 pers.) nuitée 11 €/pers., coin cuisine, MLP, ouvert du 01/03 au 31/12, place Carrérot, Mme Baucou, 05 59 66 05 61 ou 05 59 66 51 17

→ Camping Beau Rivage, 51 empl., tente de 9 à 12 €/pers (selon saison), MLP, ouvert du 15/03 au 15/10, allée de Marronniers, M. Curtis, 05 59 66 10 00, www.beaucamping.com

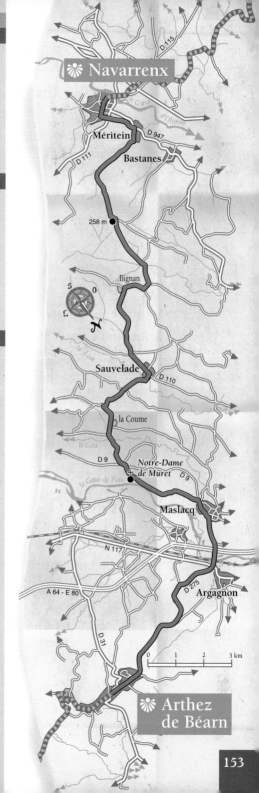

153

00,0 Arthez. Du parking de l'église, prenez à gauche vers l'Ouest la rue La Carrère (à la suite de la veille). Au stop au bout de cette rue, prenez en face.

00,8 Prenez encore en face la rue du Bourdalat et, en suivant, le chemin du Bosc. Le chemin gravillonné fait suite au goudron. Il se déroule en crête sur près de 2,6 km.

04,7 Vous rencontrez un virage d'une petite "route de l'Église" que vous descendez à gauche.

05,4 Laissez sur la gauche le chemin de Mirabel et, dans le virage en dessous, un chemin à gauche. Plus loin, laissez à droite le chemin Labarrère.
Au carrefour avec un gros cèdre, continuez en face, route de l'Église.

1h50 7,5 Église d'Argagnon. Marchez le long de la N 117, mais à gauche du rail de sécurité, dans l'herbe. En bas de la côte, prenez la D 227 en direction de Maslacq et traversez une série de ponts (sur la voie ferrée, sur le gave de Pau et enfin sur l'autoroute).

2h20 09,5 Carrefour de **Maslacq :** allez à gauche et passez à droite du fronton (alt. 79 m). Au carrefour avec la D 9, allez encore à gauche.

10,1 Après le pont sur le Géu, empruntez une route à gauche vers le sanctuaire de Muret (panneau), dans le quartier de l'Aubadère.
Quittez le goudron pour un chemin blanc à gauche (los Verges). À la fin du gravier blanc, tournez à droite sur un chemin gravillonné et herbeux.

11,5 Traversez le goudron pour continuer en face en direction du sanctuaire de Muret (panneau). Vous côtoyez ensuite le gave de Pau et passez à droite d'une ruine qui précède l'entrée dans le bois où le chemin devient goudronné et monte assez raide.

13,1 En haut de la côte, carrefour en T (à gauche, le sanctuaire) : allez à droite. Le goudron est remplacé par le gravillon. 200 m plus loin, traversez la D 9 pour un chemin gravillonné en face ; rapidement, quand vous retrouvez le goudron, tournez à gauche. Après cent mètres, laissez la D 9 quelques mètres à gauche et virez à droite sur le chemin Saubade.
Laissez le chemin de Bazans à gauche avant de traverser le pont sur le Géu.

14,7 Carrefour où vous continuez tout droit en laissant à gauche le chemin des Sondes. 200 m après, laissez une route à droite.

3h50 15,1 Traversez la ferme de **la Coume.** Après le hangar, remontez à droite d'une haie, le long d'un champ. 150 m plus haut, laissez un embranchement à gauche. À l'angle du bosquet, virez à gauche.
Franchissez les buses sur le ruisseau. Passez la clôture (bien refermer) et tournez à droite dans le creux du vallon. Puis remontez à gauche sous deux gros chênes et passez de nouveau une clôture.

15,8 Remontez le chemin d'accès de la ferme Larqué que vous avez laissé à gauche. 100 m après, suivez la petite route à droite (Nord) qui descend d'abord et remonte fortement ensuite.

16,8 Au point haut, allez en face légèrement à gauche vers Sauvelade. La route descend fortement : vous laisserez un chemin à gauche interdit à tous véhicules. Il vire vers la droite sur le bas.

4h30 17,8 Passez le pont sur le **Laà,** l'église et le gîte communal (à gauche). 100 m plus haut, allez à gauche sur la D 110, laissez à droite le camin de Lichonnet avant le chemin de l'école.

18,9 Quittez la D 110 (alt. 134 m) et prenez à droite le chemin de Compostelle (panneau) ; 200 m après, descendez à gauche et traversez un pont. La route navigue, monte et descend.

5h20 21,3 Point haut au hameau de **Bignan :** allez à droite (250 m).

En flânant dans Navarrenx

21,9 Carrefour en Y : allez maintenant à gauche direction "Bugnein - Cami de Berduqueu". Autre Y avec un abri en tôle où vous prenez à gauche.

Au point bas, traversez un pont après une ancienne ferme.

Carrefour en T au point haut avec une station de pompage ronde : allez à gauche en direction de Bastanes.

25,1 Au croisement (cote 258 m), laissez la direction de Bastanes à droite et poursuivez en face en direction de Méritein. La route en creux court sur la crête entre deux clôtures.

25,7 Au carrefour, tournez à droite vers Meritein en laissant la direction de Navarrenx en face. Cette roue en balcon offre une très belle vue par beau temps.

Après le chemin d'accès vers le Rey que vous laissez à droite, la route descend fortement en forêt et suit l'axe du vallon vers l'Ouest. Sur le bas, doublez une aire de pique-nique (eau potable). Restez sur le bitume.

28,7 À la bifurcation en Y, continuez à gauche sur le chemin Dous Barrats avec un quartier résidentiel à droite. Après le pont sur le Lucq, continuez sur le chemin Claverette à droite.

Au pont suivant (carrefour en T), allez à gauche.

7h30 29,7 Église de Méritein. Au croisement, allez à gauche et 80 m après, allez encore à gauche, chemin de la Biasse (panneau interdit à tous véhicule).

30,9 Avant le stop sur la D 67, descendez à gauche et empruntez le tunnel sous la route, tournez à droite, puis rapidement à gauche.

31,6 Au stop, virez à droite sur la D 111 et franchissez le pont sur l'Arroder.

Au carrefour suivant, traversez la D 947 et continuez en face (chemin de la Batteuse). Au stop, en face d'une école, virez à droite. Prenez en face la rue Saint-Germain et, 60 m après, tournez à gauche vers l'église.

8h15 32,2 Navarrenx. Porche de l'église Saint-Germain.

PAR LE GAVE DE PAU, CHEMIN FAISANT

- Derricks, puits à balances et usines pétrochimiques se mêlent curieusement dans la plaine du gave aux maïs et aux bois. La photo classique est celle d'une vache blonde paissant devant une tour d'acier. Découvert en 1949, le gaz naturel de Lacq (à 8 kilomètres en amont d'Argagnon) atteignit sa pleine production en 1961 avec 200 millions de m³ par jour. Le gisement, décroissant, ne sera épuisé que vers l'an 2020.

- On longe à Argagnon le château Champetier de Ribes, manoir tardif occupant, au sommet de son parc boisé, la plate-forme d'un important *castéra*, camp fortifié protohistorique.

- Né à Gavarnie, passant par Lourdes et rejoignant l'Adour près de Peyrehorade, le gave de Pau est un large torrent sur lit de galets ronds, bordé de saligue, végétation où le saule domine.

- Maslacq, jolie bourgade, a des maisons rurales anciennes et, dans son château, manoir du XVIIIème, Francis Jammes situa le roman *Clara d'Ellebeuse*. Il a abrité depuis l'école des Roches, repliée pendant la guerre. On découvrira, en cherchant bien, quelques pierres du XVIIème siècle dans l'église reconstruite et des vestiges (murs, pigeonnier) d'une ancienne abbaye.

- Le jeune Saleys que nous passons à gué est cette même rivière, souvent à sec mais parfois torrentueuse, qui traverse en aval Salies-de-Béarn dans un cadre médiéval. Sans doute doit-il son nom à cette cité du sel.

- Méritein, dans la plaine du Gave que dominent ses prés, a de typiques maisons béarnaises et un manoir du même style.

MURET : ORATOIRE NEUF, SANCTUAIRE DE NEUF SIÈCLES

En haut de la côte boisée après Maslacq, un chemin à gauche conduit au sanctuaire Notre-Dame de Muret, sur une prairie en promontoire qui domine le gave. C'est un oratoire de 1936, néo-byzantin, doré, pas très beau malgré la pieuse intention de l'évêque de Bayonne, accordant "50 jours d'indulgence à qui dit un *Ave Maria* devant la statue". Mais la longue inscription due à l'érudit chanoine Dubarrat nous renseigne sur l'histoire du plus ancien sanctuaire béarnais. Il fut, une première fois, bâti sur le chemin de Saint-Jacques par Raymond le Vieux, évêque de Gascogne (1025-1059), car la contrée n'était pas encore béarnaise. Puis, l'établissement disparut, mais les paysans appelaient toujours le champ *lou counbén de Mureigt*, le couvent de Muret. Et de fait, les fouilles de 1935 y ont mis au jour de vieux murs et des objets religieux.

L'ABBAYE CISTERCIENNE DE SAUVELADE

L'abbaye de Sauvelade, du XIIème siècle, sur les bords champêtres du Laà, a une forme de croix grecque, déjà visible de l'extérieur aux très harmonieux toits en cascade : cône d'ardoise sur la coupole de la croisée du transept, pans de tuiles plates à cheval sur les quatre bras, l'escalier, les absidioles, la sacristie. L'intérieur est d'un beau dépouillement cistercien, sauf les autels d'un naïf baroque rural et le bénitier constitué d'un fût de colonne entre deux chapiteaux corinthiens, vestiges sans doute d'une villa romaine. À côté, le vaste monastère du XVIIème siècle.

"LA PROFONDE FORÊT DU LAÀ"

C'est Gaston IV le Croisé qui accorda, en 1128, aux bénédictins ce terrain de *sylva lata* (*séube lade* en vieux béarnais), dont les historiens ont discuté pour savoir s'il signifiait "forêt profonde", "forêt du Laà" ou "forêt rive gauche". L'abbaye fut reprise en 1286 par les cisterciens de Gimont (Gers), ravagée en 1569 par les huguenots, relevée en 1630 par la Contre-Réforme. La Révolution fit de l'abbatiale une église paroissiale et le monastère fut vendu. Délabré, il a récemment été racheté et restauré par la commune, avec l'aide du département, pour servir de centre culturel (permettant l'hébergement).

CENT ANS D'AVANCE SUR VAUBAN

Navarrenx, ceinturée de remparts sur presque tous ses côtés (seule la porte de France fut démolie) a une étrange étymologie : *sponda navarrensis*, mot à mot "le bois de lit des Navarrais". Le linguiste Michel Grosclaude a démontré qu'il faut comprendre la bordure de la Navarre : ce fut, dès l'origine, une ville frontière.

La grande arche du pont sur le gave d'Oloron remonte au XIIIème siècle et le vicomte tenait alors un château sur la hauteur à l'ouest, dite la Casterasse (forteresse). En 1316, elle fut flanquée d'une bastide, dont la place centrale et les rues à angle droit de Navarrenx gardent le souvenir. Mais les défenses furent complètement remodelées en 1537. Henri d'Albret et Marguerite d'Angoulême, rois de Navarre (Béarn compris), y firent faire une copie de la citadelle de Lucques en Toscane par l'architecte italien Fabricio Siciliano : redans, demi-lunes, redoutes, galeries souterraines, murs calfeutrés de terre en font la première forteresse bastionnée du territoire français, avec cent ans d'avance sur Vauban. En 1569, elle devait prouver son efficacité en permettant aux huguenots béarnais de résister aux troupes françaises de Terride, de mars à juillet, jusqu'à l'arrivée des secours de Montgomery.

AMOURS, SAUMONS ET CURIOSITÉS

La tour de la Poudrière, l'arsenal, la place des Casernes et surtout la monumentale porte Saint-Antoine, face au gave (refaite en 1645) sont à

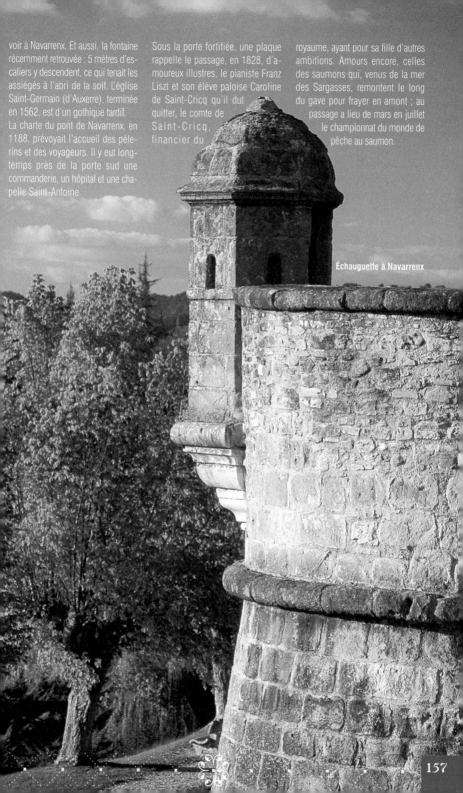

voir à Navarrenx. Et aussi, la fontaine récemment retrouvée : 5 mètres d'escaliers y descendent, ce qui tenait les assiégés à l'abri de la soif. L'église Saint-Germain (d'Auxerre), terminée en 1562, est d'un gothique tardif.
La charte du pont de Navarrenx, en 1188, prévoyait l'accueil des pèlerins et des voyageurs. Il y eut longtemps près de la porte sud une commanderie, un hôpital et une chapelle Saint-Antoine.

Sous la porte fortifiée, une plaque rappelle le passage, en 1828, d'amoureux illustres, le pianiste Franz Liszt et son élève paloise Caroline de Saint-Cricq qu'il dut quitter, le comte de Saint-Cricq, financier du royaume, ayant pour sa fille d'autres ambitions. Amours encore, celles des saumons qui, venus de la mer des Sargasses, remontent le long du gave pour frayer en amont ; au passage a lieu de mars en juillet le championnat du monde de pêche au saumon.

Échauguette à Navarrenx

Bovins ruminant entre Navarrenx et Aroue

Navarrenx

Aroue

NE FOIS passée la porte Saint-Antoine et franchi le gave d'Oloron, vous partirez à l'assaut des moutonnements du Béarn des gaves pour cette étape assez courte. Tout d'abord, la visite très sympathique et curieuse à Castelnau-Camblong annonce une longue tirade pédestre à travers la forêt, tantôt au creux des vallons, parfois boueux après le vieux pont sur le Lauset, tantôt sur les crêtes qui voient passer deux fois par an les vols de palombes.

Plus loin, le Saison marque la "frontière" entre le Béarn et le Pays basque, et Lichos en est le premier village.

Le chemin de Saint-Jacques ne rencontre pas de grosses agglomérations et Aroue, votre halte du jour, est de fait un modeste village.

🌐 CARTES UTILES

🌐 IGN 69 Pau – Bayonne, au 1/100 000
🌐 1445 E Mauléon-Licharre, au 1/25 000
🌐 1445 O Saint-Palais, au 1/25 000

🚶 RENSEIGNEMENTS PRATIQUES

✦ SUSMIOU (64190) 1,5 km hors GR

→ Supermarché, médecin
→ CH du Moulin, 6 pl., nuitée 39 €/pers., 49 €/2 pers., pdj compris, repas 16 € (sur réservation), accueil équestre, 7 chemin des Tuileries, M. Baltar, 05 59 66 04 39, www.peche-pyrenees.com

✦ CASTETNAU-CAMBLONG (64190)

→ Gîte privé Les Cottages du Bourg, 3 pl. (dans studio équipé), nuitée 18 €/pers., pdj 5 €, repas 8 €, coin cuisine, MLP, 21 rue du Bourg, Mme Bordes, 06 87 88 41 10, www.lescottagesdubourg.fr

✦ AROUE (64120)

→ Mairie, maison Aruberria, 05 59 65 91 34
→ 1 km avant Aroue : GE Accueil à la Ferme Bohoteguia, accueil pèlerins uniquement, dortoir (6 pl.), C.O., nuitée 12 €/pers., pdj 3 €, 1/2 pension 27 €/pers., ch. (10 pl.) 1/2 pension 32 €/2 pers., accueil équestre, repas pour les pèlerins du gîte communal 12 €/pers.

pdj 3 €, 1/2 pension 27 €/pers. (sur réservation), panier repas, ouvert du 01/04 au 31/11, Mme Barneix, 05 59 65 85 69

→ GE communal, 12 pl., nuitée 9 €/pers., coin cuisine, épicerie dépannage (de 15h30/16h et 18h30/19h), MLP, camping tente 2 €/pers., accueil équestre, ancienne école, route de Mauléon, Mme Camadro, 05 59 65 95 54

00,0 Navarrenx. Dos au porche de l'église Saint-Germain, traversez la place Darralde en oblique vers la gauche en laissant l'hôtel de ville à droite et passez devant la maison de Jeanne d'Albret. Continuez tout droit rue Saint-Antoine (en sens interdit) en laissant la rue de la Poudrière et la rue Catherine-de-Bourbon à gauche.
Place des Casernes prenez à gauche la porte Saint-Antoine et descendez en face vers le pont. Traversez le gave d'Oloron.

00,5 Après le pont, tournez à droite, direction Bayonne, sur la D 115. Vous sortez de Navarrenx pour entrer dans Castelnau-Camblong (quartier de la gare).

01,2 Au carrefour giratoire (D 936), allez en face vers Castelnau-Camblong. 600 m après, prenez à droite (Nord) la côte Perissé vers le centre bourg. La route fait une courbe et atteint un carrefour avec une croix où vous suivez à droite rue de l'Église.
Laissez l'église à droite, 70 m après prenez à gauche la rue des Debantets. En bout de ligne droite prenez à gauche une piste (pont de Camblong) qui descend et exécute une courbe vers la droite, plus bas. Restez sur ce chemin principal en laissant des embranchements à droite.

1h00 04,2 Passez le **pont de Camblong** sur le Lausset (117 m) et cent mètres après, au carrefour de chemins allez à droite sur un chemin herbeux et terreux qui traverse une zone marécageuse.

04,8 Laissez un chemin herbeux à gauche pour prendre à droite et franchir une zone boueuse. Suivez ensuite un sentier dans la forêt. À la bifurcation flanquée d'un panneau (palombière), allez à droite. Vous rejoignez ainsi une piste de terre que vous suivez à droite. En bas, un bout de piste vous rejoint sur la droite. Passez un pont en bois.

05,6 Carrefour avec une petite route que vous suivez à gauche sur 1,3 km.

06,9 Quittez le goudron pour un chemin en terre à droite (panneau de Saint-Jacques) qui tourne rapidement vers la gauche en laissant un embranchement herbeux en face. Sur le haut, le chemin est bordé par deux clôtures. Laissez une piste à droite ; plus loin le chemin vire une fois à droite, puis à gauche.

07,7 Vous entrez dans le bois de Lessoué (palombière à gauche), la piste devient gravillonnée et plus large.

08,1 Point haut (172 m), carrefour en T : allez à gauche (Sud) vers Charre-Lichos. Le chemin descend dans le vallon.

08,8 Point bas sur le ruisseau, la piste fait un coude vers la droite en laissant un hangar sur la gauche. À la bifurcation qui suit, allez à gauche où le chemin devient plus terreux ; en montant il devient herbeux et passe de nouveau entre deux clôtures.
Point haut : il contourne un bosquet avec une palombière par la droite. Le chemin devient gravillonné et monte.

2h30 **10,1** Prenez la **D 115** à droite et immédiatement allez à gauche en direction de Charre (panneau "route Saint-Jacques" qui est en fait la D 343).
Laissez le chemin Escularandou à gauche et continuez sur la route qui descend fortement.
Après un petit pont, laissez une piste à droite et 100 m plus loin laissez à gauche le chemin de Bassagueys.

12,1 Après le pont sur l'Apaure, allez tout droit aux deux carrefours suivants. Quand vous remontez, laissez à gauche la direction du château de Mongaston.

13,2 Cherbeys : au carrefour, tournez à gauche sur la route. Après 150 m, virez à droite dans l'impasse des Jacquets où vous doublez deux maisons. Longez la rivière et sur la D 23 traversez à gauche le pont sur le Saison.

À l'autre bout, descendez à droite un sentier rampe qui rejoint en contrebas un chemin goudronné. Remontez-le vers la gauche, il vire vers la droite et, 500 m plus loin, atteint...

3h40 **14,2 Lichos.** Au carrefour, tournez à gauche (église à droite) ; à la bifurcation suivante descendez à droite et passez le pont sur le Borlaas.
Sur le haut, traversez la D 23 et continuez en face à gauche de l'école communale. À la bifurcation après un lotissement, prenez la branche de droite. Ensuite vous laissez les chemins de droite comme de gauche. Après les champs, la route longe un bosquet où elle monte un peu plus fort.

16,5 En haut, au carrefour, tournez à gauche et de suite allez à droite (borne) sur un sentier de terre qui s'enfonce sous les arbres. À la sortie, passez un portillon que vous n'oublierez pas de refermer, puis descendez la prairie tout d'abord le long de la haie et ensuite vers la maison. Passez une clôture à droite d'une petite vigne.

17,2 Dépassez la maison (gîte d'accueil) et descendez son chemin d'accès sur presque 400 m.
En bas, suivez ensuite la D 11 à droite jusqu'au centre d'Aroue en laissant le GR 65 partir à gauche au château de Joantho (vous le retrouverez demain).

4h45 **18,7 Aroue.** Le gîte communal est à gauche à l'entrée du village.

VARIANTES PAR TEMPS PLUVIEUX

Ne pas passer par Castelnau-Camblong ; continuer sur la D 115 pendant 5 km jusqu'à la bifurcation où vous suivez la D 243 pendant 1,6 km. Vous retrouvez le GR 65 qui va à gauche, direction Charre.

RACCOURCI POUR LES VTT ET PEUT-ÊTRE POUR LES PÉDESTRES EN CAS DE PLUIE

Au km 06,9, restez sur la petite route qui vous mène à la D 243 que vous suivez à droite sur 500 m pour retrouver le GR 65 et aller à gauche en direction de Charre.

L'église de Castelnau-Camblong

CHEMIN HISTORIQUE ET GR

Au XIIème siècle, Saint-Palais n'existe pas et le pèlerin du Puy, tributaire des gués, va au plus court de Susmiou à Charre où le lieu-dit la Galupe indique bien qu'on traversait en bac le gave de Mauléon, ou Saison. La tour de Mongaston, aux frontières du Béarn, devait surveiller le passage. Sur l'autre rive, Aroue, Ithorots, Olhaïby sont sur le chemin. Et l'on poursuivait vers le point de rencontre de Beneditia, dit Gibraltar. Mais, à partir du XIIIème siècle, le développement rapide de Saint-Palais a dû avoir un gros pouvoir d'attraction. On pouvait alors y parvenir, soit par Castetnau, Nabas et Rivehaute, sur les actuelles D 115 et D 11, soit, c'est le cas sur des itinéraires du XVème siècle, par Sauveterre-de-Béarn, après avoir rejoint à Orthez la voie de Vézelay.

AUX LIMITES DU BÉARN, CHEMIN FAISANT

En béarnais, les mots de Castelnau-Camblong signifient château neuf et champ long, Camblong étant le nom d'un hameau, en aval vers l'ouest. Comme le nom l'indique, Castetnau est un village comtal, auprès d'un château, du temps des sauvetés. Il a été transformé en bastide en 1289 sous Gaston VII. Il en reste une motte féodale et un profond fossé, accessibles par un sentier. L'église, tout à côté, a un clocher porche, un retable du XVIIème siècle et un buffet d'orgues.

LE CHÂTEAU DE MONGASTON

Le château de Mongaston, dans son parc à gauche du chemin, est ouvert aux visites en été. Ravagé par un incendie en 1929 et restauré par sa propriétaire, Mme Garnier-Collot, descendante des Bachoué-Barraute qui l'occupèrent, c'est une maison forte, haute et élancée, couverte d'un toit pointu de bardeaux, flanquée d'un reste d'échauguette et d'une tour escalier polygonale. L'origine est sans doute un donjon du XIIIème siècle aménagé en demeure au XVIIème avec fenêtres à meneaux.

Le vieux chemin traverse le domaine pour descendre au bord du Saison où une longue digue d'ancien moulin, visible au nord du pont que nous emprunterons, doit correspondre au passage primitif, gué ou bac. En aval, le lieudit Lagalupe devait être le débarcadère.

EN PAYS BASQUE, CHEMIN FAISANT

- Le Saison sépare ici Béarn et Pays basque (plus au nord à Rivehaute, la frontière s'infléchit sur la rive gauche). La voie ferrée désaffectée, dont nous utilisons le pont devenu routier, était celle de la ligne Puyoo-Sauveterre-Mauléon, sacrifiée à la rentabilité.

- Lichos, premier village basque, a une église rurale du XIXème, mais non sans charme. En face, au tournant, vieille maison avec porte en plein cintre de 1651.

- À Aroue, l'église Saint-Étienne, romane remaniée au XIXème siècle, présente parmi ses sculptures du XIIème, un Saint-Jacques à cheval, image espagnole du *matamoros*. Elle fut temple de la Raison pendant la Révolution ; sans doute à cause du voisinage béarnais, Aroue fut la seule commune basque à adopter la politique jacobine antireligieuse.

Arrivée à Ostabat

Aroue

Ostabat

EU DE VILLAGES aujourd'hui, surtout sur la première partie à travers les collines de la campagne basque. Au départ d'Aroue, la variante par Etcharry économise plus de deux kilomètres mais prive d'un beau spectacle sur les hauteurs onduleuses et verdoyantes où montées et descentes s'accompagnent d'un décor pyrénéen de plus en plus présent. Le petit pont de pierre d'Etchartia est la clé pour traverser la Bidouze avant de rejoindre le hameau de Gilbraltar et sa stèle ronde marquant la rencontre des différents chemins (du Puy, de Vézelay et de Tours) vers Compostelle. Au-dessus, l'effort pour gagner la chapelle de Soyarza est récompensé par le plus prestigieux panorama de la région. Puis vous vous laisserez descendre vers le village typique d'Ostabat…

🌐 CARTES UTILES

🌐 IGN 69 Pau – Bayonne, au 1/100 000

🌐 1445 O Saint-Palais, au 1/25 000

🏃 RENSEIGNEMENTS PRATIQUES

✤ UHART-MIXE (64120)

➜ Auberge Duhalde Ostatua, gîte : 4 pl., 1/2 pension 25 €/pers., poss.camping, pdj 3,50 €, menu pèlerin à 9 €, MLP ouvert du 15/03 au 31/10 (sur réservation hors saison), situé sur un raccourci de 5 km évitant Lorribar Sorhapuru (suivre les escargots), Antoinette et Arno, 05 59 65 60 00

✤ OSTABAT-ASME (64120)

➜ Boulangerie, bar

➜ À voir : chapelle Saint-Nicolas d'Harembelz, enceinte protohistorique fortifiée, le centre culturel basque Haize Berri

➜ GE maison Ospitalia, 9 pl., nuitée 9 €/pers., coin cuisine, ouvert du 01/03 au 31/10, 05 59 37 83 17 (HR)

➜ 800 m après Ostabat : ferme Gaineko Etxea et GE Izarrak, 33 pl., C.O., nuitée 16 €/pers., pdj 4 €, 1/2 pension de 33 à 37 €/pers., panier repas 5 €, MLP accueil équestre, Mme Eyharts, 05 59 37 81 10 ou 06 72 73 78 56, www.gites64.com/ostabat-compostelle

➜ Ch. chez l'habitant au café Ametzanea, 3 ch., 7 pl., C.O., 1/2 pension 30 €/pers., repas pour les pèlerins du gîte 10 € avec vin et café, pdj 4,30 €, accueil équestre, M. Arbeletche, 05 59 37 81 56 ou 05 59 37 85 03

00,0 Aroue. Depuis le carrefour giratoire, descendez la D 11 vers Mauléon sur 400 m, puis tournez à droite sur une petite route près du château de Joantho (cote 109 m). Elle passe de suite à droite d'un étang.

01,1 Croix en bois : laissez un chemin goudronné à gauche, puis un autre 300 m plus loin et encore un autre 500 m après. Plus loin, ignorez-en un autre à droite.

02,6 Bifurcation suivante à 200 m : allez à droite et encore à droite pour emprunter la première piste gravillonnée. Elle monte sérieusement en faisant une grande courbe vers la droite. Le chemin court sur la crête entre deux clôtures (magnifique point de vue, alt. 216 m). Puis il redescend franchement, vire vers la droite et passe sous les arbres.

04,9 Doublez une grange par la droite et laissez filer un chemin à gauche, balisé en jaune, pour continuer tout droit. Ça monte et ça descend.

05,5 Maison et carrefour de pistes.
La variante depuis Aroue qui passe par Etcharry* arrive par le goudron en face (raccourci de 2,4 km).
Prenez à gauche le chemin gravillonné qui descend sur 600 m.

06,1 Carrefour en bas près d'une grange : allez à droite sur une petite route.
À la rencontre avec une autre route, continuez tout droit puis passez un pont en pierre et montez.

1h40 06,8 Carrefour avant le hameau d'**Olhaïby** : tournez franchement à gauche. Laissez un accès à une ferme puis une route à gauche.
Dans un coude de la route laissez le goudron desservir une ferme à gauche (Etcheberria) pour aller en face sur un chemin

gravillonné. Après 300 m, au point bas, prenez une autre piste sur la droite qui monte raide.

08,1 Sous une ferme (Casabonne), rejoignez le goudron que vous suivez à droite (Nord-Ouest). Cette petite route monte d'abord avant de descendre fortement pour remonter à une autre ferme (Jaurriberria) où vous prenez la piste la plus à gauche (Sud). Vous y laisserez une piste à droite, un peu plus loin.
Dans un virage, laissez en face un chemin de terre, descendant. 300 m plus loin, laissez un autre chemin à gauche et descendez en face.

10,0 Stèle avec coquilles : avant un point haut, laissez un chemin qui vient de gauche. Point haut : laissez une piste marron à gauche. Poursuivez en descente. Vous retrouvez le goudron avant un carrefour où vous descendez à droite.

11,4 Benta. Juste après cette ferme, descendez à gauche la route d'accès raide qui passe devant une autre ferme.
À la bifurcation de routes, allez à gauche en montée sur 300 m.

3h10 **12,7** **D 242 :** prenez la à droite. Après un pont, laissez l'embranchement vers Sorhapuru à gauche pour continuer tout droit. Au carrefour, 500 m plus loin, allez à gauche en direction de Larribar.

14,6 Laissez une route à gauche.

3h45 **15,0** **Larribar-Sorhapuru.** Laissez le fronton à gauche ; au carrefour prenez à gauche, puis frôlez l'église dans la descente. En bas, passez le pont sur la D 933 et 100 m après virez à gauche en direction du pont du Moulin. La petite route passe entre les maisons et descend vers la rivière.

16,4 Franchissez le pont sur la Bidouze (65 m). Le goudron vire vers la gauche (stèle) ; avant la ferme, empruntez un chemin en oblique à droite. À bifurcation au-dessus, allez à gauche au-dessus de deux granges dans un chemin herbeux et raviné qui se rétrécit et devient plutôt sentier. Notez un passage où la roche forme des marches d'escaliers.
Au-dessus, le chemin s'élargit et s'aplanit. Il atteint une ferme et le coude d'une petite route.

4h20 **17,3** Hameau de **Gibraltar** (Beneditenia). Laissez à droite la stèle (jonction supposée des chemins de Compostelle !). Continuez en face et plus loin traversez la D 302 pour suivre la petite route en face sur 350 m.

17,7 Quittez le goudron au bout de la ligne droite et empruntez en face une piste érodée (stèle à droite au départ). Dans la montée, laissez un chemin herbeux à gauche.
Au point haut, laissez une trace de chemin à droite (panneau) et poursuivez tout droit.

4h50 **19,3** **Chapelle de Soyarza** (286 m, abri et point d'eau) d'où l'on admire un superbe panorama sur les Pyrénées, détaillé sur la table d'orientation en dessous.
Continuez sur le chemin qui descend en gros vers le Sud. 400 m plus loin, laissez un embranchement qui monte à droite.

20,1 Après une stèle à gauche, quittez la piste pour aller à droite au-dessus du fossé et descendre (raide) le long d'une clôture. Plus bas, retrouvez une piste que vous suivez en descente.
Suivez un chemin gravillonné en face au niveau d'une ferme.

20,8 Harambeltz : après la chapelle, quittez la route pour descendre en face sur un chemin terreux. Il descend entre les arbres, passe le ruisseau et remonte (partie boueuse en temps de pluie).
Laissez une piste à gauche dans une courbe ; au carrefour en haut allez à droite.

22,2 Vous rencontrez une piste gravillonnée que vous suivez à gauche. Plus bas, vous prenez encore à gauche pour atteindre le goudron que vous prenez à droite en montée. Dans un virage, laissez en face un chemin et continuez sur la route.

23,4 Carrefour au point haut avec conteneurs : continuez en face. Dans la descente, au niveau d'une stèle en pierre sculptée, quittez le goudron pour un chemin en creux étroit caillouteux et glissant (peu recommandable**). Il rejoint le bas du

La stèle de Gibraltar

village d'Ostabat. Traversez le ruisseau, passez des maisons et montez un raidillon goudronné pour prendre une rue à droite.

6h15 **24,5** **Ostabat.** Carrefour (D 508) au centre du village, non loin de l'église.

* VARIANTE PAR ETCHARRY

Aroue : depuis le carrefour giratoire, prenez la D 11 vers Saint-Palais.

00,6 À Etcharry, au point haut, quittez la D 11 pour une petite route à gauche

01,4 Carrefour avec un triangle d'herbe au centre : prenez à gauche.

02,3 Bifurcation dans la montée : poursuivez à droite sur une petite route assez raide qui passe sous une ligne à haute tension.

03,1 Fin du goudron et croisée de pistes : vous retrouvez le GR 65 que vous suivez à droite en descente sur le chemin gravillonné...

*** Les VTT éviteront ce passage en continuant sur la route.*

Un pèlerin passe à Soyarza

D'AROUE À LARRIBAT, CHEMIN FAISANT

- Le carrefour de Benta nous donne un choix : à droite, variante par Saint-Palais rejoignant la D 933 à 4 kilomètres de la ville, au pont sur la Bidouze ; et à gauche l'itinéraire direct vers la croisée de chemins de Gibraltar.
- Sur le chemin direct, Larribar-Sorhapuru vit les États de Navarre siéger dans sa maison forte, ou "Salle" qui, de seigneurie, fut promue baron-

En terre basque.

nie. Après le pont sur la Bidouze, ancien moulin.

GIBRALTAR, OÙ LES TROIS CHEMINS SE RENCONTRENT

Une stèle dans le style des croix discoïdales fréquentes dans les cimetières basques marque, depuis le 2 août 1964, le point de rencontre présumé des trois chemins : de Tours (par Garis), de Vézelay (par Sauveterre) et du Puy (par Navarrenx). Certes, Aimery Picaud écrivit qu'ils confluaient *ad hostavallam*, ce que Jeanne Vielliard, par ailleurs traductrice émérite, a rendu par "à Ostabat". Mais le Dr Clément Urrutibéhéty, ayant étudié le tracé sur le terrain, fait justement remarquer que *ad* a la valeur de "vers". Donc "vers Ostabat".
De même, les chemins aragonais et navarrais se rencontrent *ad pontem regine*, "vers Puente-la-Reina", en fait

un peu avant à Obanos. Quant au nom de Gibraltar, il n'a rien à voir avec le Djebel-al-Tarik, et vient du sanctuaire de Saint-Sauveur, sur la colline. Pour *Salvatorem*, les anciens Basques prononçaient *Chibaltarem*. Sur la carte, on lit plus benoîtement *Beneditenia*.

LES DONATS DU PRIEURÉ D'HARAMBELTZ

L'oratoire abri de Soyarce (ou Soyarza), d'où la vue est belle, a remplacé une chapelle plus ancienne, Notre-Dame-de-la-Garde, confiée aux chanoines de Roncevaux.
À Harambeltz était le prieuré hôpital bénédictin de Saint-Nicolas. La chapelle romane qui subsiste a, sur le tympan de sa porte, un chrisme du XIème siècle surmonté d'une croix de Malte et d'une étoile à cinq branches. À l'intérieur, peintures, retable du XVIIIème, chaire, statue de saint Jacques du XVIIème siècle.
Les maisons du hameau d'Harambeltz sont habitées par quatre familles copropriétaires de la chapelle, descendantes des anciens donats, laïcs qui se donnaient à l'Église. La famille Etcheverry est sur place depuis l'an 987. Dans la forêt de chênes, à deux kilomètres au nord-ouest, coule une fontaine de la Vierge Mère (*Ama Virgina Ithuria*) où ont été mises en ex-voto statuettes et croix de brindilles.

OSTABAT ET SON OSPITALIA

À l'entrée d'Ostabat (Izura en basque), la vieille maison Ospitalia a renoué avec sa tradition hospitalière sous la forme d'un gîte d'étape. La cité, qu'Aimery Picaud orthographiait Hostavalla, avait d'autres hôpitaux et reçut jusqu'à cinq mille pèlerins. Traces d'anciens remparts détruits en 1228 par Sanche le Fort, roi navarrais. Voir aussi les linteaux sculptés sur les portes, notamment celui d'un compagnon du Tour de France du XIXème siècle.

Saint-Jean-Pied-de-Port, sur la Nive

Ostabat
Saint-Jean-Pied-de-Port

EPUIS CES DERNIERS JOURS, le Pays basque se décline sous toutes ses formes et toutes ses couleurs ; cette étape en est la plus symbolique. Les grandes maisons blanches aux toits rouges tranchent dans la verdure d'une campagne bien arrosée. Les brebis basques font aussi partie du tableau, si vivant, tout comme les hameaux et les frontons qui s'égrènent au long du parcours. D'un côté le vallon de Larceveau, de l'autre la vallée de Saint-Jean-Pied-de-Port, séparés par un col peu marqué et flanqué de la croix de Galzetaburu.

Une étape de moyenne longueur qui conclut magnifiquement ce guide et s'achève dans la rue de la Citadelle, une fois passée la porte Saint-Jacques, à *Donibane Garazi*. Bien des pèlerins achèveront leur périple au cœur de cette cité fortifiée tandis que d'autres franchiront les Pyrénées pour suivre le *Camino Francés* et atteindre ainsi Saint-Jacques-de-Compostelle, à près de… 800 km.

🌐 CARTES UTILES

🌐 IGN 69 Pau - Bayonne, au 1/100 000
🌐 1445 O Saint-Palais, au 1/25 000
🌐 1346 ET Forêt d'Iraty, au 1/25 000
🌐 1346 OT Saint-Jean-Pied-de-Port, au 1/25 000

🚶🚶 RENSEIGNEMENTS PRATIQUES
✤ LACARRE (64220) 1 km hors GR

→ CH ferme Caracotchia, 10 pl., nuitée 40 €/pers., 44 €/2 pers., pdj compris, ouvert de mars à fin oct., ferme Caracotchia, Mme Sempé, 05 59 37 03 97, www.chambrebasque.blogspot.com

✤ SAINT-JEAN-LE-VIEUX (64220)

→ À voir : la chapelle de Saint-Jean-d'Urrutia, l'église Saint-Pierre d'Usakoa, le Musée archéologique (collection du camp romain et des thermes), la croix de Ganelon

➜ Bars, boucherie, dépôt de pain (HR)

➜ CH Subiatia, 4 ch., nuitée 42 €/2 pers., pdj compris, coin cuisine, accueil équestre, Subiata, Mme Esponde, 05 59 37 08 21

➜ Camping aire naturelle, 30 empl., tente 8 €/pers., MLP, poss. location mobil home, ouvert du 01/04 au 30/09, la Magdeleine, M. Jasse, 05 59 37 02 63

➜ 3 km après le bourg, 1,5 km hors GR : camping La Paix des Champs, 39 empl., tente 8,70 €/pers., MLP, ouvert du 15/03 au 15/09, ferme Asoritzia, route de Jaxu (D 22), M. Teillagorry, 05 59 37 04 16

➜ Auberge traditionnelle basque, ouvert le midi, repas de 13 € à 23 €, l'Arradoy, 05 59 37 06 01

✤ Sᵀ-JEAN-PIED-DE-PORT (64220)

➜ OT, 14 pl. Charles-de-Gaulle, 05 59 37 03 57, www.pyrenees-basques.com

➜ Tous commerces, services, gare SNCF, nombreux hôtels et restaurants

➜ À voir : la citadelle (site et vieille ville), la porte Saint-Jacques (UNESCO), le pont sur la Nive, Notre-Dame-du-Bout-du-Pont, la prison des Evêques

➜ GE Le Chemin vers l'Étoile, 20 pl., nuitée 12 €/pers., pdj compris, coin cuisine, MLP 21 rue d'Espagne, 05 59 37 20 71, http://jeangite.free.fr

➜ GE L'Esprit du Chemin, accueil en priorité les pèlerins, 18 pl., nuitée 8 €/pers., pdj 3 €, repas 9 €, panier repas 3 à 5 €, ouvert du 01/04 au 30/09, 40 rue de la Citadelle, M. Cuppen, 05 59 37 24 68, www.espritduchemin.org

➜ Accueil pèlerin au refuge municipal, 25 pl., nuitée 7 €/pers., pdj compris (sauf pain), coin cuisine, dépannage épicerie, 55 rue de la Citadelle, pas de réservation, 05 59 37 05 09

➜ GE et ch. chez l'habitant, 18 pl., dortoir : 11 €/pers., pdj 4,50 €, coin cuisine, ouvert 01/03 au 31/10, 9 route d'Uhart, Mme Etchegoin, 05 59 37 12 08

➜ Ch. chez l'habitant, 4 pl., nuitée 15 €/pers., coin cuisine, 28 rue de la Citadelle, Mme Clery, 05 59 37 12 03 ou 05 59 37 06 94

➜ Ch. chez l'habitant, 15 pl., C.O., nuitée 28 €/pers., pdj 5 €, panier repas 7 €, coin cuisine, MLP 15 rue de la Citadelle, Mme Camino, 05 59 37 05 83 ou 05 59 37 32 90

➜ Ch. chez l'habitant, 3 pl., C.O., à partir de 40 €/2 pers., pdj compris, 28 av. Renaud (près de la gare), Mme Lapeyre, 05 59 37 27 15

➜ Ch. chez l'habitant, 8 pl., nuitée 30 €/pers, 34 €/2 pers., pdj compris 4 €, 24 rue de la Citadelle, Mme Maitia, 05 59 37 32 08

➜ Ch. chez l'habitant, 13 pl., nuitée 35 €/pers., 40 €/2 pers., pdj compris, ouvert du 15/05 à fin sept., 3 rue Sainte-Eulalie, M. Rusques, 05 59 37 14 35

➜ Camping municipal Plaza Berri, 50 empl., tente 6,50 €/pers., ouvert de pâques à toussaint, av. du Fronton, mairie 05 59 37 11 19

➜ Camping l'Arradoy, 25 empl., tente 5,40 €/pers., ouvert de mi-mars à fin sept., gardiennage voiture 1,55 €/jour, 4 chemin de Zalicarte (à 50 m de la gare), M. Iribarne, 05 59 37 11 75

Avertissement

L'étape suivante traverse les Pyrénées par le col Lepoeder (1430 m) pour arriver à Roncevaux en 7h15 (26,5 km) ou à Burguete en 8h (29,2 km et 1250 m de dénivelée). Il peut donc être prudent, pour ceux qui vont continuer, de s'avancer un peu, par exemple jusqu'à Hountto (à 5 km de Saint-Jean) et de dormir au gîte à la ferme (10 pl., CO, 1/2 pension 20 €/pers., coin cuisine, accueil équestre, M. Harispe, 05 59 37 05 62), ou jusqu'à Uhart-Cize (à 12 km), au refuge-auberge d'Orisson (18 pl., nuitée 14 €/pers., pdj 4 €, repas 12 €, 1/2 pension 28 €/pers., ouvert d'avril à fin oct., accueil équestre, M. Etchandy, 06 81 49 79 56). Voir le guide *Le Chemin de Saint-Jacques en Espagne* (Rando Éditions). Se renseigner sur la météo.

Notre-Dame-du-Bout-du-Pont

00,0 Ostabat. Au carrefour, descendez la D 508 vers l'Ouest et prenez la première route à droite à la sortie du village. Au carrefour, 300 m plus loin, continuez en face ; le goudron descend et remonte. Laissez un accès à un bâtiment agricole à gauche.

01,1 Laissez le goudron rejoindre une

maison pour aller en face sur un chemin. En bas de la descente, vous passez une porte de clôture (que vous n'oubliez pas de refermer) pour continuer en face sur le chemin devenu herbeux. Poursuivez tout droit au carrefour avec une croix.

02,2 Aux maisons de Béthano, vous retrouvez le goudron que vous suivez en face. 100 m plus loin, allez tout droit. Suivez la D 933 sur la droite.

0h45 03,2 À l'entrée de **Larceveau,** tournez à droite sur une petite route qui vire ensuite vers la gauche. Au carrefour avec un gros chêne, allez à droite en laissant une branche qui monte à droite.

04,0 Laissez une piste goudronnée à droite et traversez le hameau de Chahara. Au carrefour (avec un transformateur), allez à droite et de suite à gauche. Passez derrière une maison sur du gravillon. Après une bergerie, traversez à gué un petit ruisseau et continuez en face sur un chemin herbeux, sur 300 m.

05,0 Vous trouvez une petite route (cote 170 m) que vous descendez à gauche ; après la maison tournez à droite sur un chemin ombragé (borne). Il longe une clôture et traverse à flanc, en herbe.

05,5 Après une ferme du hameau dispersé de Bastida Xoko, prenez une allée goudronnée sur 70 m avant de suivre une petite route à droite. Après seulement 80 m, descendez à gauche et traversez une ferme. Après un gîte rural, allez à gauche sur un chemin herbeux et, 40 m après et de suite après le pont, allez à gauche en passant une clôture par une échelle en bois. Suivez le long du ruisseau et plus tard entrez en sous-bois. À la sortie, vous surplombez la D 933 sur l'ancien tracé de la route. Continuez sur l'herbe.

1h40 06,7 Utziate (ou Utxiat) : retrouvez le goudron à un carrefour et suivez sur 300 m en face une petite route tout d'abord parallèle à la D 933. Après le virage à droite, prenez un chemin herbeux à gauche fermé par une barrière métallique. Raide au départ, il longe la forêt

Linteau à Donibane-Garazi

puis y fait une incursion et passe de nouveau une autre barrière. Après le champ, suivez un chemin herbeux qui descend.

08,1 Remontez la D 933 à droite ; en haut de la côte, laissez à droite un embranchement et la croix de Galcetaburia (cote 262 m) pour prendre un peu plus loin à droite la direction de Gamarthe, sur la D 522.

2h20 09,6 À l'entrée de **Gamarthe,** prenez à gauche une petite route et rapidement tournez à droite pour atteindre un carrefour sous le cimetière. Montez ensuite à droite et virez à gauche pour passer sur le côté du fronton. À la sortie, laissez un chemin en face et continuez sur la route.

10,8 Au stop, empruntez la D 933 à gauche (village de Mongelos en face), après 200 m tournez encore à gauche sur une route qui descend jusqu'au ruisseau et remonte.

11,7 Au niveau d'une grande maison (Biscaya), prenez à droite une petite route (panneau chambres paysannes). Dépassez une ferme, passez le ruisseau et remontez.

12,6 Coude d'une autre route : allez à droite (laissez les chambres paysannes à gauche) et, 200 m plus loin dans la descente, prenez une petite route à gauche. Plus tard, vous serez averti d'un passage canadien que vous passez ainsi qu'une grange en contrebas à droite.

13,5 À la bifurcation, poursuivez à droite, à l'horizontale au départ. Cette route serpente et descend ensuite.

14,1 Au carrefour 20 m avant un autre passage canadien, tournez à gauche sur une route qui monte sérieusement.
Après le goudron (borne), vous poursuivez tout droit sur le gravillon. 100 m plus loin, allez toujours en face. La piste descend

assez fortement. Vous atteignez une ferme et le goudron que vous suivez. À l'entrée du village, laissez une petite route à gauche.

4h00 16,1 Bussunaritz. Passez le centre et poursuivez tout droit. Au carrefour, suivez à droite la D 120 (abri et croix, cote 204 m). Vous passez devant un château (à gauche).

17,7 Quittez la D 120 pour aller sur la gauche (en face) par une petite route entre deux maisons.
Laissez une petite route à droite et 200 m après au carrefour en T, allez à gauche.
Au stop avec la D 18, allez à droite et passez à droite de l'église.

4h45 18,6 Saint-Jean-le-Vieux. Au carrefour, allez en face. Après la place, passez à gauche de la croix et suivez une petite route. Au carrefour en T, 400 m plus loin, allez à droite.
Passez sous un pont et tournez de suite à gauche. 400 m plus loin, au carrefour après un bosquet, allez à gauche (direction la Madeleine) et passez quelques maisons (Herri Bazterra). Au carrefour suivant avec un poteau électrique, tournez à gauche.

20,2 D 933 : suivez-la à droite sur plus de 100 m et virez à gauche sur une route encadrée par des platanes et des chênes. Après, allez sur la première route à droite en direction de la Madeleine. Au bout de 500 m, laissez un embranchement à droite.

21,0 La Madeleine : passez à droite du fronton. Tournez à gauche après la place pour passer devant l'église et franchir le pont sur la rivière Laurhibar. Suivez cette petite route en laissant tous les accès à gauche. La route s'élargit et se redresse.

21,9 Traversez la D 401 pour monter en face en direction de la porte Saint-Jacques. Franchissez la porte fortifiée et descendez les pavés de la rue de la Citadelle.

5h45 22,5 Saint-Jean-Pied-de-Port. Église Notre-Dame du Bout du Pont et porte Notre-Dame qui débouche sur le vieux pont sur la Nive.

![] DU CHÂTEAU DE LAXAGUE AUX DONATS D'UTXIAT

- À droite en quittant Ostabat, le château de Laxague, adossé à la pente. Fief d'une riche famille navarraise, c'est un édifice du XIVème siècle, devenu une simple ferme : tour carrée, porte en voûte d'ogive, cour avec porte du XVème siècle, chemin de ronde, cachot… Les chaînes de l'ancien pont-levis du château de Laxague étaient, dit-on, si bruyantes qu'on les entendait jusqu'à Navarrenx, Légende évidemment liée au chemin.
- Larceveau est en basque Larezabal, "la large lande". Dans l'église, qu'on laisse à gauche, stèles discoïdales provenant de l'ancienne chapelle du hameau d'Arros (1648),
- Sur notre chemin, les vieilles maisons d'Utxiat (ou Utziat), quartier de Larceveau, sont les vestiges d'un hôpital prieuré Sainte-Madeleine. Il hébergea dès 1199 les pèlerins et aussi les réunions (juntes) des États de Navarre. Il comptait, en 1343, 23 personnes dont sept sœurs et trois femmes de donats. Le chapitre élisait trois frères donats : un hospi-talier, un fabricien (réparateur) et un clavier (trésorier). Il répartissait pour l'année la nourriture entre la communauté, les domestiques et les pauvres. Ces donats, que nous avons déjà rencontrés à Harambeltz et qui étaient souvent les chevilles ouvrières des institutions charitables, étaient des laïcs qui se donnaient au Christ par des vœux mineurs : pauvreté, obéissance, chasteté seulement en cas de veuvage.
- Le mot *galceta* vient évidemment du latin *calceta*, la chaussée. Et comment ne pas penser ici à son "doublet", l'étape espagnole de Santo-Domingo-de-la-Calzada ?

![] TOUJOURS DE CHÂTEAU EN HÔPITAL

- Au sommet du pain de sucre rocheux qui domine Gamarthe, ruine d'une enceinte gallo-romaine, si ce n'est protohistorique. Le village existait en 1189, mais n'en garde nulle trace. L'église du XIXème a récupéré une tribune et un retable du XVIIème.
- Le hameau de Mongelos, dépendant d'Ainhice depuis le Moyen Âge dut être une tentative de bastide comme l'indique son nom qui n'est pas basque mais gascon, et signifie "Mont-Jaloux".
- Nous laissons à l'ouest, à notre droite au bord de la route, le château de Lacarre (privé), remontant aux XIIème et XVIème siècles, et d'où était issu Bertrand de Lacarre, évêque de Bayonne en 1190, connétable et amiral de la croisade de Richard Cœur de Lion. Il fut acheté et transformé dans le style Renaissance à partir de 1820 par d'Harrispe (1768-1885), soldat de la Révolution, fondateur des Chasseurs basques, général du Premier Empire, maréchal sous le Second.
- Hameau de Bussunarits, Sarrasquette (en basque "lieu de saules cendrés") possède une croix de carrefour aux bras soutenus par deux têtes sculptées et une maison noble Renaissance (fenêtres à meneaux) où serait né le recteur Bernard d'Exepare qui publia, en 1545, les premiers poèmes basques imprimés.
- L'église et la mairie de Bussunaritz forment comme un autre hameau, le village étant éparpillé. Au cimetière voisin, une stèle porte les armes des

seigneurs d'Apat : écu écartelé portant une croix pommelée d'or.

- On retrouvera un peu plus loin ces armoiries sur la porte du château d'Apat datée de 1764. Mais l'édifice, remanié au XVIIème, est plus ancien avec ses quatre tours rondes d'angle et son escalier à vis.

- Apat (ou Ap'hat) signifiait abbé, sans doute abbé laïc. C'était aussi le nom de l'Aphat-Ospitalé qui, non loin de là, appartenait en 1286 à l'ordre de Malte et dont il subsiste un reste de la chapelle transformée en garage, au bord de la D 933, au nord de Saint-Jean-le-Vieux (hors itinéraire).

SAINT-JEAN-LE-VIEUX, IMMUS PYRENAEUS DES ROMAINS

Saint-Jean-le-Vieux (en basque Donazaharre, "le vieux saint") était cet *Immus Pyrenaeus*, station romaine au pied des Pyrénées que citait l'Itinéraire d'Antonin, compilation du IVème siècle, mais d'après des cartes de l'an 211…

Les fouilles y ont effectivement mis au jour thermes, monnaies et objets antiques. Il y eut depuis sur le "turon" un château que Richard Cœur de Lion démolit en 1177. De l'église du XIIème siècle, Saint-Pierre d'Usdacoa, qui dépendait de Roncevaux, démolie elle aussi, reste un portail roman restauré en 1630 : chrisme sur le tympan, lion et serpents sur les chapiteaux, voussures ornées. Intérieur typiquement basque.

D'UN SAINT-JEAN À L'AUTRE

- De Saint-Jean-le-Vieux à Saint-Jean-Pied-de-Port, le chemin suit, sur l'une ou l'autre rive, le cours du Laurhibar.

- Au quartier Urrutia, nom ancien de Saint-Jean-le-Vieux, ruines romanes d'une église Saint-Jean et château de Harriéta (XIIIème, remanié au XIXème).

- À l'entrée du quartier la Magdeleine, maison noble d'Irrumberry à tourelles carrées. Et, à la sortie ouest, église de Sainte-Marie-Madeleine de la Recluse (ou de Betbéder), à beau portail gothique de grès rose (XVème) qui a remplacé un sanctuaire plus ancien. À proximité, maison Priorena (prieurale) : là, se réunissaient les députés de Saint-Jean-Pied-de-Port et du pays de Cize.

SAINT-JEAN-PIED-DE-PORT, VILLE CITADELLE

On pénètre dans Saint-Jean-Pied-de-Port par la porte Saint-Jacques, ouverte dans les remparts du XVème siècle, améliorés en 1680 sous Vauban par le chevalier Deville, qui bâtit la citadelle sommitale. Son appellation basque actuelle est Donibane-Garazi (Saint-Jean de Garazi, du nom des sommets de l'étape suivante), mais elle est plus récente. Le nom initial fut espagnol : Santa-Maria-Cabo-la-Puente, Sainte-Marie-du-Bout-du-Pont). Il s'agit d'une "ville neuve" édifiée au XIIème siècle par un roi de Navarre au confluent des trois nives (rivières) d'Arnéguy, de Laurhibar et de Béhorléguy. ("La clef de mon royaume", dira deux siècles plus tard Charles le Mauvais qui, pour ses sujets, était "le Bon".) En se développant, la cité ravit sa primauté à Saint-Jean-le-Vieux et déplaça ainsi le trafic, de la route romaine au tracé par Roncevaux.

L'ÉVÊQUE NAVARRAIS RELEVAIT D'AVIGNON

De 1383 à 1488, durant le schisme d'Occident, l'évêque du pape d'Avignon s'installa à Saint-Jean, tandis que celui du pape de Rome régnait à Bayonne. (Mais Froissart s'étonna fort de voir les prélats des deux obédiences réunis à Orthez à la même table, celle de Gaston Phébus.) La cité connut bien des batailles (de 1512 à 1520, guerre de Succession de Navarre, en 1570, raid des protestants béarnais, puis guerres de la Révolu-

tion et de l'Empire), mais elles renforçaient aussi son rôle de place forte frontalière. Jambon, fromage de brebis et linge basques sont ses atouts d'aujourd'hui.

LE PÈLERIN DANS LA VILLE, CHEMIN FAISANT

- Après la porte Saint-Jacques, voici la rue de la Citadelle, dominée par la forteresse et bordée de vieilles maisons en rangs serrés : 1784, 1722, 1739, 1655. Il en sera ainsi dans toute la traversée de la vieille ville.

- Voisine de la prison en descendant la côte de quelques mètres (39, rue de la Citadelle), la maison Laborde, restaurée par la municipalité en 1999, abrite la permanence des Amis des Chemins de Saint-Jacques des Pyrénées-Atlantiques qui renseignent sur les hébergements et y disposent aussi d'un petit gîte.

- En haut de la rue, la prison des Évêques ne fut, en réalité, maison d'arrêt qu'au siècle dernier. Mais son sous-sol en ogive est un bel exemple d'architecture du XIIIème siècle.

- À mi-côte, une rue descendant à droite mène à la porte de France. Et, au-delà, au faubourg où fut au XIIème siècle l'église de Sainte-Eulalie d'Ugange, détruite sous Jeanne d'Albret. Il en reste un portail roman aux chapiteaux de feuillages, dans le mur d'une maison de retraite.

- La rue de la Citadelle aboutit, en bas, à l'église de Notre-Dame-du-Bout-du-Pont, gothique sur bases romanes : portail et chevet ogivaux, abside à cinq pans. À l'est, échauguette et rempart escaladant la pente. À l'ouest, rue de l'Église, musée de la Pelote et porte du Marché.

- En face, porte Notre-Dame et pont sur la Nive, dit romain, en réalité médiéval et restauré en 1634.

- Au-delà, la rue d'Espagne, par où repartait le pèlerin, bordée aussi de vieilles demeures dont la plus ancienne, la maison des États de Navarre, est de 1610.

Variante par Villefranche-de-Rouergue (A)

Avant d'arriver à Firmi

Conques

Cransac

E NOUVEAU PARCOURS à partir de Conques est une variante sur la *via Podiensis* qui vous propose de passer par la très intéressante capitale du bas Rouergue. Autrefois, selon leur dévotion, des pèlerins choisissaient d'honorer Saint-Sernin à Toulouse en passant par Sainte-Cécile d'Albi et Notre-Dame de Rabastens. Vous n'irez pas si loin.

Vous quitterez le GR 65 entre Conques et Decazeville pour descendre sur Firmi, une ancienne localité minière au pied du Puy de Wolf, avant de rejoindre le bassin houiller de Cransac-Aubin. Dans cette longue enfilade de maisons, la vie crépitait de l'exploitation minière désormais figée depuis quelques décennies.

Mais aujourd'hui, Cransac a fait rejaillir l'importance des anciens thermes liés au gaz sec de "la montagne qui brûle". À partir de Villefranche-de-Rouergue, et à l'aide du GR 36, vous rejoindrez Varaire sur l'actuel chemin du Puy.

Le porche de l'église de Firmi

173

00,0 **Conques.** Dos à la porte de l'abbatiale, allez en face par la rue de l'Église, puis prenez l'escalier à gauche pour descendre le pavé de la rue Charlemagne. Dépassez la porte du Barry et laissez un chemin montant à droite. En suivant, ignorez un sentier à droite et la ruelle à gauche qui mène à la chapelle Saint-Roch. À la hauteur du goudron que vous laissez à droite, descendez quelques marches et le pavé de la ruelle en face.
Traversez la route au carrefour pour passer en face entre deux maisons et franchir le pont de pierre sur le Dourdou. Poursuivez sur la petite route. Dans la première épingle, empruntez un sentier raide et rocheux. Celui-ci traverse la route au-dessus et se poursuit en sous-bois.

01,2 La chapelle Sainte-Foy perchée fait face à Conques. Continuez à droite ; au-dessus laissez la piste pour un sentier à droite, encore raide. Sous les châtaigniers, croisez un sentier ; à la sortie de la forêt, le sentier finit par se calmer et se poursuit par un chemin bordé par deux clôtures.

0h40 **02,5** **Carrefour** de chemins (544 m) et séparation de deux itinéraires. Laissez en face la variante par Noailhac et allez à droite vers Prayssac (Nord-Ouest). Après 300 m environ, traversez la route pour descendre en face une piste empierrée.

04,0 Au point bas, remontez vers la droite. 200 mètres après, laissez un embranchement à gauche et descendez en face. 600 m plus loin, à la bifurcation, montez à gauche.

05,4 D 606 : suivez-la à droite et à la bifurcation, 250 m plus loin, allez à gauche vers les Clémenties où vous laisserez un chemin à droite.

1h40 **06,7** **Les Clémenties.** Traversez le hameau ; 100 m après le panneau de sortie, utilisez un chemin à gauche. Vous y laisserez un embranchement à droite.
À la ferme les Bréfinies vous retrouvez le goudron à suivre tout droit.

08,1 À l'entrée d'Eyniès, descendez un court chemin avant de remonter une trentaine de mètres le goudron pour prendre à gauche un chemin de terre qui descend fortement. Plus bas, laissez un chemin à droite. Au point bas, traversez un ruisselet à gué.

08,8 Empruntez la passerelle faite de deux poteaux électriques et continuez par un sentier raide sur le premier tronçon. Après une petite crête, le GR s'assagit en montée légère.
Après un passage humide, passez un portillon pour descendre un sentier. Il rejoint un chemin que vous suivez à gauche. Après le point bas, ce chemin devient très raide ; à la sortie du bois il s'adoucit et devient herbeux.

10,5 Traversez la D 183 pour prendre en face un petit chemin herbeux (croix à droite). Rapidement, vous trouvez le goudron (chambres d'hôtes à droite) que vous suivez à gauche.

2h45 **10,9** Bifurcation (511 m) à **Prayssac** : continuez sur la gauche, laissez de suite un chemin à gauche et descendez sur le chemin qui fait suite au goudron.
Au point bas, passez le ruisseau et montez vers la gauche sur un chemin qui devient plus herbeux et raviné. Sur le haut, laissez un embranchement à droite pour dépasser les premières maisons.

13,0 Roumégoux : continuez à gauche sur le goudron. Prenez plus loin à gauche la D 580 (581 m) sur 200 m.

3h45 **13,9** Prenez un chemin herbeux à droite marqué par une borne de la **méridienne verte** (vous retrouvez la variante qui passe par Noailhac). Plus loin, poursuivez en face sur un chemin peu gravillonné ; à la bifurcation allez à gauche.

15,4 Rencontre avec une petite route : la nouvelle variante par Villefranche-de-Rouergue descend à gauche (abandonnez le GR 65). Descendez la petite route sur 200 m. Puis tournez à droite vers la Boriatte sur un chemin goudronné pendant 700 m.

16,3 Dix mètres avant le carrefour du Puy du Wolf et une voie sans issue (le Perdigual), descendez le talus à gauche et franchissez une chicane en bois au pied d'un chêne. Suivez ensuite les balises sur les arbres et passez à gauche de la ferme. Une centaine de mètres plus loin, descendez à gauche le chemin de terre qui fait un lacet vers la droite. Quand ce chemin entre dans le bois, prenez un sentier à gauche. À deux reprises, franchissez deux chicanes en bois sur la clôture. Quand vous rencontrez un chemin herbeux, au niveau de ruines, descendez-le sur la gauche.

17,4 Descendez la petite route à droite et traversez le pont sur le Saltz.
Tournez à droite sur la D 502 et laissez un peu plus loin une route à gauche. Dépassez le panneau Firmi en laissant une route bien à gauche pour descendre vers la droite. Un peu plus bas, ignorez à droite la rue du Moulin.
Au carrefour, allez à droite pour traverser ensuite la N 140 (passage souterrain) et continuez en face dans la rue en sens interdit.

4h45 **18,9** **Firmi.** Traversez la rue semi piétonnière et montez en face une rue oblique vers la gauche. En haut, traversez sous un porche, allez à droite et de suite descendez à gauche la rue François-Mitterrand. Cette rue descend, vire sur la droite et remonte entre deux terrains de sport. En haut, au croisement, continuez à droite en laissant en face une petite route à droite du cimetière.

19,6 Après une place, à la trifurcation, montez sur la branche du milieu. Laissez, en montant, une branche qui descend à droite et virez vers la gauche. Longez une clôture et à la bifurcation allez encore à gauche sur un chemin.

20,5 Le chemin se termine sous une maison et vous continuez sur le goudron tout droit ; 160 m après, vous montez une petite route à gauche. En haut, vous allez à gauche sur plus de 500 m sur une route en crête.

21,2 Avant le carrefour avec la D 53, tournez à droite sur un chemin goudronné en direction de Rials-Combes et, 100 m après, quittez-le pour un chemin à gauche. En bas, passez une clôture et remontez légèrement à droite sous les chênes, puis en bordure de pré. À l'angle d'une clôture, passez la porte et continuez sous la haie de chênes.

5h30 **21,9** **Sauguière.** Allez en face sur un accès goudronné un peu avant le panneau voie sans issue. Après le goudron, continuez sur un chemin de terre, il traverse un bosquet et tombe sur une piste large que vous prenez à gauche.

22,8 Goudron et centre équestre : allez à gauche, puis assez rapidement laissez une piste à gauche pour continuer à descendre à droite en suivant la route marquée "allée de promenade". Plus loin, elle exécute un virage à gauche.

23,8 Quittez le goudron pour aller à droite sur un terrain de jeux (parcours de santé) et encore à droite descendez un large sentier sous les arbres.

24,1 En bas, virez à droite et passez entre les petits immeubles. 180 m plus loin, au croisement avec la D 53, descendez à droite la rue principale de Cransac.

6h10 **24,4** **Cransac.** Place Jean-Jaurès, Office de Tourisme et église.

LE PUY DE WOLF

Dominant comme un véritable "juge de paix" l'agréable et coquette cité résidentielle de Firmi, le puy de Wolf présente l'apparence d'un volcan. Premier gisement européen de serpentine, ses pierres serviront à la construction du grand bassin claustral se trouvant dans l'aire du cloître de l'abbatiale de Conques. Sous ses aspects de montagne infertile, il réserve bien des surprises aux naturalistes. Il est doté d'une flore et d'une faune très riches et bien spécifiques dont on commence à prendre conscience. On trouve sur ses pentes et ses versants des leurs et des plantes très rares.

Ce site naturel présente un intérêt biogéographique assez exceptionnel et sa protection doit être favorisée en sauvegardant les espèces menacées en rationalisant la fertilisation, en veillant à la qualité de l'eau et en maintenant le pastoralisme (site Natura 2000).

Depuis le sommet, un magnifique panorama est offert aux randonneurs sur le bourg de Firmi qui semble se lover dans son verdoyant vallon sur le site minier de Decazeville et sur les plateaux et vallées environnants.

DE LA MINE AUX THERMES

Haut lieu de l'exploitation minière aux XIXème et XXème siècles, la cité de Cransac était depuis l'Antiquité connue pour ses sources aux vertus bienfaisantes. Au cours des siècles, la cité thermale étend son influence grâce à ses eaux minéralisées, mais aussi grâce à un phénomène naturel rarissime : "la montagne qui brûle".

Des collines environnantes s'échappent des gaz secs et chauds, employés sous forme d'étuves pour le traitement des rhumatismes. La station thermale connaît son âge d'or au XVIIIème siècle (6000 curistes par an). L'exploitation des mines viendra mettre un terme à cette période faste. Pendant 150 ans, le diamant noir fera la fortune de quelques-uns et la souffrance des mineurs. La fermeture des mines dans les années 1960 amènera Cransac à redécouvrir le thermalisme.

La montagne souffle toujours ses vapeurs sulfureuses, et pas à pas Cransac-les-Thermes reconquiert sa place de station thermale et de "ville verte".

Vue générale de Peyrusse-le-Roc

Cransac

Peyrusse-le-Roc

EPUIS CRANSAC, le cheminement part à la rencontre de l'histoire via un paysage marqué par l'exploitation du charbon, mais pas seulement… La crête au-dessus d'Aubin, coiffée de la vierge, d'une tour et d'une chapelle d'où la cloche sonnait pour les pèlerins égarés, témoigne aussi d'un passé jacquaire. La progression vallonnée passe par la vallée discrète du Moulin du Fau avant de filer sur le plateau de Montbazens. Valzergues y cultive joliment son histoire avec son château du XIVème siècle et la tour pigeonnier. Vous finirez à travers une campagne parsemée de prairies pour gagner la chaleur des vieilles pierres de Peyrusse-le-Roc. Cette ancienne place forte, perchée au-dessus de la vallée d'Audiernes, reste une porte ouverte sur le Moyen Âge.

🌐 CARTES UTILES

🌐 IGN 57 Cahors – Montauban, au 1/100 000

🌐 2338 O Decazeville, au 1/25 000

🌐 2238 E Figeac, au 1/25 000

🏃 RENSEIGNEMENTS PRATIQUES

✤ AUBIN (12100)

→ SI, place Jean-Jaurès, 05 65 63 19 16, www.aubin12.com

→ Commerces, services sauf hôtel, gare SNCF

→ À voir : le musée de la Mine Lucien Mazars, l'église Notre-Dame, l'église du Gua (style pavillon Baltar), l'église Notre-Dame-des-Mines de Combes, l'église Saint-Amans-du-Fort et la chapelle du Pouzet

✤ MONTBAZENS (12220)
3 km hors Chemin

→ OT, 43 avenue du Ségala, 05 65 63 77 94, www.plateau-de-montbazens.com

→ Commerces, services, sauf hôtel

→ Centre d'accueil Lou Mouli del Bent,
16 à 18 ch., 1/2 pension 26 €/pers, Jaunac,
M. Gilhodes, 05 65 63 75 89

→ Camping municipal, 20 empl.,
tente 3,05 €/pers., ouvert du 01/05 au 31/10,
Jaunac, M. Gilhodes, 05 65 63 75 89

❖ PEYRUSSE-LE-ROC (12220)

→ Mairie, place des Treize-Vents, 05 65 80 42 98
ou Point Info. Le Rempart, 05 65 80 49 33
(de 10h à 12h)

→ Restaurant

→ À voir : la cité médiévale, la synagogue,
l'hôpital des Anglais, le Rocher, le beffroi,
le tombeau du Roi

→ Gîte et centre d'hébergement La Maison
de l'Albine, 30 pl., accueil de groupe uniquement
(minimum de 12 pers.), nuitée 12 €/pers., gestion
libre, Borie Milhenque, M. Joulie, 05 65 80 43 37

→ Gîte Le Rempart, 7 pl., nuitée 20 €/pers.,
pdj 4 €, repas 13 €, coin cuisine, MLP,
clef au restaurant, M. Savignac, 05 65 80 43 91

Le château de Valzergues

00,0 **Cransac.** Depuis l'O.T., prenez la rue du 1er Mai vers Aubin et, à 300 m, prenez à droite la direction des thermes.

00,6 Dans un virage, laissez à droite la direction des Grandes Vignes, puis longez les premiers thermes pour monter en face une petite route vers la forêt de Vaysse (Montagne Brûlée). Passez sous les gros tuyaux des thermes et laissez deux pistes à droite pour virer à gauche sur un parking. Puis empruntez le chemin en sens interdit et, 100 m après, laissez un chemin à droite pour monter à droite au-dessus des thermes, sur un sentier. Tout d'abord en gravier, ce sentier devient terreux et s'enfonce dans le bois. Il se poursuit par un chemin qui rejoint une route à suivre à gauche sur 150 m.

01,9 Carrefour au point haut : descendez à droite vers les stades. Après 120 m de descente, prenez la deuxième piste à gauche. Plus loin, celle-ci est fermée par une chaîne. Passez une aire de pique-nique près d'un étang (à gauche) et d'un arboretum (à droite). Une centaine de mètres après, quittez la piste pour un sentier à droite qui se termine par une allée gravillonnée.

03,0 Carrefour de chemins en lisière de forêt : allez à droite sur 300 m. Au carrefour de la Peyrade, prenez en face et, 50 m après, suivez un sentier à gauche qui débute par quelques marches. Il longe une résidence et descend à un carrefour de sentier où vous poursuivez en face pour remonter un peu.

03,8 Point haut surmonté de trois croix : descendez un sentier rocheux vers la vierge que vous contournez par la droite en remontant un peu. Passez à droite de la tour, puis de la chapelle, et descendez les escaliers en suivant.

1h00 **04,1** **Aubin.** Arrivé sur le goudron, descendez une petite rue à droite et une autre à droite après le restaurant. 200 m plus bas, prenez en face sur la place Maruéjols. 100 m plus bas, traversez le parking pour emprunter à droite la D 11 (sur 150 m environ).

04,6 Carrefour avec la D 5 : prenez à droite vers Decazeville, puis de suite tournez à gauche la rue Paul-Vaillant-Couturier. Plus loin, prenez la rue Bessière en sens interdit qui passe devant l'église. À la bifurcation au-dessus, laissez à gauche le passage à niveau pour aller à droite.

05,0 Carrefour devant l'ancienne gare : suivez en face l'avenue Edmond-Ginestet et doublez le cimetière, plus bas. Dans le virage, quittez l'avenue pour une petite route à gauche. Passez sous le tunnel de la voie ferrée ; dans le virage suivant, laissez un chemin à gauche.

05,9 Au point haut, quittez le goudron pour un vieux chemin à gauche. Après deux lacets, il se rétrécit et après un virage il devient sentier et exécute une grande boucle sur la gauche. Après la ferme le Clot, suivez le goudron sur plus de 400 m.

07,4 Carrefour au hameau du Puech (401 m). En face, traversez le hameau ; en suivant, continuez sur un chemin herbeux entre deux clôtures. Après 200 m, devenu sentier, l'itinéraire fait un lacet et passe une porte de clôture. Puis il fait un coude et descend en écharpe dans la forêt. Après un écart à gauche, il descend droit et raide.

2h00 08,0 Hameau du **Moulin du Fau.** Allez à droite sur 20 m, puis descendez à droite. Après 100 m, prenez le chemin herbeux à gauche qui suit le vallon à distance du ruisseau. Après une cascade, il se transforme en sentier étroit.

09,2 Prenez un chemin à gauche sur 20 m avant d'emprunter un bras mort de la route à droite. 100 m plus loin, avant une maison abandonnée, tournez à droite sur un chemin qui fait un large virage à gauche. Il traverse un ruisseau et monte tout d'abord, raviné puis herbeux. Plus haut, après la forêt, à l'angle d'une prairie laissez un chemin qui descend à droite pour continuer à monter et, après 200 m, remontez le goudron au niveau d'une grange.

11,1 Hameau de Nespoulières. Au croisement, virez à gauche et suivez la route

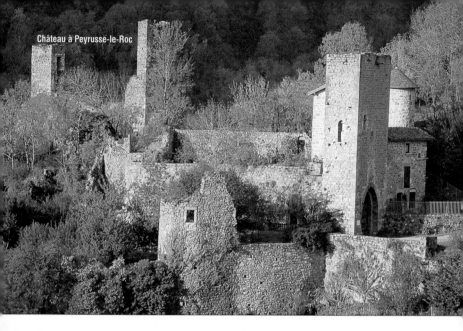

Château à Peyrusse-le-Roc

d'accès. Laissez un chemin gravillonné à gauche.

Au point haut, laissez à droite un chemin gravillonné et un balisage. Au croisement, continuez en face et à deux reprises laissez une petite route à gauche.

3h20 **13,3** Église de **Valzergues**. Prenez la D 287 à gauche, après le monument aux morts, pendant 350 m, puis tournez à droite à l'angle d'une maison sur un chemin d'abord goudronné puis gravillonné.

14,4 Non loin de la D 994, allez en face sur un chemin herbeux qui se rétrécit en sentier derrière les maisons et retrouve le gravier avant le goudron.

14,8 Traversez la D 994 et prenez à droite une allée en goudron puis en gros gravier qui se poursuit par un chemin entre les champs et, après une étable, prenez la petite route à gauche (443 m).

16,5 Hameau de Montpestels : à la bifurcation, allez à droite. À la sortie, laissez un chemin à droite et poursuivez en face sur un chemin en descente. Passez un pont au bout d'une retenue d'eau au moulin de Narbonne (en ruine). À la bifurcation, montez à gauche sur un chemin raviné qui se poursuit en herbe à la sortie du bosquet.

18,2 Carrefour à la Regaldie (474 m) : prenez la petite route à gauche sur une centaine de mètres avant de tourner à droite sur une autre petite route.

19,0 Suivez la D 87 à droite, longuement. 700 m après, au carrefour de Cournolis, poursuivez en face, toujours sur la D 87, en direction de Peyrusse-le-Roc. Au carrefour avec une petite croix, continuez en face.

22,3 Dans une courbe, laissez la direction de la Caze à gauche et poursuivez encore sur la D 87.

Après 700 m environ, à la hauteur d'un stade, prenez un chemin gravillonné à droite. 370 m plus loin, il fait un coude vers la gauche, longe une serre. En bas, il rejoint le goudron près du lavoir de la Baume : suivez alors la petite route à gauche.

Carrefour avec la D 87 : prenez la petite rue à droite (le gîte communal se trouve à droite). Pour aller à la place des Treize-Vents, continuez par la petite rue, virez à gauche puis à droite et passez sous la porte fortifiée.

6h00 **23,7** **Peyrusse-le-Roc.** Église et place des Treize-Vents.

L'ESTOFINADE

Née avec l'introduction de la pomme de terre, la bonne estofinade nécessite un stockfish (cabillaud séché sur des claies, à l'air libre) de qualité supérieure, celui des îles Lofoten. Pour la préparer, il convient de tremper le poisson une semaine à l'eau vive, afin de l'attendrir. Il est ensuite cuit, émietté et lentement travaillé avec des pommes de terre, des œufs frais, de l'huile bouillante, de l'ail, du persil, auxquels s'ajoutent œufs durs, crème fraîche, huile de noix ou graisse de canard.

Riche en protéines, phosphore, calcium… et en calories, l'estofinade était un plat de Carême ou du vendredi, mais aussi plat de fête consommé de la fin des vendanges à Pâques. De plat de pauvres, elle est devenue denrée rare et chère, raffinée et délicate.

LE FORT D'AUBIN

Élevé vers l'an 193 sur les ordres du général Claudius Albinus (qui a laissé son nom à la ville), ce fut d'abord un "cap barré", lieu de refuge et de défense ; un château fort y fut construit au Moyen Âge dont seul subsiste le donjon, tour carrée mutilée et remaniée au fil des siècles. Au pied de la tour, l'église de la Tour, ou Saint-Amans-du-Fort, vraisemblablement construite au XIIème siècle sur les vestiges d'un temple païen. Sa tour, qui faisait partie du système défensif, servait à la fois de clocher et de tour de guet.

La Vierge du fort a été érigée à la même époque que le chemin de croix (XIXème) ; réinstallée en 1996, elle avait été victime de la foudre en 1964. Suivant le chemin de croix, on parvient à la chapelle du Pouzet, c'est-à-dire du "petit puits". Celui-ci, creusé dans le sol de la nef, face à la table de communion, donnait une eau réputée pour ses effets bénéfiques chez les personnes atteintes de maladies des yeux. Dans la chapelle (roman tardif), statuette en bois polychrome découverte, selon la légende, au fond du puits.

AUBIN ET ALENTOURS

Une cuve baptismale en plomb, pièce unique du XIIIème, est à voir dans l'église Notre-Dame. Jadis, l'une des cloches de cette dernière était sonnée, par intermittence à la nuit tombante, pour guider les pèlerins égarés dans les profondes forêts du voisinage, comme la forêt de robiniers de la Vaysse, sur le chemin de Combes, village où se dresse l'église Notre-Dame-des-Mines enrichie de grandes peintures murales exaltant le travail des mineurs.

Un musée de la Mine, de hautes cheminées d'usine à tête ouvragée rappellent la richesse industrielle du lieu (houille et métallurgie).

Dans le quartier du Gua, inscrite à l'inventaire des Monuments historiques, une église construite en 1869 par l'architecte Boileau a la particularité de posséder une charpente métallique, sur le modèle des Halles de Baltard.

LE CHATEAU DE VALZERGUES

Construit vers la fin du XVème, plusieurs fois remanié, notamment vers 1860, il a perdu son caractère originel. Seule sa tour hexagonale, maintenant tronquée, prise assez bizarrement à moitié dans le corps du bâtiment, a gardé un certain cachet avec ses fenêtres à meneaux et sa porte basse surmontée d'un écusson où se distinguent péniblement les armes écartelées des d'Albin et des Naussac.

À l'intérieur : un escalier à vis, et, au premier étage, la salle à manger avec plafond à la française, un très beau pavage de grosses dalles taillées et une cheminée taillée en pierres du pays (baryte).

MONTBAZENS

Le bourg du Moyen Âge était groupé autour de son église fortifiée et d'un prieuré faisant partie du patrimoine de l'abbaye de Saint-Géraud d'Aurillac. L'ancien logis du moine prieur, belle demeure du XVIème, est devenu l'hôtel de ville.

L'église, quoique profondément remaniée au cours des siècles, comporte une partie d'origine romane. Son clocher du XVème est une ancienne tour de guet et de défense. Le village est resté jusqu'au début du XXème siècle une cité de tailleurs de pierre.

PEYRUSSE-LE-ROC

Sur les bords escarpés et boisés du versant gauche de la vallée de l'Audierne, l'ancienne *Petrucia* offre un ensemble fortifié extrêmement impressionnant qui défendait au Moyen Âge une ville prospère (mines et chef-lieu de baillage), place forte importante des comtes de Toulouse puis du roi de France. Les ruines d'un hôpital, d'une grande église, d'une synagogue et deux châteaux offrent encore un circuit de visite intéressant.

Sur les toits d'Aubin

La collégiale de Villefranche

Peyrusse-le-Roc
Villefranche-de-Rouergue

A DÉGRINGOLADE sur le beffroi, les tours et la chapelle Notre-Dame-de-Pitié est un beau lancement pour cette longue étape qui devient toutefois beaucoup plus paisible, ensuite. En première partie, le parcours navigue dans la campagne irriguée par de nombreux ruisseaux, dans la vallée de la Diège, avant de s'élever modestement sur le causse de Villeneuve, plus aride.

À mi-chemin, Villeneuve, si vous n'y faites pas étape, vaut une visite approfondie. Cette bastide fortifiée a gardé un charme médiéval autour de la place des Conques et possède des témoignages du passage des pèlerins.

En variante, l'église préromane de Toulongergues et le village de Saint-Rémy présentent un intérêt certain, mais ajoutent tout de même quatre kilomètres. Vous finirez, enfin, dans les rues blotties autour de la massive collégiale Notre-Dame à Villefranche-de-Rouergue. Bien des trésors architecturaux habillent cette bastide qui mériterait largement une journée de visite.

⊕ CARTES UTILES

⊕ IGN 57 Cahors – Montauban, au 1/100 000

⊕ 2238 E Figeac, au 1/25 000

⊕ 2239 E Villefranche-de-Rouergue, au 1/25 000

🚶 RENSEIGNEMENTS PRATIQUES
✣ VILLENEUVE-D'AVEYRON (12260)

➜ OT, boulevard Cardalhac, 05 65 81 79 61 (ouvert du 01/04 au 31/10)

➜ Commerces, services, sauf hôtel

➜ À voir : Pays d'Art et d'Histoire, la sauveté de Villeneuve, l'église romane et ses fresques, les couverts, les chapelles

➜ Camping municipal, 2 bungalows, nuitée de 20 à 40 €/ch. (selon saison), coin cuisine, OT ou mairie 05 65 81 60 38

➜ Hôtel, restaurant, petit multiple rural

➜ 800 m hors Chemin : CH et TH Mas de Jouas, 13 pl., tarifs : se renseigner, panier repas, ML, accès internet 2 €, acheminement, ouvert du 01/03 au 5/11, réservation, Mme Taillet, 05 65 81 64 72

✤ VILLEFRANCHE-DE-ROUERGUE (12200)

➜ Tous commerces, services, gare SNCF

➜ OT, promenade du Guiraudet, BP 239, 05 65 45 13 18, www.villefranche.com

➜ Association du Bas-Rouergue Vers Compostelle, 169 route de Montauban, 05 65 45 20 15 ou 05 65 45 15 77 (renseignement sur l'itinéraire, vente crédencial).

➜ À voir : le musée Urbain Cabrol, la chartreuse Saint-Sauveur, la chapelle des Pénitents noirs, la collégiale Notre-Dame, les bastides (centre ancien), l'abbaye cistercienne de Loc-Dieu, la chapelle des Treize Pierres (dans les environs : l'abbaye cistercienne de Loc-Dieu)

➜ Accueil spirituel à la communauté des Sacrés Cœurs, 5 pl., nuitée 20 €/pers., pdj compris, repas 10 €, château de Graves, réservation, 05 65 45 83 72 ou 06 73 62 40 51

➜ 1,5 km HC : GE de la Gasse, 16 pl., nuitée 9 €/pers., coin cuisine, épicerie dépannage, ouvert d'avril à fin octobre, route de la Gasse, réservation, M. Bareille ou Mme Armengol, 05 65 45 10 80 (18h à 20h)

➜ Foyer des Jeunes Travailleurs et Auberge de Jeunesse du Rouergue, carte d'adhésion obligatoire (10 €), nuitée 11,90 €/pers., supplément drap 2,90 €, pdj 3,50 €, repas 8 €, coin cuisine, MLP, 23 rue Lapeyrade, 05 65 45 09 68

Le cloître de la chartreuse de Villefranche

Fresque à Villeneuve

00,0 Peyrusse. Dos à l'entrée de l'église, traversez la place des Treize-Vents et passez à droite de la mairie sur un chemin pavé. Plus bas, tournez à gauche vers le site médiéval, puis descendez à droite ensuite. Au beffroi, descendez à gauche.

00,8 Chemin empierré : la chapelle Notre-Dame-de-Pitié se trouve 100 m à droite. Suivez le chemin blanc vers la gauche en laissant deux sentiers à main gauche.

01,9 Poursuivez sur le goudron en laissant un chemin herbeux qui se dirige vers un pont en pierre à droite.

02,4 À la ferme de Prévinquière, laissez une petite route à droite et 50 m plus loin, au carrefour, suivez la D 87 vers la gauche sur 350 m.
Au petit carrefour, virez à droite vers Artigues. Le goudron se termine 200 m après et vous continuez sur un chemin blanc et vert. Passez le ruisseau et montez par le chemin devenu terreux.
Sur le haut, tournez d'abord à droite, puis de suite à gauche. Rapidement une bifurcation se présente : prenez le sentier herbeux à droite, en creux dans les broussailles. À la sortie, suivez un chemin herbeux de plus en plus marqué.
Autre bifurcation : allez à gauche.

04,5 Après le stade Linder, traversez la petite route pour continuer en face sur un bout de chemin ; il rejoint une petite route à suivre à gauche. Plus bas, traversez le hameau de la Bouriatte et passez le pont sur la Diège.

05,7 Traversez la D 40 et prenez en face la direction de Cambon – Mas de Camus.

Après le tunnel sous la voie ferrée, au carrefour, poursuivez à gauche vers Puech Goudou.

1h55 07,8 Au **Mas de Vayle,** montez à droite et, au-dessus de l'étable, suivez un chemin herbeux à gauche, et à plat. Entrez dans le bois ; à la bifurcation, prenez le sentier à droite. À la bifurcation suivante, suivez le chemin du bas, à droite. 250 m plus loin, il rejoint un petit chemin de terre que vous empruntez, en face.

08,3 Prenez une petite route à droite (cote 317) seulement sur 50 m pour aller ensuite à gauche (Sud) sur un chemin gravillonné. Laissez à deux reprises un embranchement à droite. À la bifurcation, après la maison Subretesque à droite, empruntez le chemin de gauche en descente.

2h40 10,6 Latour. Au carrefour avec une croix, poursuivez en face. Après 200 m, à la sortie du hameau, prenez à droite un chemin empierré qui descend d'abord, monte ensuite, et redescend encore.

11,2 Traversez la D 545 pour un autre chemin en face. Au bout de 600 m, quittez ce chemin pour un autre, herbeux, à gauche en descente (panneau source). Plus bas, longez le ruisseau et laissez un embranchement pour continuer en face. 100 m plus loin, à la bifurcation suivante, allez à droite.

12,9 Vous retrouvez la piste que vous suivez à gauche. 200 m plus loin, laissez venir un chemin de droite et 30 m après laissez un chemin à gauche.

13,7 Carrefour de pistes, avec une croix, sur le point haut, 50 m après un embranchement laissé à droite : continuez en face. 300 m plus loin, laissez un autre embranchement à droite.

14,7 Retour sur le goudron : suivez-le à droite sur 100 m. Au carrefour avec la D 40 (les Bories), allez en face en laissant de suite une petite route à gauche.

15,1 Quittez la D 40, à la hauteur d'une

cazelle, pour prendre la première route à droite en direction de Combe des Arnals. Après 200 m, au carrefour avec une croix, allez à gauche. Après le goudron, continuez tout droit sur un sentier herbeux pendant 150 m.

Poursuivez ensuite en face sur une petite route où vous laissez un embranchement à droite après 200 m. Laissez une route à droite et prenez en suivant la D 40 à droite sur 200 m.

4h10 **16,6** **Villeneuve.** (Ne manquez pas la visite de cette belle ville médiévale.) Au carrefour avec une chapelle, allez à droite.

Face à la porte fortifiée, tournez à gauche et, dans le virage 50 m après, allez encore à gauche (panneau 3,5 T). Laissez à gauche une route d'accès à un lotissement.

16,9 Après la salle des fêtes, prenez un chemin gravillonné vers la gauche. Ensuite laissez à droite un accès à une maison et continuez sur un chemin (vue sur un pigeonnier) qui devient plus tard sentier.

17,5 Carrefour en T (cote 411 m) : allez à droite sur un chemin herbeux : puis un sentier en creux à l'ombre.

Empruntez à droite un chemin et 30 m plus loin une piste empierrée en face.

18,5 Après un point haut (cote 402 m), au croisement de pistes, allez à droite (Sud) sur un chemin de terre qui entre dans la forêt en légère descente. Plus tard, à un autre carrefour, continuez tour droit.

19,8 Vous rencontrez un chemin que vous suivez en face sur 30 m. Au carrefour en T, allez à gauche sur le goudron, puis au carrefour en Y poursuivez à droite.

Quittez le goudron pour un petit chemin à droite, le long d'une haie de chênes, qui monte d'abord et descend ensuite.

Au coude d'une petite route (ferme la Draye à gauche), poursuivez en face et 400 m plus loin au croisement faites de même.

5h15 **21,0** Carrefour de **Bel Air :** laissez la petite route à droite (variante par Saint-Rémy) pour continuer en face d'abord

Dans une rue de Villeneuve

sur le goudron, et sur un chemin de terre après la maison. À la bifurcation, allez tout droit ; plus loin longez un bosquet de pins.

21,8 Route et carrefour : allez tout droit sur une petite route en laissant ensuite un sentier balisé à gauche. Le gravier remplace le goudron ; dans la descente laissez un embranchement qui monte à gauche.

22,9 D 922 : descendez à droite et, 100 m plus loin au rond-point, allez à droite vers Saint-Rémy. Prenez ensuite la direction de Bérals à gauche sur une voie sans issue. Passez un petit pont et tournez sur le chemin empierré à gauche.
Laissez à droite un chemin fermé par une chaîne avant de traverser le tunnel sous la D 1.
Après une ferme, suivez le goudron en face sur 200 m.

6h10 **24,2 Farrou.** Prenez la D 1 à gauche et, 50 m après, tournez à droite vers la zone d'activité. Passez la voie ferrée et tournez à droite vers Veuzac. 500 m plus loin, à la bifurcation, prenez à gauche (à droite, une zone artisanale), toujours vers Veuzac. Laissez plus loin l'embranchement du Mas de Lortal (croix), puis passez le cimetière et l'église de Veuzac. Au croisement qui suit, continuez tout droit et au T allez à gauche dans le vallon parallèle à la voie ferrée.
Laissez une route à gauche qui monte au hameau de Testes et, 100 m après, allez à droite pour passer un pont en pierre.

26,3 Traversez la voie ferrée et franchissez la D 922 en oblique vers la gauche pour prendre un sentier à droite de la maison. Au bout de 300 m (entrée de résidence), empruntez un chemin gravillonné en montant à gauche.

27,0 Croisement en bout de chemin : allez à gauche. Vous arrivez dans Villefranche, 300 m après, prenez en face la rue du Coucou Blanc qui se poursuit par une allée fermée à la circulation sur 180 m environ.
De nouveau sur le goudron, poursuivez en face dans l'avenue du Belvédère.

28,1 Au carrefour, prenez l'avenue Hugues-Panassié à droite et, 50 m après, descendez à gauche la rue très raide des Églantiers. Empruntez à droite l'avenue Jean-Gazave. Au panneau voie sans issue, descendez les escaliers à droite.
Sur la place, allez en face pour dépasser les feux tricolores sur le boulevard. Ensuite, laissez la rue Durand-de-Montlauzeur puis la rue des Peyrouliers à gauche pour utiliser en descente la rue Saint-Jacques. Passez ensuite sous les arcades Alphonse-de-Poitiers.

7h15 **29,0** **Villefranche-de-Rouergue.** Place Notre-Dame, au pied de la collégiale.

VARIANTE PAR SAINT-RÉMY

Comptez environ 4 km de plus.

21,0 Carrefour de Bel Air (coté 373 m) : prenez la petite route à droite. 300 m plus loin, dans le hameau de Calville, laissez un embranchement à droite

21,6 Trente mètres avant la D 922, descendez à gauche sur un sentier pour franchir un tunnel sous la route. 160 m plus bas, franchissez une passerelle près d'un ancien lavoir et poursuivez vers la gauche. Vous parvenez sur un chemin à suivre à droite.
Au carrefour de chemins, allez à gauche, puis passez devant une maison et continuez en suivant sur un sentier (balisé en jaune). Bifurcation de sentiers : prenez à droite. Vous rejoignez un chemin herbeux qui vire ensuite vers la droite. Plus loin, suivez une petite route à gauche.

6h10 **24,6 Toulongergues.** Croisement avec une croix : allez en face (passez devant la chapelle préromane à gauche) ; au Y, continuez à gauche. 50 m après, à la hauteur d'une petite croix en pierre, quittez le goudron pour un chemin pierreux et herbeux à droite. Descendez-le seulement sur 120 m pour emprunter un sentier à gauche, qui file en sous-bois pratiquement à l'horizontale, sur 800 m.

25,8 Remontez la petite route à gauche sur 150 m jusqu'au croisement avec une Vierge. Prenez à droite sur 60 m avant de descendre la deuxième allée dans le virage. C'est un accès à une maison que vous laissez ensuite à gauche pour continuer sur un chemin herbeux. Après un lacet vers la droite, descendez un sentier à gauche qui contourne une maison par la gauche. Ensuite, utilisez quelques marches et prenez la route à gauche.

6h40 **26,3** **Saint-Rémy.** Carrefour après l'église. Allez à droite ; en bas, laissez la direction Tolonjac en face et poursuivez sur la route à gauche. Elle passe le pont sur le Bourdouvre, puis vire vers la droite et quitte Saint-Rémy.

27,2 50 m avant le rond-point, retrouvez l'itinéraire normal, par Farrou. Vous atteignez Villefranche-de-Rouergue après 6 km.

VILLENEUVE, UNE BASTIDE DU ROUERGUE

Aux confins du Rouergue et du Quercy, sur un causse qui limite la vallée du Lot et celle de l'Aveyron, Villeneuve est une ancienne bastide fondée au XIIIème siècle par les comtes de Toulouse. La ville est un exemple type du développement urbain du Moyen Âge. Autour d'un monastère fondé en 1051, se développe une agglomération protégée par quatre croix de pierre et dotée de nombreux privilèges. Elle devient vite l'objet de convoitises ; après la croisade des Albigeois, le comte de Toulouse se lance dans une politique d'acquisition de terres et de droits : après tractations avec l'évêque de Rodez, Raymond VII acquiert Villeneuve pour en faire un point d'appui précieux. L'extension de la ville se réalise entre 1231 et 1247. À la mort d'Alphonse de Poitiers, en 1271, elle devient bastide royale.

Au cœur du bourg, très belle place à arcades entourée de vieilles demeures, église d'origine romane, nef et chœur gothiques (XIVème), fresques de 1306 relatant le pèlerinage vers Compostelle (légende du "pendu dépendu"), clocher roman surhaussé à l'époque gothique.

L'ÉGLISE DU SAINT-SÉPULCRE

Son fondateur, le seigneur Odile de Morlhon, la voulait semblable à celle du tombeau du Christ qu'il avait pu voir lors de son pèlerinage à Jérusalem. Son plan en croix grecque témoigne de cet élan spirituel de retour aux sources du christianisme, propre au XIème siècle, et qui est à l'origine des premières croisades en Terre sainte. Agrandie au XIIIème afin d'accueillir une assemblée de fidèles considérablement enrichie de nouveaux arrivants venus peupler la bastide naissante, elle adopte le vocable de Saint-Pierre et de Saint-Paul et se dote d'un cycle de peintures murales rappelant le développement à cette époque d'une nouvelle pratique spirituelle : le pèlerinage vers Saint-Jacques-de-Compostelle. On consacre d'ailleurs à Villefranche, au XVème siècle, une chapelle dédiée au saint. Villefranche et Villeneuve s'affirment alors comme étapes reconnues et centres d'accueil des pèlerins.

TOULONGERGUES

La petite église préromane appartient à un type d'édifices peu connu et pourtant bien représenté dans le Rouergue. Cette architecture archaïque, mêlant maçonnerie presque aveugle en pierres sèches et charpente de bois, témoigne de la spiritualité rurale des IXème et Xème siècles. On peut y découvrir les balbutiements de l'art sculpté roman, ainsi que des fresques du XIème, parmi les plus anciennes conservées dans tout le Midi de la France.

SAINT-RÉMY ET LA RANÇON

De cet ancien bourg fortifié, il est fait mention, dès 1055, d'une tour refuge où les habitants se retiraient en temps de guerre. Le village et l'église sont dominés par un majestueux château du XIIIème siècle, remanié au XVème, et très bien conservé. En 1525, les évêques de Rodez l'auraient vendu pour payer la rançon de François Ier. L'église présente un chœur roman ; remis en valeur, il conserve des traces de fresques médiévales. La nef, dotée autrefois d'un plafond de bois, a été remaniée ; deux chapelles gothiques ont été ajoutées au XVème siècle.

Aux portes du village, la grotte de Roquefeluche est datée du chalcolithique (environ 4000 ans avant J.-C.).

VILLEFRANCHE, UNE BASTIDE

Fondée en 1252 par Alphonse de Poitiers, comte de Toulouse, sa charte de coutumes accordée en 1256 fixe les cadres de la vie communautaire, mettant l'accent sur le commerce et faisant de la place le cœur de la cité. Commencée à mi-pente sur la rive droite de l'Aveyron, la bastide s'agrandit jusqu'à la rivière et se ceinture au milieu du XIVème siècle de fortifications aujourd'hui disparues. Le XVIème siècle voit s'épanouir l'architecture de la Renaissance dans les demeures bourgeoises, tandis que les troubles de la Réforme poussent à fortifier le clocher de la collégiale. Au XVIIème, la Contre-Réforme

Linteau à Veuzac, près de Villefranche

pas et classa l'édifice (ainsi que l'abbaye de Conques) parmi les premiers de son inventaire des Monuments Historiques, lors de son passage en Aveyron en 1840.

 ### ÉMILIE, SAINTE LOCALE

À Sainte-Émilie-de-Rodat, à Villefranche, c'est l'œuvre d'une femme et le don de soi qui sont exaltés. La sainte locale, canonisée en 1950, consacra en effet sa vie à l'éducation des jeunes filles pauvres ou orphelines. Les paroissiens lui firent élever une chapelle entre 1951 et 1959. Celle-ci est dominée par un étonnant et gigantesque clocher-mur. Les reliques de la sainte sont conservées dans une crypte attenante à la nef, vestige de l'ancien couvent des Cordeliers (franciscains) qui occupait cette partie de la ville au XIIIème siècle. Sous la permanence architecturale se dessine la permanence d'un sentiment religieux que les siècles et les usages n'ont pas émoussé.

 ### LA CHAPELLE SAINT-JACQUES

Au moment où la ville est un immense chantier (on y construit la chartreuse en un temps record : 1451-1459 ; on travaille aux voûtes de la collégiale, terminées en 1474), c'est à la diligence des consuls et grâce aux oboles des habitants, déposées dans le "bassin de la Fontaine" que l'on entreprendra , à partir de 1455, de construire une chapelle "à l'honneur de saint Jacques de Galice". Elle a été édifiée sur l'emplacement de l'hôpital primitif. C'est un bel exemple d'architecture gothique méridionale à nef unique (19 m de long, 7,50 m de large, 9 m de haut) qui mérite d'être sauvé. À la Révolution, elle fut désaffectée et devint propriété de l'hospice jusqu'à sa vente à un particulier en 1852, pour devenir un entrepôt, lui aussi aujourd'hui désaffecté.

élève les chapelles des Pénitents noirs et des Pénitents bleus. L'apogée de la bastide se situe à la veille de la Révolution : c'est le siège de l'assemblée de Haute-Guyenne.

 ### LA COLLÉGIALE EN TOUTE FRANCHISE

La collégiale Notre-Dame de Villefranche impose la présence de son clocher porche massif sur la place de la bastide, dévolue comme il se doit aux foires et aux marchés. Comme pour rappeler que, malgré les franchises qui lui sont accordées, la société de ces villes nouvelles est encore profondément soumise au pouvoir de l'Église.

Les stalles du chœur, œuvre de l'atelier du maître André Sulpice, sont encore là pour témoigner du rôle social de premier plan que tenait le collège de chanoines en charge de la célébration des offices.

 ### PÉNITENCE ET EXEMPLARITÉ

C'est encore du pouvoir des images qu'il est question à la chapelle des Pénitents noirs, à Villefranche. En réponse à l'iconoclasme des réformés (aussi appelés "protestants"), la Contre-Réforme catholique réaffirme leur vocation exemplaire. L'exemplarité, mais aussi la pénitence

individuelle en vue du salut collectif, c'est ce que se proposent d'accomplir les membres de cette confrérie, apparue en ce début du XVIIème siècle. Le premier exemple à suivre reste bien sûr celui du Christ, et l'édifice reprend, comme à Villeneuve, le plan de son tombeau. Les décors sculptés et peints de la chapelle participent à une véritable mise en scène de la Passion et illustrent parfaitement l'esthétique baroque qui se développe alors. La forme vise au sensible, à l'émotion et au spectaculaire. Tout concourt ici à la glorification d'une Église ambitieuse, qui se veut généreuse et énergique.

 ### LA CHARTREUSE ET LES INDULGENCES

C'est le legs testamentaire d'un riche marchand drapier, parti à Rome en 1450 racheter ses péchés à coup d'indulgences lors du jubilé du pape Nicolas V, qui est à l'origine de la fondation de la chartreuse Saint-Sauveur. Témoin du pouvoir accordé aux "œuvres" pour le salut de l'âme, ce monastère abritait une communauté de moines vivant selon la règle sévère des chartreux : isolement, vie contemplative et silence absolu. Ce lieu, empreint d'une profonde spiritualité, est également un remarquable exemple de l'art flamboyant du XVème siècle. Prosper Mérimée ne s'y trompa

Laramière : le prieuré

Villefranche-de-Rouergue
Laramière

 E GR 36 sera votre guide pendant deux jours, jusqu'à Varaire.

Aujourd'hui, avec dix-huit kilomètres, l'effort est peu soutenu et permet de profiter pleinement des paysages du Rouergue.

Dans la première partie, vous quittez la bienveillante vallée de l'Aveyron pour vous immiscer dans celle beaucoup plus discrète du Malpas. Une belle introduction avant de prendre le large sur une sorte de plateau où les nombreux murs épais en bordure des prairies traduisent une forte pratique du pastoralisme.

Dans la seconde phase, au-delà de Savignac, une grande échappée vous conduit à proximité de l'abbaye cistercienne fortifiée de Loc-Dieu, un des derniers monuments historiques sur le sol aveyronnais avant d'entrer sur celui du Lot. Laramière n'est plus très loin, en bordure du causse de Limogne.

🌐 CARTES UTILES

🌐 57 Cahors – Montauban, au 1/100 000

🌐 2239 E Villefranche-de-Rouergue, au 1/25 000

🌐 2239 O Martiel, au 1/25 000

🚶 RENSEIGNEMENTS PRATIQUES

❖ **SAVIGNAC (12200)**
à 5 km de Villefranche sur le GR 36

→ Hôtel, restaurant, boulangerie (petite épicerie)

→ Mairie, le bourg, 05 65 45 27 34

→ H la Glèbe, 15 ch., nuitée de 38 €/ch., pdj 4,50 €, C.O., pdj compris, ML, fermé le week-end hors saison, route de Montauban, Mme Leygue, 05 65 45 47 39

➜ Mairie, le bourg, 05 65 31 53 02
➜ Pas de commerces
➜ CH, TH et gîte, 8 pl., 1/2 pension 26 €/pers., le Bourg, Mme Oulès, 05 65 31 54 07 (HR)

Ancien four au Puech

00,0 **Villefranche.** Dos au porche de la collégiale, traversez la place vers la gauche pour descendre la rue du Sergent-Bories.
Au feu en bas, prenez en face la rue Sainte-Emilie-de-Rodat en sens interdit, sur plus de 300 m. Au rond-point, prenez en face le sens interdit, puis laissez à droite la rue des Potiers pour prendre en face une allée d'accès aux berges de l'Aveyron. Passez une chicane.

01,0 Toujours le long des berges, poursuivez en face sur le goudron. Passez entre un ancien moulin et les stades (à droite).
À la fin du goudron, tournez à droite puis à gauche au milieu des jardins potagers. Vous atteignez une petite route que vous

Un lavoir, avant d'arriver à Laramière

empruntez à droite sur 20 m avant de prendre un chemin gravillonné à gauche. Il se rétrécit et aboutit à gauche d'un garage.

02,4 Montez l'avenue sur la droite et, au carrefour, allez en face, chemin de la Romiguière.
Séparation du GR 36 : laissez à gauche la variante de Najac pour continuer à droite en direction de Varaire. Abandonnez ensuite le goudron pour aller tout droit sur un sentier entre les broussailles.

03,2 Chemin blanc que vous suivez à droite. Après 150 m, allez à gauche (panneau 3,5 T). Ce chemin se rétrécit après une maison.

04,5 Carrefour : laissez la branche de gauche pour continuer en face. À l'autre carrefour, 500 m plus loin, allez tout d'abord à droite pour prendre ensuite la branche de gauche qui monte assez raide en sous-bois avec au départ un gué en béton. En montant, laissez un sentier à gauche ; plus loin le chemin vire à droite.

1h25 **05,7** **Albenque.** Suivez le goudron près d'une maison et traversez le hameau.
Au carrefour en T 200 m après, allez à gauche sur une petite route. Plus loin, laissez un chemin à droite.

06,7 Dans un virage à droite, quittez le goudron et empruntez un chemin ombragé en face. Il devient plus large et gravillonné.

07,6 Traversez la D 926 pour prendre une route en face.

08,1 À l'entrée de Coustels, allez à droite. À la bifurcation, allez à gauche et 200 m plus loin, devant l'église, poursuivez à gauche et montez. Sous le village, prenez à droite.

2h20 09,2 Savignac. Au carrefour allez à droite. 300 m après, à l'entrée de Panissal, continuez à gauche sur une petite route ; 200 m plus loin, au carrefour, tournez à gauche. À la hauteur du stade, laissez la direction des Fabres à droite et poursuivez tout droit. 200 m plus tard prenez en face la direction de Lissagadou.

10,3 Poursuivez en face en laissant la False à gauche. 500 m plus loin, laissez une route à droite ; dans le virage suivant, allez en face pour emprunter longuement un chemin gravillonné.
Au carrefour non loin d'un étang (à droite), continuez tout droit et longez une très longue murette (parc de l'abbaye de Loc Dieu).

13,1 Croisement avec la D 76 : poursuivez en face vers…

3h20 13,6 Le Puech. Dans ce bourg, après un vieux four à droite et à la hauteur d'un poteau électrique, montez à droite. Passez à droite de la maison et, derrière un bâtiment agricole, prenez un chemin à gauche. Près du bosquet, allez tout droit sur un chemin terreux d'abord et herbeux ensuite.

14,7 Carrefour en T sous une ligne à haute tension : prenez la petite route à droite ; 300 m après, empruntez la D 662 à gauche. Passez devant une vieille borne de séparation des départements de l'Aveyron et du Lot.

16,2 Vialars. Traversez le hameau tout droit. Après 300 m, quittez le goudron pour prendre à gauche un chemin terreux et ombragé.

17,2 Passez un petit pont près d'un ancien lavoir.
Vous atteignez la D 55 : suivez-la à droite sur 300 m.

4h30 18,0 Laramière. Carrefour.

NOTRE-DAME-DE-TREIZE-PIERRES

Il est bien loin le temps où les messieurs du chapitre de la collégiale, accompagnés des ordres religieux, des consuls avec leur chaperon et leur robe rouge, des magistrats de la justice civile et criminelle, des notables et de la foule se rendaient en procession à Treize-Pierres.

Lieu de légende, lieu sacré dédié à Notre-Dame-de-Pitié et à saint Roch invoqués contre la peste, centre religieux important avec, au XVIIème siè-cle, la création par les "bonalistes" du premier séminaire aveyronnais, et désormais centre animé par les clercs de Saint-Viateur, propriétaires et gardiens du sanctuaire, cette chapelle, quoique modeste d'apparence, est aussi un lieu d'art qui mérite qu'on s'y arrête. Ses voûtes, dont certaines remontent au début du XVIème siècle, ont été décorées par un peintre d'icônes d'origine russe, Nicolaï Greschny (1912-1985). Plusieurs tableaux traités discrètement évoquent le prestigieux passé du site, mais sur-tout foisonnent les scènes de la vie de saint Roch, de saint Joseph, de la Vierge, sans oublier l'Apocalypse et le Jugement dernier (viste le matin seulement).

LE LIEU DE DIEU

Dans une région de dolmens et de brigands, treize moines vinrent en 1123 fonder la première abbaye cistercienne du Rouergue. Ce lieu qui avait été un pays d'effroi deviendra grâce à eux le lieu de Dieu, *locus dei*, Loc-Dieu.

Après la croisade des Albigeois, la guerre de Cent Ans : l'abbaye est dévastée et incendiée. Après bien des difficultés, elle est rebâtie et fortifiée, à l'instar des châteaux des environs, avec des mâchicoulis. 1789 sera la dernière étape monastique de Loc-Dieu, vendue comme tous les biens de l'Église.

Après d'autres malheurs, elle sera rachetée en 1812, sauvée de la ruine et restaurée par la famille Cibiel. Conservant l'église romane en grès ocre du XIIème, avec son chœur go-thique et son frais jardin du cloître avec son exubérance de fleurs, les bâtiments furent aménagés en ha-bitation. On y accède par un parc romantique dont l'étang et la ver-dure tranchent, particulièrement en plein été, sur l'aridité du causse environnant.

En 1940, dans la débâcle, venant de Chambord, les plus belles peintures du Louvre s'y arrêtent le temps d'un été et d'un automne, avant de cher-cher un autre refuge.

LE PRIEURÉ DE LARAMIÈRE

Fondé par les chanoines de Saint-Augustin aux XIIème et XIIIème siècle, puis repris par les jésuites de Tou-louse au XVIIème. On peut y voir de bel-les salles voûtées, dont la salle capi-tulaire avec des fresques du XIVème et sur deux colonnes les effigies de saint Louis, roi de France, et de Blan-che de Castille, sa mère.

L'église de Laramière

Le château de Marsa

Laramière

Varaire

SUR CETTE ÉTAPE, l'influence du causse du Lot se ressent fortement dans le sol comme dans l'habitat. Même si l'influence jacquaire est peu mentionnée, une salle "romaine" accueillait les pèlerins autrefois à Laramière. D'autres témoignages culturels ou patrimoniaux sont aussi intéressants : l'ancien prieuré comme la halle de Beauregard (XIVème), avec ses mesures à grain, ou le château de Marsa. On croise aussi les formes typiques d'anciens lavoirs, des cazelles et des pigeonniers disséminés de-ci de-là.

La solitude sera votre compagne sur un plateau caussenard délaissé par les hommes et seulement recouvert d'une forêt de chênes, torsadés par la pauvreté du sol. Cette itinérance forestière permet d'atteindre le charmant village de Varaire et de clore ainsi une belle variante, au moment de retrouver le GR 65.

⊕ CARTES UTILES

⊕ 57 Cahors – Montauban, au 1/100 000

⊕ 2239 O Martiel, au 1/25 000

⊕ 2139 E Limogne-en-Quercy, au 1/25 000

🏃 RENSEIGNEMENTS PRATIQUES

✣ **VIDAILLAC (46260)**
proche GR 36, hors GR

→ Petite supérette

→ Mairie, le bourg, 05 65 31 50 92

→ CH et TH Moulin de Vidaillac, 9 pl., nuitée 49 €/ch., pdj compris, repas 19 €, coin cuisine, ML, accès internet, accueil équestre, ouvert de mai à fin septembre, acheminement, réservation, Mme Vaissière, 05 65 31 56 31 ou 06 76 79 16 25

❖ BEAUREGARD (46260)

→ Mairie, place de la Halle, 05 65 31 50 93

→ Boulangerie (dépôt tabac et petite épicerie)

→ Ch. chez l'habitant et GE La Roche, 23 ch., tarifs : se renseigner, MLP, accueil équestre, acheminement, réservation, le Mas du Loygue, Mme Renier, 05 65 24 78 04

→ 4 km hors GR : CH et TH Le Mas de Guerre, 7 pl., nuitée de 57 €/ch., pdj compris, repas 18 €, accueil équestre, Mme Tucknott, 05 65 24 32 86 ou 06 25 11 80 68

→ 4 km hors GR : CH et TH Mas Paterou, 7 pl., nuitée 35 €/pers., 40 €/2 pers., pdj compris, repas 18 à 25 €, acheminement, réservation, le Revelet, Mme Leroy-Pieron, 05 65 31 52 67

❖ VARAIRE (46260)

→ Voir l'étape 13 du GR 65

Halle de Beauregard

00,0 Laramière. Depuis le carrefour, prenez la direction de Limogne sur la D 55. Remarquez l'ancien prieuré et l'église que vous laissez à droite.

00,7 Au carrefour en T, allez à gauche vers Beauregard et de suite à droite pour prendre un chemin plus ou moins herbeux sur 400 m. En suivant, prenez en face un sentier ombragé.

01,5 Prenez un chemin à gauche, à la hauteur d'une petite maison ; au carrefour, 280 m plus loin, tournez à gauche.
Empruntez de suite la petite route à droite où vous laissez deux chemins de terre à gauche. Sur le point haut, vous pouvez aller visiter le dolmen de Marcigallet.

03,5 Dans un virage, laissez à droite un chemin (poteau de randonnée) pour continuer sur la route encore 50 m. Quittez alors le goudron dans le virage pour prendre un chemin en face. Vous traversez une forêt de chênes rabougris sur le causse.
Au carrefour, continuez tout droit. Plus loin, laissez un embranchement à gauche.
Carrefour : allez à droite ; 140 m plus loin, à la bifurcation en Y, poursuivez à gauche sur un chemin de terre. Plus tard, vous coupez un chemin gravillonné en allant tout droit.

1h40 6,5 Patras. Coude d'une route : suivez-la à gauche. 180 m plus loin, traversez la D 24 (cote 396 m) pour prendre en face un chemin herbeux (croix en pierre). Plus tard ,vous traversez la D 55 pour monter le chemin en face (mare sur la gauche). Certains passages défoncés peuvent être très boueux en cas de pluie.

07,9 Croisement de chemins : descendez à droite. Sur le goudron, tournez à droite ; après 160 m, vous atteignez la D 53 que vous suivez à gauche sur 300 m.

2h20 09,3 Beauregard. Place avec une petite halle. Laissez la direction de Varaire à droite pour continuer tout droit sur la D 53 pendant environ 600 m.
Après une petite croix en pierre, tournez à droite sur une petite route ("Varaire 6,6 km").

Dépassez le château de Marsa par la gauche. Au carrefour juste après, prenez à gauche une petite route et dépassez le groupe de maisons. À la bifurcation qui suit, prenez à gauche le chemin blanc sur 300 m.

11,2 Après l'étable (à gauche), prenez un sentier étroit entre les broussailles, sur 190 m. Ensuite, suivez de nouveau un chemin à gauche.

11,8 Carrefour avec la route à gauche (cote 364) que vous laissez pour prendre un chemin empierré à droite (Ouest). Au carrefour, 900 m plus loin, laissez le goudron à gauche pour continuer tout droit. À 300 m, laissez un embranchement à droite.

3h20 **13,4** Traversez en biais la **D 52** pour prendre un chemin de terre en face, en sous-bois. 100 m plus loin, traversez une petite route ; poursuivez en face sur un chemin sur 80 m.
Traversez de nouveau la D 52 pour emprunter en face un sentier. 300 m plus loin, croisez encore une fois la D 52 pour un chemin en face.
Rencontre avec un autre chemin que vous suivez à droite sur 600 m environ. Vous reprenez la D 52 sur 130 m pour aller à gauche en laissant un autre chemin à gauche sur 200 m.

15,9 Carrefour multiple : prenez le deuxième chemin à droite, cailouteux.
À la bifurcation, 700 m plus loin, allez à gauche toujours sur un petit chemin cailouteux. Après 260 m, prenez un chemin blanc : il vous mène à une petite route à suivre à gauche. En descendant, laissez des allées de droite et de gauche.

4h30 **17,8 Varaire.** Église et panneau stop.

Pour retrouver le GR 65 : depuis l'église, traversez la D 19 et continuez en face (magnifique lavoir en contrebas à droite). Longez le cimetière. À la bifurcation, allez à gauche ; au carrefour suivant, continuez tout droit. Prenez la D 52 à droite. Au point bas, 260 m plus loin, retrouvez le GR 65 que vous suivez à gauche vers Bach.

CAZELLES ET GARIOTTES

Les cazelles sont des cabanes en pierres sèches, que l'on appelle aussi parfois gariottes en Quercy. C'étaient en fait des refuges de bergers, construits avec de la roche calcaire souvent délitée sous l'action du gel. De forme circulaire, elles étaient ou sont encore parfois surmontées d'un toit en pierres plates en forme de cône. Le mot cazelle est éventuellement employé pour désigner une cabane isolée, alors que le terme gariotte est utilisé lorsque la construction est adossée à un mur. Il n'empêche que cazelles et gariottes s'intègrent d'une façon parfaite dans le paysage des causses.

DOLMENS

Il y a 5000 ans, le Quercy se couvrait de dolmens. L'on en dénombre près de 800 sur les causses de Limogne, Villeneuve, Gréalou, Martel et Gramat. L'Aveyron voisin est le département français où le plus grand nombre de ces mégalithes a été recensé. Nous n'en ferons pas une description, mais il n'en est pas moins vrai que ces sépultures anciennes marquent fortement le paysage et nous conduisent à nous interroger…

BEAUREGARD

Cette bastide a été créée au Moyen Âge, avec son plan en damier et ses rues rectilignes se coupant à angle droit. L'église date du XIVème siècle, mais a été très remaniée par la suite. Au centre du village, se trouve une halle édifiée à la même époque. La toiture de lauzes sur quatre pans repose sur de courts piliers de pierre. Si l'on approche, on découvre les belles mesures à grain conservées dans le mur qui entoure le bâtiment. Les pierres de ces mesures, polies et patinées par l'usage, peuvent laisser supposer les nombreuses transactions auxquelles elles ont pu servir, témoins de l'activité commerçante de la petite cité dans le passé. Selon les auteurs, le calvaire du XVème siècle situé sur le parvis de l'église serait le plus ancien du Lot.

Ancien lavoir à Marsa

Cardaillac

Figeac

Thémines

ETTE PREMIÈRE ÉTAPE sur la variante de Rocamadour, entre Figeac et Thémines, s'annonce sous les meilleures auspices. Elle possède un patrimoine vraiment riche et étalé sur l'ancienne voie romaine, au cœur d'un petit territoire à cheval sur le Ségala et la Limargue. Après la traversée du dédale de ruelles et sa place aux écritures, vous quittez Figeac par la jolie vallée de Planioles. À l'ombre et en compagnie du ruisseau, la marche s'engage dans une campagne surtout vouée à l'élevage.

Tour à tour les villages s'égrènent le long de cette journée marquée par le sceau de l'histoire médiévale où la famille Cardaillac laissa son empreinte dans la région. Se sont d'abord les tours du village de Cardaillac, restes d'une importante fortification qui domine le vallon du Drauzou. De la même famille, mais plus récent, le château de Lacapelle-Marival associe grandeur et élégance et veille toujours sur le bourg et ses ruelles. Plus loin, la surprenante et atypique église fortifiée de Rudelle nous vient tout droit du XIIIe siècle. Un «bijou» rare qui continue de nous émouvoir jusqu'aux portes de Thémines où le gîte campe tranquillement au dessus de l'Ouysse. Curieux, ce ruisseau s'éclipse près du village dans les entrailles du causse pour ne ressortir qu'au-delà de Rocamadour.

Église fortifiée de Rudel

⊕ CARTES UTILES

⊕ IGN 57 Cahors – Montauban, au 1/100 000

⊕ IGN 2238 E Figeac, au 1/25 000

⊕ IGN 2237 E Latronquière, au 1/25 000

⊕ IGN 2237 O Lacapelle-Marival, au 1/25 000

👥 RENSEIGNEMENTS PRATIQUES

❖ CARDAILLAC (46100)

→ Boulangerie, épicerie

→ HR Chez Marcel, 5 ch., rue du 11-Mai-1944, 05 65 40 11 16

→ CH Cadepice, 2 ch., de 36 à 76 €, rue Sénéchale, Mme Hédouin, 05 65 40 18 49

SAINT-BRESSOU (46120)

→ CH, 2 ch., de 40 à 76 €, repas 20 €, Rabanel, M. Hagendorf, 05 65 40 88 54

LACAPELLE-MARIVAL 46120)

→ OT, place de la Halle, 05 65 40 81 11

→ HR La Terrasse, 13 ch., de 42 à 64 €/2 pers., pdj 6,25 €, fermé janv. et fév., près du château, 05 65 40 80 07

→ HR Le Glacier, 10 ch., de 16 à 28 €, pdj 4,60 €, rue Merlival, 05 65 40 82 67

→ CH, 35 à 45 €, Mme Boussac, 05 65 40 84 15

→ Camping Le Bois de Sophie, 66 empl. + bungaloxs toile, ouvert du 15/05 au 30/09, voir mairie, 05 65 40 82 59

RUDELLE (46120)

→ CH, 22 €/pers. Mc Innes, 05 65 14 13 53, issimac@wanadoo.fr

THÉMINES (46120)

→ Boulangerie, boucherie, bar-restaurant

→ GE du Moulin, 20 places en dortoir et ch., de Pâques à Toussaint, repas, M. Mme Lacarrière, 05 65 40 85 03

00,0 Figeac. Depuis le GR 65, traversez le Célé sur le pont Gambetta (198 m) et engagez-vous en face dans la rue piétonne du même nom, en laissant les balises du GR à gauche. Gagnez la place Carnot pour passer en face sous le tunnel. De suite après, suivez à gauche la rue Séguier, puis dans le prolongement la rue des Maquisards.

Au bout, après le bureau de tabac, tournez à droite afin de prendre l'avenue Casimir-Marcenac derrière l'église Saint-Thomas. Vous y trouvez la première balise du GR 6 et au-dessus empruntez à gauche le chemin de la Curie.

01,2 Rond-point : continuez toujours tout droit sur le chemin de la Curie. Traversez ce lieudit et sortez de Figeac. Une petite route file dans le vallon de Planioles. À la première bifurcation, allez à gauche sur 50 m avant de prendre à droite la direction de Lescudeyrie. À la fourche suivante, c'est la direction de Borie Basse – Le Suquet qu'il faut suivre à gauche.

04,6 À l'entrée de l'Orée du Bois, empruntez le chemin à gauche et, au carrefour, 1 km plus loin, poursuivez en face.

06,4 Près d'une maison, empruntez son chemin d'accès tout droit et, 200 m plus haut, continuez sur la petite route en face.

07,0 Prenez la D 15 à droite sur 150 m environ avant de virer à gauche (cote 390 m) vers Doulans. Plus bas, à la fourche, poursuivez à droite vers le Pech, et à la suivante prenez à droite : vous y laisserez un embranchement à gauche.

Au carrefour avec des containers : continuez tout droit.

2h30 10,1 Cardaillac. Traversez le village par la rue principale. Près de la sortie, prenez à gauche la rue du 1er Mai (direction Fourmagnac) et, de suite, traversez le parking pour descendre à droite le chemin goudronné à droite du Fort.

Empruntez le premier chemin de terre à droite vers Saint-Bressou (panneau GR). Après le pont, prenez le sentier à gauche et au-dessus, à la fourche, continuez à gauche. En haut, suivez le chemin de terre à gauche (belle vue sur Cardaillac).

12,5 Plan d'eau des Sagnes : contournez-le par la droite. De l'autre côté, dépassez la chaîne pour atteindre la petite route que vous suivez à droite.

À la première bifurcation allez à droite et, un peu plus loin, laissez un chemin et une barrière à droite. Plus loin, c'est la direction la Calmette que vous laissez à droite et, au carrefour tout proche, poursuivez à gauche.

14,6 Arles : à la bifurcation dans le hameau, allez à droite (chambres d'hôtes à gauche). Le GR reste sur le goudron, même s'il manque des balises.

15,4 Au carrefour en T, virez à gauche. Dans le virage suivant laissez la direction du Pech de Rabanel à gauche et plus loin à droite, l'accès vers les Gardelles.

4h10 16,2 Saint-Bressou. Carrefour avec une croix (534 m) : allez à gauche vers Bouyssou, mais assez vite prenez à droite la direction de Girou et du Vialou (panneau 3,5 T). 250 m après, bifurquez sur le chemin à droite.

Après le virage, engagez vous sur le sentier à gauche entre deux clôtures. En bas, suivez la petite route à droite en laissant plusieurs embranchements. Au carrefour, après la ferme, continuez sur la route. Au carrefour en T suivant allez à droite et, 90 m après (poteau de GR), dirigez-vous à gauche vers le Pech.

19,3 Le Poteau : prenez le chemin de droite entre la maison et la clôture. Le GR traverse la forêt et aboutit à un chemin goudronné que vous suivez à gauche. À la fourche après la mare tournez à droite.

21,2 Carrefour en T avec des conteneurs : allez à gauche (D 15) en laissant ensuite une route à droite.

5h40 22,2 Lacapelle-Marival. Au premier carrefour, tournez à droite (vue sur le château), puis à gauche pour passer derrière le château.

Au bout de la rue, prenez la direction de Gramat à gauche, sur la D 940. Laissez d'abord la direction des Combettes, mais dans le virage empruntez et suivez longuement la petite route à droite.

24,5 Carrefour de Combes Hautes avec une croix (401 m) : le GR continue en face. Un peu plus loin, un chemin empierré prolonge le goudron. Restez sur ce chemin principal. À deux reprises il faut continuer tout droit pour retrouver le goudron.

26,3 Peu après la ferme, tournez à gauche et, au carrefour suivant (croix), longez la route à droite avant de la prendre.

7h00 26,6 Rudelle. À l'entrée du village, traversez le parking à droite en passant à gauche du panneau « Les jardins du Ségalas » afin de franchir le petit pont de pierre. Le GR continue dans la rue en face en passant derrière l'église fortifiée. Au bout, il tourne à gauche, puis à droite emprunte la route qu'il quitte ensuite pour le premier chemin à droite, en direction de Mas de Pére.
Au premier carrefour, il continue tout droit en laissant 600 m plus loin un embranchement à droite.

28,5 Au lieudit la Barte, engagez-vous à gauche, au-dessus du hangar, sur le chemin bordé de haies d'abord et de champs ensuite. À son terme, prenez la petite route à droite sur à peine 100 m.

29,7 Dans le virage, suivez tout droit le chemin herbeux qui permet de retrouver plus loin la petite route. 250 m après, au carrefour avec une croix (cote 352 m), suivez la direction de Born à gauche : un peu plus loin à droite trône un château d'eau.

31,2 Avant les premières maisons de Rueyres, tournez à gauche sur le sentier bordé de haies. En bas, empruntez la D 38 à droite sur 60 m seulement afin de monter à gauche vers une grange. Juste avant celle-ci, virez à gauche sur le chemin qui plus loin se rétrécit en sentier.
Le GR rejoint un chemin agricole qu'il suit à gauche.
Avant la ferme, il prend à gauche sur le goudron et après la suivante, vire sur un chemin herbeux flanqué d'un panneau du gîte d'étape.
Plus bas à la fourche, il faut descendre à droite, puis devant la grange poursuivre à gauche entre deux murettes. Traversez la passerelle en fer.

8h45 33,0 Thémines. Le gîte d'étape vous attend à la première maison à gauche.

CHEMIN FAISANT, DE CITADELLE EN BASTIDE

Cardaillac, fortifiée sur son éperon rocheux, berceau au Moyen Age d'une puissante famille quercynoise, devint sous Henri IV l'une des places de sûreté protestantes. Le cardinal de Richelieu la fit démanteler en 1659. Le triangle de l'enceinte reste visible autour des maisons anciennes, et la tour de Sagnes domine la vallée du Drauzou. Dans le village au parcours fléché : maisons médiévales à encorbellement, portes ogivales et fenêtres à meneaux.
Imposant quoique délabré, le château de Lacapelle-Marival (XIIIe et XVIIIe siècles), à la sortie sud-est, rappelle que ce village fut une seigneurie des Cardaillac. L'église, restaurée, est du XVe siècle, ainsi que la halle aux piliers de pierre, entourée de vieilles maisons aux toits à trois pentes .
De la bastide du XIIIe siècle, Rudelle garde un plan régulier, dominé par le fort ; église forteresse de la même époque, avec clocher-donjon, chemin de ronde, courtines. L'église romane du bourg, début XIIe, appartenait, elle, à un prieuré dépendant de l'église d'Aurillac : abside en cul de four, nef en berceau, mur de jonction percé de trois occuli, chapiteaux simples mais variés.

LA FÉE SOUTERRAINE DE RUEYRES

Près de Rueyres, le ruisseau de Thermines se perd dans un gouffre et ses eaux reparaissent à la résurgence des sources de l'Ouysse. La légende dit que la terre s'ouvrit entre Rueyres et Thermines pour engloutir les eaux et que, depuis, une fée est condamnée à vivre avec elles dans les ténèbres souterraines.

LA HALLE QUERCYNOISE DE THÉMINES

Piliers de pierres et toits de lauze mettent la belle halle de Thémines en harmonie avec les maisons quercynoises qui l'entourent. Pons de Lauzières, marquis de Thémines (1552-1625), fut un adversaire des protestants et en fut récompensé par Louis XIII qui le fit gouverneur de Bretagne. Mais il ne reste rien de son château.

Rocamadour au cœur

Thémines

Rocamadour

E PASSAGE dans le village discret de Thémines nous octroie quand même une belle découverte. La petite halle couverte de lauzes, appuyée sur de larges piliers carré,s sort tout droit d'une époque où le marché aux céréales jouait pleinement son rôle dans cette région où l'agriculture régnait en maître. Cette campagne n'a guère changé et reste tout au long de votre matinée de marche un décor très agréable.

Placée à mi chemin, la belle ville de Gramat ferait une très bonne étape si elle n'était pas si proche de Rocamadour… qu'il vaut mieux atteindre dès aujourd'hui par les séduisantes gorges de l'Alzou. Cette rivière a creusé dans le calcaire du causse un profond sillon qui aboutit au pied de la cité médiévale. Accrochées à la falaise, les bâtisses de ce village pittoresque, dominées par son église, attirent une foule grouillante de touristes. Mais le soir venu, Rocamadour retrouve toute la sérénité et le calme que le marcheur recherche dans ce haut lieu de pèlerinage.

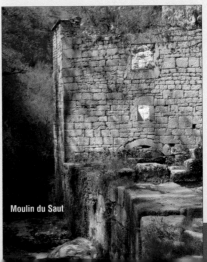

Moulin du Saut

♣ GRAMAT (46500)

→ OT, place de la République, 05 65 38 78 60

→ Tous commerces, gare SNCF

→ HR Le Centre, 14 ch., de 40 à 60 €, pdj 7 €, place de la République, 05 65 38 73 37

→ HR de Bordeaux, 26 ch., de 29 à 48 €, soirée étape de 37 à 53 €, 17 av. du 11-Novembre-1918, 05 65 38 70 10

→ GE (HC), 11 places, rest. à prox., pdj, transferts, route de Rocamadour, M. Monteil, 05 65 33 13 49

ROCAMADOUR (46500)

→ OT, l'Hospitalet, 05 65 33 22 00, www.rocamadour.com

→ Tous commerces et services, nombreux hôtels

→ GE de Blanat, 4 km avant le bourg (+ CH), 15 places, Mme Philippoteau, 05 65 33 68 27

→ GE La Grelottière, 2 à km à l'ouest du bourg, 16 places, repas, Lafage, M. Marets, 05 65 33 67 16 ou 06 81 63 08 56

→ HR Terminus des Pèlerins, 12 ch., 43 à 52 €/1 pers., 49 à 63 €/2 pers., repas 15 à 29 €, pace Carretta, 05 65 33 62 14

→ HR Sainte-Marie, 23 ch., de 30 à 52 €/2 pers., pdj 7,50 €, place des Senhals, 05 65 33 63 07

Sanctuaire de Rocamadour

00,0 Thémines. Depuis le gîte, gagnez la route, 50 m au-dessus, que vous suivez à gauche. Traversez ainsi le village (ancienne halle). Avant la sortie, prenez à droite la direction du Cossoul, mais de suite montez la petite rue à gauche. En haut, allez à droite et, à la bifurcation, continuez aussi à droite.

Après la croix en pierre, allez tout droit sur le chemin (étable à droite) et, après la maison, continuez sur le chemin de terre. À la fourche, c'est à droite que le GR continue.

01,3 Il suit la route à gauche, puis bifurque à gauche en laissant la direction d'Albiac à droite. Dans le hameau du Cossoul (350 m), il poursuit sur le goudron à gauche où il ignore plus loin un chemin à gauche.

02,3 Au carrefour, tournez à droite (pas de balise) pour traverser le hameau de Gruffiel. Au carrefour avec une bouche d'incendie, encore à droite, puis à la fourche montez à gauche sous Soulestrein.

Au carrefour à la sortie de ce hameau, tournez à gauche. Au suivant, à Vernique, 600 m plus loin, montez à droite, passez entre les maisons et, après le premier virage, utilisez le petit chemin à droite (maison inachevée).

1h00 04,2 D 140 : empruntez prudemment cette route à droite sur une centaine de mètres avant de virer à droite à l'Hopital pour prendre la petite route.

Plus loin, à la bifurcation, prenez tout droit vers Champ Grand. Laissez un peu plus loin le premier chemin à gauche, mais plus bas virez à gauche.

Au carrefour (petite croix), continuez à gauche en laissant à droite Champ Grand. 100 m plus loin, allez à droite et ignorez tous les chemins secondaires.

06,3 Carrefour : poursuivez tout droit en direction du Causse de Bio (334 m). 400 m plus loin, filez tout droit sur le chemin empierré. À chaque croisement avancez tout droit. Vous entrez ainsi dans une zone à limitée à 30 km/h, panneau (3,5 T).

08,8 Croisez une petite route et 900 m plus loin continuez en face sur un petit chemin. Au carrefour, allez en face d'abord sur la terre, ensuite sur le goudron dans le Bouyé (quartier de Gramat).

10,5 Au stop : prenez la N 140 à gauche pour la quitter plus haut et virer deux fois à droite afin de contourner le garage automobile. En bas, suivez la direction d'Aureilles à droite ; 400 m après, au bout de la rue d'Aureilles, allez à gauche.

2h50 **11,7** **Gramat.** Au stop, allez à droite pour traverser le pont sur l'Alzou. Après celui-ci, montez à gauche par la rue en sens interdit. Tournez encore à gauche au-dessus et ensuite suivez tout droit l'avenue des Cèdres en contournant le cimetière (298 m).

12,4 Au carrefour avec la rue de Regardet, descendez à gauche (panneau 3,5 T), passez le ruisseau et remontez toujours sur la route. En haut, continuez à droite sur la rue du Mas de Regardet.

13,0 Prenez le premier chemin à gauche et, après le pont sous la voie ferrée, virez à droite sur le chemin blanc fermé par des blocs rocheux. En haut, descendez la petite route à droite sur 300 m, puis dans un virage engagez-vous sur le chemin de terre à gauche, sous les arbres. Au bout, le GR emprunte la route à droite.

14,7 Après la ferme équestre, reprenez un chemin de terre. Vous croiserez un autre chemin pour aller tout droit entre deux murettes (panneau GR).

15,6 Après l'Étrier du Causse, emprunter le goudron à gauche et 150 m après dirigez-vous vers le moulin du Saut. Vous traverserez et dépasserez ainsi le hameau de Lauzou (cote 316 m).

17,1 Terme de la route : descendez le petit chemin à droite qui plonge dans les gorges de l'Alzou. En bas, changez de rive, puis 100 m plus loin laissez monter la variante équestre à droite.

4h30 **17,8** Ruines du **moulin du Saut.** Après les escaliers, montez le sentier assez raide le long d'une clôture. Partez à flanc ensuite avant de plonger jusqu'à la rivière que vous longerez à droite.

19,0 Retrouvez la variante équestre et poursuivez tout droit dans les gorges. Dépassez des ruines et, au croisement suivant, laissez un itinéraire vers le moulin de Tournefeuille.

20,1 Traversez le ruisseau de l'Alzou à gué, puis longez un peu plus loin la falaise ou traversez deux fois le ruisseau.

20,5 Doublez les ruines de la Mouline.

21,1 Au pont de la Sirogne, changez de rive où le sentier est prolongé par un chemin, plus loin. À la rencontre avec un autre chemin, le GR continue tout droit et monte à droite à la bifurcation, 80 m plus loin. Peu après la barrière, retrouvez le goudron et dépassez le parking (140 m).

23,9 Au stop, descendez à gauche sur la route et, avant le pont, gagnez le parking à droite. Au cœur de ce dernier, montez les escaliers à droite.

7h15 24,6 Rocamadour. Rue principale de la cité. Fin de l'étape.

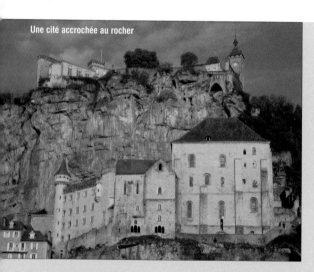
Une cité accrochée au rocher

tons. Autour du foirail, des vestiges médiévaux, comme la tour de l'Horloge, clocher d'une église disparue, surmontant la porte ogivale de la halle, ou bien l'échauguette de la rue Saint-Roch. Aux alentours, le Parc de Vision (300 animaux d'Europe) et un hippodrome, datant de 1921.

CHEMIN FAISANT PAR LE CAUSSE

Nous voici à l'Hôpital, toponyme jacquaire. De l'Hôpital de Beaulieu, fondé en 1235 par les Cardaillac-Thémines, repris en 1289 par les hospitaliers, détruit en 1792, il demeure la salle capitulaire.

Dépôts calcaires fissurés sur un socle primaire imperméable, les causses sont percés de gouffres et de canyons tels l'Ouysse et l'Alzou ; ces vallées sont classées site naturel. Entre eux, des plateaux parsemés de chênes verts et de grosses maisons ocre. On y produit le fromage de chèvre de Rocamadour, comme au Causse de Bio.

LE MOULIN DE SAULT, UN DES DOUZE

Il y avait, il y a un siècle, douze moulins tout au long des gorges de l'Alzou que suit le chemin. Il en reste les ruines et le site impressionnant du Moulin de Sault, dont la haute cascade s'engouffre peu après dans un trou, le Gour Noir.

GRAMAT, PETITE CAPITALE

Avec 3 500 habitants seulement, sur les bords de l'Alzou, Gramat n'en est pas moins la capitale du Haut-Quercy, marché de la truffe et foire aux mou-

ROCS ET MOINES : MILLE ANS DE ROCAMADOURS

Nous passons au pied de l'Hospitalet, perché sur la falaise, puis nous remontons : le voici enfin ce Rocamadour que le dicton du pays décrit ainsi : *« Lous oustals sul riou, las gleises sus oustals, lous rocs sus las gleises, lou castel sul roc »* (les maisons sur la rivière, les églises sur les maisons, le rocher sur les églises, le château sur les rocs). À l'origine, un ermite légendaire, nommé Amadour, et peut-être avant encore, un culte pré-chrétien. Les bénédictins clunisiens de Tulle en firent au XIe siècle un des grands sanctuaires mariaux d'Europe, attirant jusqu'au XIVe des milliers de pèlerins, dont Saint-Louis. Alors naquirent hôtelleries, hôpitaux, commerces étagés sur la falaise. La guerre de Cent Ans ruina cet essor. De nos jours, Rocamadour accueille un million et demi de visiteurs chaque année. Nous le visiterons demain.

Rocamadour

Le Vigan

 N QUITTANT la frénésie touristique de Rocamadour, le chemin de Compostelle oriente sa route à l'ouest d'abord, puis au sud-ouest en quittant rapidement le vallon de l'Alzou pour gagner un petit moment celui de l'Ouysse. Ce ruisseau, rappelez vous, qui avait disparu à Thémines, resurgit près d'ici, au gouffre de Cabouy. Cette eau claire et vive alimente les moulins de Caoulet, de la Peyre et de Caugnaguet. Aujourd'hui, la solitude du pèlerin va reprendre le dessus, la campagne lotoise est ici peu peuplée et la forêt l'emporte largement sur les terres cultivées. Le GR évite pratiquement les villages et seulement quelques fermes typiques et hameaux disséminés sur les soubresauts calcaires apportent les rares points de vie. En fin de journée, le randonneur pèlerin se posera dans le tranquille bourg du Vigan blotti autour de l'imposante abbaye gothique où un mélange de tuiles et d'ardoises est à l'image de cette région à la fois austère et chaleureuse.

🌐 **CARTES UTILES**

🌐 IGN 57 Cahors – Montauban, au 1/100 000
🌐 IGN 2137 O Labastide-Murat, au 1/25 000

🚶🚶 **RENSEIGNEMENTS PRATIQUES**

✤ **LE VIGAN (46300)**

➜ GE Ferme des Landes (+ CH), 1,5 km après le bourg, 15 places, coin cuisine, 1/2 pension 32 €, M. Moro, 05 65 41 13 07

➜ CH La Pradelle, 3 ch., 55 ou 60 €/2 pers., rest. à prox., Revers, M. Mme Hupin, 05 65 37 40 87, www.la-pradelle.com

Le chemin en forêt près du Vigan

00,0 **Rocamadour.** Descendez la rue principale au-delà de la dernière porte fortifiée. En bas, au carrefour de la Fontaine de Bertiot, virez à droite sur la petite route limitée à 3,5 T.

01,0 Dans le virage, le GR file longuement sur le chemin blanc à gauche (interdit aux véhicules). Il y franchit le pont sur l'Alzou et monte en face.

0h45 **03,0** **Col de la Croix de Crouzol :** continuez sur le goudron en face (panneau). Plus loin, au dessus de la maison de Cabouy (au-dessus du gouffre où ressort l'Ouysse), il faut prendre le chemin à droite et, à la prochaine bifurcation, suivre le chemin du bas interdit aux véhicules. Un sentier prend la relève.

05,7 Moulin de Caoulet : poursuivez sur son chemin d'accès. Au bout (cote 111 m), le GR continue sur la route à gauche.

1h40 **06,7** **Séparation des GR 6 et 64 :** au carrefour avant le pont, laissez la direction du moulin de Caugnaguet et le GR 6 pour continuer tout droit avec le GR 64 afin de franchir l'Ouysse.

07,3 Après un autre pont, quittez la route pour le chemin à droite, en sous-bois. À la bifurcation au bout du champ, montez à gauche et, après la première maison, allez à droite.

08,6 Hameau des Vitarelles (254 m) : prenez la route à gauche sur 40 m jusqu'au carrefour où vous virez à droite en direction de Reilhaguet. Dans la descente, ignorez le chemin à gauche. En bas, laissez un chemin d'abord à droite, puis à gauche.

2h45 **11,1** Passez au-dessus de l'**autoroute** et prenez à droite au premier embranchement, vers Laval. Rapidement, à la bifurcation, engagez-vous longuement sur le chemin à gauche qui traverse en forêt.
À la fourche, continuez à gauche (panneau). 700 m plus loin (point 228 m), laissez descendre un chemin à droite et 50 m après utilisez la branche de droite.

15,5 Peupleraie et ancien puits : après avoir laissé un chemin herbeux à gauche, puis un autre à gauche dans le virage, contournez le puits et à droite empruntez le chemin de terre. Ce dernier monte plus loin, se rétrécit et devient raviné, sauf les quelques passages dallés sur le haut.

16,3 Croisez une petite route d'abord, puis la N 20, 170 m plus loin. Face au réservoir d'eau, tournez à gauche sur le chemin. 200 m après, le GR va à droite sur le goudron et, plus loin, vire à gauche.

4h15 17,1 Négrefeuille : à la fourche, c'est à droite qu'il faut continuer à travers une forêt.
Après 800 m, à la sortie d'un bosquet, virez franchement à droite sur le chemin de terre. Plus loin, ce dernier se rétrécit et passe entre deux haies. À la fourche plus bas, allez à gauche dans une jeune forêt de châtaignier.

19,0 Montez un chemin plus large à gauche (cote 291 m), puis prenez à droite un autre chemin de terre à l'angle d'un champ. Près de la ferme (la Courtade Haute, à gauche), descendez à droite en passant sous un lac. Vous y laisserez un embranchement à droite.

20,8 À la sortie de la forêt, utilisez le chemin blanc à droite puis le goudron en suivant. Tout droit, continuez avec un autre chemin et atteignez les terrains de sports et le lac.

22,1 Au stop, après l'étang, allez à gauche, puis assez vite prenez la deuxième route à droite. Après le manoir la Barrière, tournez à gauche, passez le pont et montez la petite rue. Sous la route, tournez à droite et au bout de cette rue virez à gauche.

5h45 22,7 Le Vigan. Au stop, prenez en face afin d'atteindre l'entrée de l'abbaye. Fin de l'étape.

le Vigan

Détail de grange

fut jadis conservé le corps du saint, brûlé en 1562 lors des guerres de Religion. La chapelle Notre-Dame (XVe), souvent restaurée, abrite surtout la statue miraculeuse, Vierge noire assise à l'Enfant assis, du XIIe, ainsi que des fresques médiévales. Trois autres sanctuaires ont une ouverture temporaire.

Un chemin de croix en lacets s'élève jusqu'au troisième niveau, celui du château, résidence religieuse du XIXe adossée à des remparts du XIVe et offrant une vue superbe.

Plus à l'est, au rebord du plateau, l'Hospitalet, vrai belvédère, était le petit hôpital des hospitaliers de Saint-Jean auquel le pèlerin arrivait à travers le causse, avant le GR. Il en reste la chapelle romane du cimetière.

Dans les parages : grotte des Merveilles, aux peintures préhistoriques, et attractions exotiques comme : forêt des Singes, aquarium, rocher aux Aigles.

CHEMIN FAISANT, DU RAVIN AU CAUSSE

De Rocamadour au hameau de Vitarelles, nous suivons d'abord le ravin de l'Ouysse en passant sous le porche végétal, récemment reconstitué, du moulin de Caoulet qui servait d'abri au bétail. Puis, après le moulin de la Pierre, nous remontons sur le causse où Martel explora de nombreux gouffres.

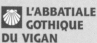 L'ABBATIALE GOTHIQUE DU VIGAN

Une abbaye fut fondée dès le XIe siècle au Vigan par l'évêque de Cahors. La localité fut prise par les Anglais durant la guerre de Cent Ans. De son passé, elle garde des maisons médiévales et Renaissance, et surtout l'église gothique N.-D. de l'Assomption avec sa tour, sa haute nef et ses trois absides, abritant retable du XVIIe et piéta du XVIIIe. Une faïencerie perpétue les fabrications anciennes.

LES TROIS ÉTAGES DE ROCAMADOUR

On peut, pour visiter Rocamadour, prendre l'ascenseur, gravir les escaliers à pied ou, comme les pénitents les plus dévots, à genoux. La solution intermédiaire est celle des marcheurs. À l'étage des maisons, la porte du Figuier (XIIIe) débouche sur la rue principale, très commerçante. À voir : trois autres portes fortifiée, Salmon, Hugon et Basse, une mairie du XVe

(tapisseries de Lurçat) et le musée historique Roland-le-Preux.

Les cent quarante larges marches du Grand Escalier, contournant la roche, mènent à l'étage des églises. De la place des Senhals (les insignes de pèlerins d'autrefois ; y voir la maison de la Pomette, XIVe), quarante autres marches aboutissent aux sanctuaires. Dans la basilique gothique Saint-Sauveur, adossée au roc : la crypte Saint-Amadour, chapelle romane du XIIe où

08

Abbaye Nouvelle

Le Vigan

Salviac

 NTRÉ HIER en pays de Bouriane, le chemin des étoiles traverse encore ce territoire placé entre le Périgord noir et les grands causses. La terre rouge et la pierre ocre en sont certainement les meilleurs symboles. La forêt domine toujours le parcours, mais quelques rencontres patrimoniales intéresseront au plus haut point le pèlerin-marcheur.

En premier lieu, Gourdon, capitale de la Bouriane, vaut bien une visite au cœur de ses ruelles étroites toutes dirigées vers l'église Saint-Pierre et le promontoire de l'ancien château, à 284 m d'altitude, ouvert au-dessus des toits vers un vaste panorama.

Le chemin visite ensuite le village discret de Costerate, perché au-dessus de la vallée du Céou, et surtout l'Abbaye Nouvelle où le nouveau tracé du GR permet de fréquenter la beauté et la grandeur de l'église de style gothique au milieu des ruines d'un ancien monastère cistercien du XIIIe siècle.

Naturellement, Salviac se retrouve être une très bonne étape pour sa richesse architecturale, sa vie paisible et campagnarde, mais aussi pour sa place dans l'histoire car depuis toujours elle se trouve sur le chemin de Compostelle.

Église N.-D. des Neiges à Gourdon, détail

⊕ **CARTES UTILES**

⊕ IGN 57 Cahors – Montauban, au 1/100 000
⊕ IGN 2037 E Gourdon, au 1/25 000

🏃 RENSEIGNEMENTS PRATIQUES

❖ GOURDON (46300)

→ OT, 24 rue Majou, 05 65 27 52 50

→ Tous commerces et services, gare SNCF

→ HR La Promenade, 10 ch., de 45 à 70 €,
soirée étape 52 €, 48 bd. Galliot-de-Genouillac,
05 65 41 41 44, www.lapromenadegourdon.fr

→ GE, Village Vacances Montmarsis,
20 bungalows, restaurant, sortie de ville,
05 65 41 17 66

SALVIAC (46340)

→ OT, bd Hugon, 05 65 41 57 27

→ Tous commerces et services

→ Auberge du Quercy, 5 ch., Grande rue,
05 65 41 50 13

→ H de la Poste, 8 ch., Grande rue, 05 65 41 50 34

→ CH Haute Fortitude, 2 ch., 40 €/2 pers.,
M. Mme Rowe, bd Hugon, 05 65 27 14 36

→ CH Le Catalo, 2 ch., 40 ou 43 €,
M. Mme Mommejat, 05 65 41 56 36

00,0 Le Vigan. Après l'abbaye, allez tout droit. 200 m après le panneau de sortie du Vigan, empruntez un chemin de terre à droite, à l'angle d'une clôture de hangar. À la bifurcation dans la montée, le GR monte à gauche. Après la scierie, il part sur une petite route à droite et ignore un chemin à droite 200 m plus loin.

01,5 D 801 : longez cette route à gauche sur 20 m afin de prendre la petite route qui s'évade à gauche dans le vallon du Bléou. Au carrefour en T, virez à droite et, au suivant, ne traversez pas le pont mais tournez à gauche.

03,1 Empruntez le chemin blanc à droite (cote 215 m) et, après plus de 200 m, prolongez sur le chemin de terre. Passez un petit pont sur le Bléou et au bout du pré allez à gauche sur un chemin blanc.

04,1 Après le concessionnaire automobile (Renault), prenez la première route à

gauche. 400 m plus loin, le GR prend la direction de Cahors à gauche et dépasse ainsi le panneau de sortie de Gourdon. Il passe de nouveau le Bléou, puis sur un autre pont et en face d'une maison s'engage sur le chemin à droite.

05,8 Contournez l'église Notre-Dame-des-Neiges par la droite pour traverser le pont sur le Bléou. Dans la montée, laissez un chemin à droite, passez sous la voie ferrée ; à la fourche suivante montez à gauche.

1h40 06,4 Gourdon. Au carrefour, prenez en face, à droite de l'hôtel. Au bout, virez à gauche rue du Colonel-Taillade, puis en suivant longez l'église Notre-Dame-des-Cordeliers pour vous engager en face rue Barairon, en sens interdit. Continuez ensuite dans l'avenue Cavaignac à gauche.

07,3 À la bifurcation, suivez la direction de Nabirat à droite en passant devant l'hôpital. Plus loin, ignorez la déchetterie à droite et retrouvez tout droit le balisage du GR.

08,0 Après le panneau de sortie de Gourdon, empruntez la petite route à gauche. Laissez un embranchement à droite et, plus loin, continuez en face en direction de Flagel, puis vers la D 39. Doublez une ferme.

10,3 Empruntez la D 39 à gauche sur une centaine de mètres pour descendre ensuite à droite une petite route qui se faufile dans le vallon (lac). Ignorez la direction de Pech Redon.

11,8 Traversez la D 673 (cote 170 m) pour suivre la direction de Costerate. À gauche, au-dessus du cimetière*, prenez un court sentier et poursuivez tout droit sur la route vers le hameau.
* Raccourci qui évite Costerate : au lieu de monter au village, descendez la route à droite du cimetière sur 300 m. Elle rejoint directement la D 81 et le nouveau tracé du GR.

3h10 12,5 Costerate. Traversez une partie du hameau. En haut, sur la petite place avec un vieux tilleul, prenez à droite afin de passer derrière l'église. Le sentier dévale dans le vallon du Céou ; un seul carrefour où vous poursuivez à droite.

En bas, le nouveau tracé du GR suit la route à droite. Après 500 m, laissez une petite route qui vient de Costerate (arrivée du raccourci depuis le cimetière : évite un peu plus de 1 km).

13,4 Carrefour avec la D 673 : allez à gauche vers Fumel, mais rapidement tournez encore à gauche en direction de Degagnac sur la D 51. Dans le premier virage après le pont, le GR descend à droite et file tout droit sur un chemin de terre, passe un câble, puis une porte de clôture. 500 m plus loin, il descend à droite pour traverser le pré et atteindre un chemin à suivre à gauche.

14,8 À la hauteur d'une porcherie (Labarde ; 148 m), c'est tout droit sur le goudron et, au carrefour, 170 m plus loin, allez en direction de l'Abbaye Nouvelle. Ensuite ,à deux reprises, allez tout droit vers l'abbaye.

4h10 16,6 Abbaye Nouvelle : sur la place du hameau, continuez tout droit. À la bifurcation, le GR va à gauche et peu de temps après encore à gauche au milieu des maisons, puis au-dessus file à droite. Au carrefour en T, il faut aller une nouvelle fois à gauche avant de prendre le premier chemin blanc à droite en direction de Pont Carral.

Au bout du chemin, descendez à droite afin de traverser la D 673 ; en face tournez à gauche en passant devant la ferme pour traverser le hameau.

18,7 Après le pont Carral, poursuivez sur le goudron à gauche. Au bout, suivez la route à gauche et, après le pont, tournez à droite sur le chemin (panneau 3,5 T).

Après un bon kilomètre, et dans un virage (poteau électrique), empruntez un chemin de terre à droite sur une centaine de mètres avant de retrouver le goudron à suivre à droite.

À la fourche, après la ferme, traversez le pont à droite en laissant l'ancien GR à gauche. Prenez ensuite la route à droite et,

Lavoir à N.-D. des Neiges

Au carrefour en T, continuez à droite (panneau 3,5 T), puis enjambez le ruisseau de Lourajou.

22,8 Traversez la D 673 pour prendre un chemin herbeux en face. Au carrefour près des conteneurs, suivez la direction de Gamone, en face.

Dans le virage de la Licorne, laissez le chemin à gauche, puis au carrefour suivant allez à gauche. À la bifurcation, 220 m plus loin, le GR continue à gauche. Après le cimetière de Salviac, tournez à droite sur 70 m avant de poursuivre à gauche vers le centre-ville. Laissez ensuite une petite chapelle à droite.

6h30 25,1 Salviac. Au carrefour, virez à gauche juste après le Crédit Agricole et, après la fontaine, traversez la place à droite. En face, remontez la petite ruelle et, à son terme, tournez à droite sur 40 m avant de prendre la direction le Catalo à gauche. Fin de l'étape.

moins de 100 m après, virez à gauche vers Penot et Palazat. Restez sur le goudron et côtoyez quelques fermes.

UNE SOURCE AU CŒUR DE NOTRE-DAME-DES-NEIGES

Construite autour d'une source miraculeuse coulant dans son chœur, une première chapelle N.-D. des Neiges existait au XIIe siècle. Victime des guerres de Religion, elle fut remplacée par celle-ci que Jean Tournier, sculpteur à Gourdon, dota d'un retable polychrome (également : Vierge en pierre du XVe).

GOURDON, DE RICHARD CŒUR DE LION AUX CAVAIGNAC

Peuplé dès la préhistoire, Gourdon est citée au IXe siècle dans une donation du seigneur au monastère de Sarlat. Ses successeurs, les Fortanier de Gourdon, furent massacrés en 1189 par Richard Cœur de Lion. Il prit la ville qui comptait alors quatre monastères, rasés en 1562 par le chef protestant Duras. Le dernier seigneur de Gourdon, ayant soutenu Marie de Médicis contre Louis XIII, perdit son château que le duc de Mayenne rasa en 1651. Avec la Révolution naquit la dynastie républicaine des Cavaignac. L'ancêtre, avocat, seconda Murat dans le royaume de Naples. Parmi les descendants, le général Cavaignac, adversaire de Napoléon III, et des ministres de la IIIe République.

De ce passé demeurent sur les boulevards des débris de remparts sous des jardin et, rue du Majou, une porte fortifiée, une chapelle Notre-Dame, des maisons en encorbellement. L'hôtel de ville est perché sur les couverts du XVIIIe.

L'église Saint-Pierre (XIVe), gothique languedocien, a deux tours inégales, un portail en ogive à colonnettes, une grande nef unique, une abside heptagonale, des vitraux d'époque. Dans l'église des Cordeliers (XIIIe), restaurée : nef gothique et cuve baptismale médiévale à treize arcatures sculptées.

L'ÉGLISE DE SALVIAC, SOUS LE SIGNE DE SAINT-JACQUES

Dans Salviac, née d'une villa romaine dans un vert vallon, le Cadurcien Jacques Duèze, futur pape d'Avignon Jean XXII, fit construire, fin XIIIe, l'église gothique Saint-Jacques. La construction ayant continué après lui, les vitraux évoquant saint Jacques et saint Eutrope sont du XIVe. À voir encore de vieilles maisons, une fontaine ronde du XVe et les ruines de deux châteaux dont l'un, pourvu d'une tour Saint-Jacques du XIIIe fut sans doute celui des hospitaliers. Dans les environs, dolmen de Pech-Curet et menhirs.

LA TRÈS ANCIENNE ABBAYE-NOUVELLE

Nouvelle, c'est une manière de parler. Ce monastère cistercien, en ruine, fondé vers 1150, rénové en 1142, d'où son nom, abandonné à la Révolution, fait l'objet de restaurations.

Château de Monclèra

Salviac

Montcabrier

UJOURD'HUI le chemin s'organise pour filer vers le sud en traversant toujours le pays Bourian. Nous quittons Salviac pour trouver, au-delà de la forêt de chênes chétifs, Cazals, une autre bastide du XIIᵉ siècle, aux pierres ocre comme la terre. Frayssinet-le-Gélat, pointé par la flèche de son église et curieux par ses ruelles au passage couvert, sera la halte parfaite de la demi journée. Ensuite, c'est un long parcours loin des villages et des grandes routes pour ne suivre que sentiers et chemins avec peu de points marquants. Seule la nature est constante où le pèlerin glisse son pas régulier. Tête dans les étoiles et regard vers l'avant, chaque pas emplit la journée de ses propres découvertes, même simples et modestes. Attention au manque d'hébergement à Montcabrier, les chambres d'hôtes sont hors GR et bien avant le village. Il vaut mieux le prévoir pour éviter de rallonger le parcours.

Échauguette à Moncabrier

213

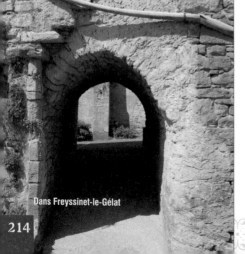

Dans Freyssinet-le-Gélat

00,0 Salviac. Suivez la direction du Catalo. Traversez tout droit une zone résidentielle. Au terme du goudron, on prolonge tout droit sur le chemin de terre et rapidement, à la bifurcation, c'est à gauche qu'il faut continuer. Montée et descente se déroulent dans une forêt clairsemée de chênes rabougris.

À la trifurcation, montez en face sur la branche du milieu. 360 m plus loin, suivez un chemin goudronné où vous laisserez deux embranchements à gauche.

02,8 Hameau de Pech Gaillard. Au carrefour avec la croix, le GR file à droite où il ignore l'accès à une maison, plus loin.

04,2 Au carrefour en T, poursuivez à gauche sur un chemin goudronné en assez mauvais état, du moins au départ. Passez tout droit à la hauteur du terrain de tennis et de même au carrefour suivant en direction de Cazals. Mais 120 m plus loin, après la maison, virez à droite sur un chemin de terre. Dans la descente, croisez un autre chemin ; au carrefour suivant continuez de descendre à droite.

06,2 Réservoir d'eau : descendez d'abord sur le goudron. Au premier carrefour de Cazals, montez à droite afin de passer sous le mur du château et de descendre la rue qui suit. Au carrefour avec la croix, allez d'abord à droite sur quelques mètres avant de virer à gauche ensuite. Une fois sur l'avenue tournez à droite.

1h45 06,8 Cazals. Carrefour de la mairie. Prenez en face la petite route en direction de Orcono, puis de suite virez à droite dans la ruelle. Empruntez ensuite à gauche la D 673 sur environ 400 m. Au bout du parking le long du lac, quittez la route pour passer à droite dans le parc. Suivez ensuite le goudron à gauche et, après les peupliers, dirigez-vous vers Bernicotte à droite. Laissez un chemin à gauche pour filer tout droit sur le chemin de terre.

08,5 Près du hameau de Berthoumieux (239 m), empruntez la petite route à droite sur 720 m. Au carrefour, prenez le chemin de terre à gauche (panneau).

2h20 **09,3*** **Bifurcation de GR :** laissez la variante par Montcléra à gauche pour suivre la branche de droite. Plus tard, vous y longerez une clôture.

10,2 Vous trouvez une route que vous suivez à droite. Laissez d'abord une route à gauche, mais un peu plus loin empruntez un chemin de terre à gauche. Celui-ci traverse la forêt et rejoint une autre route où vous allez à droite.

12,6 Carrefour près de la Trapelle (281 m) : continuez en face en direction de Saint-Caprais, mais rapidement descendez le chemin de terre à gauche après le poteau téléphonique. Plus bas, prolongez tout droit sur le goudron.

3h30 **13,7** **Bifurcation de GR :** continuez à droite en laissant à gauche la variante de Montcléra. Devant la ferme, descendez le chemin à gauche. Au croisement (231 m), partez à droite pour contourner une colline boisée.
Continuez sur la route, tout droit sur 120 m, avant d'emprunter un petit chemin à gauche. Vous avancez tout droit sans tenir compte des embranchements. Au bout, prenez la route à droite.

16,1 Hameau de Malbernat : au croisement, le GR tourne à gauche sur un chemin blanc. Au carrefour, 1 km plus loin, il va à gauche vers Frayssinet-le-Gélat (panneau). À l'autre carrefour, il prend encore à gauche au bord d'un champ avant de longer une clôture en forêt.
À la rencontre d'une maison, le GR suit le goudron et en bas emprunte à gauche la D 660. Dans la descente, traversez à gauche la place aux platanes, puis empruntez le pont. Au stop, tournez à droite sur la D 673.

4h45 **18,8** **Frayssinet-le-Gélat.** Carrefour des D 673 et D 660. Prenez en face et de suite après l'église descendez la ruelle à droite. Puis 30 m après empruntez un passage sous une maison. Au carrefour suivant, allez à gauche d'abord, puis à droite à la bifurcation. Au bout, le GR tourne à droite et passe un petit pont. 170 m après il bifurque à droite et, au carrefour suivant, va à gauche (panneau).

Plus haut, il prend à gauche un petit chemin de terre et passe entre une maison et un hangar, et traverse le bois. Suit tout droit un chemin empierré, puis prend la route à gauche en laissant tous les embranchements.

21,0 D 673 : traversez la route légèrement sur la gauche pour suivre la direction du Moulin d'Izard (Si vous souhaitez faire halte à Lou Montaicos, suivez à droite la D 673 : attention à la circulation.) Dans le premier virage, laissez deux chemins à gauche et continuez sur le goudron. Une centaine de mètres après, enfoncez-vous par un sentier à gauche dans la forêt. À la sortie longez le champ à droite.

Prenez un bout de route à droite avant de reprendre un sentier à gauche dans le virage. Croisez une petite route et poursuivez en face. À la fourche 100 m plus loin, partez à gauche.

23,9 Suivez la route à droite, puis laissez un chemin à gauche. Au carrefour suivant, poursuivez tout droit (peu de balises). Plus de 500 m plus loin (cote 281 m), engagez-vous à nouveau sur un sentier à gauche.

25,0 Croisement de routes : allez à gauche sur 90 m avant de prendre le sentier à droite. Vous croiserez un chemin blanc d'abord, puis un chemin d'accès ensuite. 300 m plus loin poursuivez tout droit sur le chemin blanc.

6h45 **26,4** **Hameau de Laborde.** Empruntez à gauche la petite route. Au premier carrefour : tout droit ; au second il faut virer à droite. Tout droit ensuite sur le chemin de terre qui traverse un bosquet, puis tout droit encore sur le goudron.

27,5 D 28 : empruntez cette route à droite sur 70 m, puis suivez à gauche la direction de Lanau sur un chemin blanc (vers l'ouest). Au carrefour (panneau), tout droit, le GR gagne un petit chemin de terre en forêt. Au prochain croisement il fait de même. À la sortie, il emprunte une petite route et au carrefour, il poursuit en face sur un che-

min blanc. À la fourche suivante c'est à droite.

30,5 Première maison et carrefour : allez en face et 100 m plus loin traversez la route pour emprunter le sentier en face. Ce dernier fait ensuite un coude et longe une murette.

On reprend la route à droite sur 360 m avant de monter à droite. Sur le haut, on suit le chemin de terre à gauche. Gagnez tout droit le village et, au carrefour de rue avec une croix, montez à droite. Prenez ensuite la première rue à gauche, puis la première à droite.

8h20 **32,1** **Montcabrier.** Mairie. Fin de l'étape. Hébergement rare…

VARIANTE PAR MONTCLÉRA

*09,3 **Bifurcation de GR** dans la forêt : prenez la branche de gauche (panneau). Enfoncez-vous en sous-bois en légère descente et, au carrefour, tournez à gauche. À la sortie de la forêt, le GR va tout droit dans le pré, prend la route à gauche sur 280 m, puis vire à droite (cote 180 m) sur le chemin empierré.

À la bifurcation de chemins, c'est un sentier à gauche qui prend le relais. Il s'élève fortement au départ, puis passe une ruine et une grange.

Après la première maison, poursuivez sur le goudron, vous y laisserez un sentier à droite un peu plus loin (panneau). Ensuite, prenez la route à gauche.

11,9 **Montcléra.** Au stop, empruntez la D 673 à droite pour traverser le village en passant devant l'église et le château. À la sortie, laissez la direction Malbec à droite et un autre embranchement à gauche.

Après le virage, prenez à droite un chemin devant une maison, puis avec le sentier traversez le bois. Continuez sur le chemin à gauche. Au réservoir d'eau, empruntez la petite route à droite.

13,0 Utilisez de nouveau la D 673 à droite en laissant le premier chemin à droite. Après le hameau Farge Haute, suivez à droite la direction les Gunies ; 200 m après, empruntez le chemin herbeux à gauche, après le bâtiment agricole. Traversez ensuite la D 46 pour longer la clôture en face. Peu de temps après, poursuivez tout droit sur le goudron.

14,0 Les Gunies : à la bifurcation devant la ferme, allez à gauche ; en bas tournez sur la route à droite. Plus loin, remarquez un lavoir à droite.

14,5 Dans le virage retrouvez le GR 652 que vous suivez à gauche vers la Terre Rouge.
Fin de la variante, plus longue de 800 m.

Porche de l'église de Montcabrier

CAZALS, BASTIDE PERCHÉE DU ROI D'ANGLETERRE

Dominant de sa terrasse la vallée de la Masse, Cazals fut d'abord (au XIIe siècle) un château perché dont subsistent des ruines. Puis en 1319, le sénéchal du Quercy, Guillaume de Toulouse, fit construire et peupler pour son souverain, le roi d'Angleterre, une bastide. Il en reste la grande place carrée caractéristique de ce type d'urbanisme, des fragments de remparts et des demeures anciennes. Parmi celles-ci, la maison natale de Hugues Salet (1504-1553), poète du temps de la Pléiade, maître d'hôtel de Henri II. Dans l'église, tableaux du XVIIIe *(Vie de Marie)* et Vierge à l'Enfant du XVe.

CHEMIN FAISANT PAR MONCLERA ET FREYSSINET

Sur la variante, Moncléra, laissé à gauche par l'itinéraire principal, a un château fort des XIVe et XVe siècles, avec porte fortifiée, donjon carré et trois tours à mâchicoulis. (Il mérite les 800 m de détour, si vos jambes et votre agenda le permettent.)
Le chemin longe en revanche l'église du vert village de Freyssinet-le-Gélat : elle a une abside romane et des fonts baptismaux du XVIIIe, en étain. Un monument commémore le martyre de quinze habitants massacrés le 21 mai 1944 par la division SS Das Reich.

MONTCABRIER, BASTIDE PERCHÉE DU ROI DE FRANCE

Après Cazals, voici une autre bastide perchée, mais édifiée celle-ci dès 1297 pour le roi de France par un précédent sénéchal du Quercy, Guy de Caprari. Il lui donna son nom (mot à mot lou caprari est un chevrier, et Moncabrier le mont du chevrier). Là encore, place centrale caractéristique bordée de vielles maisons dont une, noble, à tourelles. L'église, reconstruite au siècle suivant, a un portail flamboyant. À l'intérieur, restes de fresques du XVe, statue de Saint-Louis et retable baroque.
Sur le coteau d'en face, par-delà le cours de la Thèze, une troisième bastide, Pestillac, fut la rivale constante de Montcabrier.

Cavagnac

Montcabrier

Thézac

ORS DE CETTE ÉTAPE, nous achevons la très belle traversée du département du Lot. Le chemin de Compostelle évite avec raison la ville de Fumel pour garder son vagabondage à travers le calme de la campagne et de ses petits villages. La vallée du Lot imprime sa marque avec des cultures plus riches, mais on retrouve rapidement l'influence des causses dès que le chemin reprend de la hauteur. Les paysages évoluent peu entre forêts de chênes et champs cultivés. La vigne a fait son apparition de chaque côté de la vallée où l'influence du terroir du vin de Cahors atteint ses limites. Le patrimoine bâti est toujours modeste, mais reste intéressant et la curiosité du pèlerin est toujours

mise à contribution : bien des églises charmantes apportent leur architecture et leur histoire propre. En cours de journée, vous entrez dans le Lot-et-Garonne et ce soir vous dormirez, au calme, dans le petit village de Thézac, de pierre blanche vêtu et entouré de vignes.

🌐 **CARTES UTILES**

🌐 IGN 57 Cahors – Montauban, au 1/100 000
🌐 IGN 1938 E Fumel, au 1/25 000
🌐 IGN 1939 E Montaigu-de-Quercy, au 1/25 000

🚶🚶 **RENSEIGNEMENTS PRATIQUES**
✤ **THÉZAC (47370)**

➜ GE Relais du Randonneur, 10 lits, toute l'année, prévoir le ravitaillement, contact au 05 53 36 49 46 (ou mairie 05 53 40 79 99)

00,0 Dos à l'église de **Montcabrier**, passez à droite de la mairie, puis encore à droite de la boulangerie. Après le stade, le chemin vire à droite et, face à la maison, le sentier descend à gauche après la porte en arc brisé.

Le GR descend ensuite la D 58 sur quelques mètres pour plonger sur le sentier à gauche. Plus bas, il poursuit tout droit ensuite sur le chemin.

00,8 Suivez la D 673 à gauche. 300 m plus loin, laissez les balises de la variante à droite sur le chemin d'accès au stade pour continuer sur la route.

Virez à droite vers Cavart et, après la maison, tournez à gauche sur le chemin qui dessert les prairies. Un sentier poursuit tout droit le long d'une haie. Le GR croise ensuite une route et continue sur le chemin en face.

02,7 Carrefour de GR avec un chemin blanc. Suivez le GR 652 à gauche en laissant le GR 36 partir à droite. Doublez l'usine fermée, puis laissez la direction du château de Bonaguil à droite.

0h50 **03,3** **Saint-Martin-le-Redon.** Au premier carrefour virez à gauche et à la sortie (petit rond-point) prenez à droite en direction de Fumel en laissant le GR 36 filer en face.

04,1 Empruntez la D 673 à droite sur près de 200 m avant de virer à gauche (cote 98 m) en direction de Cavagnac. Laissez d'abord un chemin à gauche, mais dans le virage engagez-vous tout droit sur le chemin de terre.

À la fourche, 200 m plus loin, montez à gauche en sous-bois. Plus haut, croisez la route de Cavagnac. En face, le sentier monte toujours à l'ombre et passe plus loin à côté d'un cabanon.

05,9 Cavagnac (215 m). Après la ferme, empruntez la route à gauche et à la bifurcation, au lieudit le Mayne, continuez à gauche. 200 m après, juste avant une croix en pierre, engagez-vous à droite entre deux rangées de vigne, puis en forêt, plus bas. Passez sous la ligne électrique ; à la fourche, descen-

Église de Cabanac

15,2 En bas, empruntez la route à droite pour traverser Combe de Gaby et à la bifurcation continuez sur la route à droite (panneau GR). En descendant, laissez la direction le Rey à gauche. Plus loin, le goudron est remplacé par le gravier.

4h10 16,7 Lagarrosse. À l'angle d'une maison, reprenez le goudron à gauche (pas de balise) et atteignez ainsi la D 139. En face, suivez la direction Lafon et, en haut de ce hameau, empruntez un petit chemin à droite.

De nouveau sur la route, allez à gauche et, 200 m après, tournez à droite vers une haie de chênes. En haut, utilisez la route à droite. Vous y laisserez à droite la direction de Guiralou.

18,1 Au carrefour à côté de l'observatoire, le GR 652 descend le chemin à gauche (panneau) entre les pins et longe ensuite une grande clôture.

En bas, croisez une petite route, dans la combe de Bazérac, pour suivre le chemin en face qui se faufile dans le bois. Il contourne une lisière et aboutit sur une petite route. Vous la suivez tout droit sur environ 300 m pour prendre à droite (cote 224 m) en direction de…

20,5 Lansac. À la bifurcation, à l'entrée, allez à gauche, et 100 m plus loin à l'angle d'une maison, bifurquez sur le chemin à droite. À la fourche suivante, continuez à gauche (manque de balise).

Après avoir longé une prairie, virez à droite à la bifurcation qui suit. Le chemin exécute une longue descente en forêt.

dez à droite. Plus bas le GR va à gauche et ensuite continue tout droit à deux reprises.

08,2 D 911. Traversez cette route pour prendre celle de Touzac, en face. Croisez un chemin (ancienne voie ferrée) avant de traverser à gauche, plus bas, le pont suspendu sur le Lot (cote 77 m).

2h15 09,0 Touzac. Au carrefour prenez à droite en direction de l'église de Cabanac. Après l'école, 100 m plus loin, virez à gauche. 100 m après tournez à droite sur un chemin d'abord goudronné, puis empierré ensuite. Après la station d'épuration, le chemin vous mène tout droit à travers champs et vignes où un sentier prend le relais et passe derrière les maisons.

10,9 La route à gauche devient votre itinéraire. À la fourche, après un bon kilomètre, il file à droite. Un chemin blanc remplace ensuite le goudron. En laissant un embranchement à gauche on s'élève en balcon au-dessus du Lot. Après la première maison poursuivez sur le chemin à droite qui devient bitumé de nouveau.

3h20 13,3 Pechaussou : allez tout droit sur la route à gauche du domaine Pechau et, 100 m après, à l'angle d'une villa, bifurquez sur le chemin de terre à droite. Prenez en suivant la route à droite et de suite après l'église isolée de Cabanac, virez encore à droite (manque de balises).

Dans le virage, poursuivez tout droit sur le chemin en direction de Combe de Gaby. Le chemin tout d'abord en lisière se rétrécit en entrant dans la forêt.

22,5 Remontez la route à gauche sur 300 m environ avant de reprendre un chemin à droite (celui qui est le plus près de la route). Il monte en quelques lacets dans les chênes chétifs.

23,3 Hameau du Reillou. Continuez tout droit sur le chemin, hors GR.

6h00 24,0 Thézac. Le gîte d'étape se trouve près de la mairie, avant l'église.

Vignes à Cabanac

HORS-CHEMIN : LE CHÂTEAU DE BONAGUIL

À l'entrée de Saint-Martin-le-Redon, à droite un chemin mène par-delà le coteau au château de Bonaguil. Il n'est qu'à trois quarts d'heure, mais sa visite peut prendre la journée. On ne saurait cependant l'ignorer. Perché parmi les bois sur un piton d'une vallée encaissée, il est, avec ses 350 m de pourtour, ses treize tours, ses courtines, ses créneaux, ses ponts-levis, l'un des plus beaux châteaux forts de France, et des mieux conservés. Présentant, un siècle avant Vauban, une barbacane entre deux fossés, construit de 1480 à 1520 sur les restes d'une ancienne forteresse du XIIIe siècle, il offre un bon exemple de l'architecture militaire au temps des bouches à feu. Le baron Béranger de Roquefeuil qui l'avait édifié voulait pouvoir résister tant aux Français qu'aux Anglais. De fait, son château toujours habitable ne fut jamais prisé.

L'EAU MIRACULEUSE DE SAINT-MARTIN-LE-REDON

Village fleuri, maisons ocres faites de gros blocs, avec ça et là des terrasses couvertes nommées bolets, Saint-Martin-le-Redon a une petite église en partie romane. La source Saint-Martial, dont l'eau est mise en bouteilles par une entreprise, était une fontaine consacrée : selon la tradition, Martial, évêque de Limoges au IIIe siècle, la fit jaillir pour la guérison des lépreux.

LE LOT À TOUZAC

On entre à Touzac en traversant le Lot sur un pont suspendu. Cette rivière aux rives fertiles permet mal d'imaginer aujourd'hui ce que fut jadis son importance économique. Des bateaux y acheminaient jusqu'à la vallée de la Garonne les productions du Rouergue (aujourd'hui, l'Aveyron) et du Quercy. Pour faciliter leur navigation, les ingénieurs d'Aquitaine y aménagèrent des barrages dès le XIIIe siècle afin de réguler l'eau, avec des paissières, sortes d'écluses. Ces retenues d'eau alimentaient aussi un chapelet de moulins.

VILLE D'ORGUEIL, CITÉ ABOLIE

Entre Péchaussou et la combe de Gaby, le GR contourne le site archéologique de Ville d'Orgueil. Il y eut là au bord du Lot, au XIIe siècle, une cité et un château puissants. Mais pendant la guerre de Cent Ans, le seigneur d'Orgueil ayant livré Puy-l'Évêque aux Anglais, le comte d'Armagnac les rasa en représailles.

SALUT L'AQUITAINE !

Peu après Gaby, notre tortueux chemin des écoliers franchit subrepticement, une frontière : celle qui sépare le Lot du Lot-et-Garonne, c'est à dire aussi la région Midi-Pyrénées de celle d'Aquitaine, où nous avançons désormais.

221

Dans Penne-d'Agenais

Thézac

Penne-d'Agenais

ETTE DEUXIÈME étape en territoire lot-et-garonnais s'oriente d'abord au sud avant de poursuivre son cheminement vers l'ouest. Le chemin reste sur les hauteurs et gagne en caractère et en tranquillité. Ainsi la vue plus avantageuse « irrigue » vallées et paysages tourmentés. Le premier point fort arrive très tôt dans cette journée. Après une heure de marche, on foule déjà les vieilles pierres de Tournon-d'Agenais. Cette bastide perchée sur un promontoire ovale à 217 m d'altitude, accessible par un bel escalier de plus de deux cents marches, mérite une visite. À l'intérieur des fortifications, sur la place aux arcades, trône un beffroi et son cadran lunaire

unique. Ce système, autrefois mécanique, suit toujours le parcours de la lune. Mais c'est avec la bénédiction du soleil que vous continuerez votre marche bucolique vers Penne-d'Agenais. Vous entrerez dans ce village de facture médiévale par la porte fortifiée de Ferracap pour en sortir demain par la porte de la Ville.

🌐 CARTES UTILES

🌐 IGN 57 Cahors – Montauban, au 1/100 000
🌐 IGN 1939 E Montaigu-de-Quercy, au 1/25 000
🌐 IGN 1939 O Penne-d'Agenais, au 1/25 000

🚶🚶 RENSEIGNEMENTS PRATIQUES
❖ TOURNON-D'AGENAIS (47370)

→ OT, place de l'Hôtel-de-Ville, 05 53 40 75 82
→ Tous commerces et services
→ HR Les Voyageurs, 8 ch., 25 à 37 €, pdj 5,50 €, repas 12 à 30 €, route de Cahors, 05 53 40 70 28

PENNE-D'AGENAIS (47140)

→ OT, porte de Ville, 05 53 41 37 80

→ Tous commerces et services

→ HR Le Compostelle, 26 ch., 49 à 65 €,
pdj 6,50 €, 18 rue Jean-Moulin, 05 53 40 16 03

→ GE Vie et Partage, 28 places, 1/2 pension env.
22 €/pers., ouvert de Pâques à fin sept.,
réservation, 13 rue Peyragude, 05 53 41 25 18

→ CH Carlane, 2 ch., 56 €/2 pers., 85 €/4 pers.,
Mme Giard, 05 63 01 57 94

Penne : la basilique

00,0 Thézac. Montez au-dessus du
gîte et, à la bifurcation, suivez la route à
gauche. 450 m après, virez à gauche à Miret
où vous récupérez le GR.

Si vous démarrez de Reillou, juste après le
premier pâté de maison, empruntez à droite
le sentier en lisière en compagnie du GR.
À la route, faites quelques mètres à gauche
pour virer à droite vers Miret où vous
retrouvez l'itinéraire de Thézac.

Après 200 m, allez tout droit sur le chemin
herbeux. Au bout, suivez la petite route à
droite et au carrefour, 400 m plus loin, continuez tout droit. Dépassez la ferme de Cas-
tang et laissez ensuite un chemin à droite.

01,6 À la fourche avec un hangar, poursuivez à droite toujours sur le goudron. Sur le
haut, dans un virage, empruntez le chemin en
face qui descend face à Tournon-d'Agenais.

02,4 À la première maison (cote 168 m),
tournez à gauche et, 20 m plus loin, faites
de même. Puis tout droit vous traversez un
sous-bois sur un large chemin de terre. À la
sortie, descendez à droite et poursuivez sur

le goudron. Prenez ensuite le premier chemin à droite et passez le ruisseau.

À la bifurcation, allez à gauche ; plus loin vous dépassez les terrains de sport. Traversez le parking devant le Crédit Agricole et suivez l'avenue.

1h00 04,3 **Tournon-d'Agenais.** Au rond-point vous avez le choix.

→ Pour visiter la bastide : prenez les escaliers en face et montez les quelque 200 marches. En haut, tournez à droite d'abord, puis empruntez à gauche la rue Philippe pour atteindre les arcades de la place de l'Hôtel-de-Ville (remarquez le beffroi et son cadran lunaire). Pour retrouver le GR, allez à droite de la place, prenez la rue des Arcades et la rue des Pénitents, à gauche. Au bout, prenez la porte des Pénitents et descendez l'escalier. En bas, allez d'abord à droite, puis descendez à gauche sur la route pour retrouver le GR.

→ Vous suivez le GR et vous évitez le centre-ville. Prenez alors la direction de Penne-d'Agenais et 100 m après, à la hauteur du passage piéton, virez à gauche sur un passage entre deux maisons. Quelques marches sur ce chemin aménagé. En haut, descendez la route à droite jusqu'au carrefour. Montez à gauche sur 70 m avant de descendre le sentier à droite. Ce dernier rejoint 50 m plus bas une petite route que vous suivez à gauche. Tout droit vous passez deux ponts et laissez les différents embranchements. Prenez la direction Tourrel Bas, puis Loustalet et, enfin, Grèze.

06,5 Dans le virage, 200 m avant la maison de Grèze, prenez le sentier tout droit qui se faufile dans le bois. En haut, à l'angle d'une ruine, virez à gauche, puis contournez la ferme de Tourrel Haut (247 m) et avancez sur son chemin. Traversez ensuite la petite route pour suivre le sentier en face.

1h50 07,5 Après la maison **Clos de Lard,** empruntez la route à droite jusqu'à son terme. Prolongez sur le chemin de terre après la dernière maison. Entrez tout droit dans la forêt (quelques passages humides). Vous croiserez plus loin un autre chemin.

09,7 Carrefour de route au-dessus d'An-

thé. Allez en face vers Montplaisir (panneau). Après cette maison, c'est un chemin de terre qui traverse longuement en forêt, passe devant une cabane et longe une vigne. Après un S, le sentier descend franchement, sort de la forêt et gagne la route. En face, un chemin en creux prend le relais qui passe entre deux lacs.

Croisez encore une route pour vous diriger vers Latapie (cote 116 m) ; au carrefour qui suit prenez cette fois-ci à gauche vers Laspringues. Dans le virage, près du bâtiment agricole, allez tout droit sur le chemin herbeux.

13,2 Croisement de routes avec une croix : le GR descend à droite vers Vaieilles en laissant tous les chemins secondaires.

Au croisement de Bouloc, il continue à droite et laisse rapidement un embranchement à gauche. Plus loin, il poursuit toujours sur Vaieilles, mais au suivant il prend à droite la direction de Treparel – Laborie. En bas, vous laisserez un embranchement à droite et, 400 m plus loin, vous continuerez en face sur la route flanquée d'un panneau de 3,5 T.

17,3 D 47 : empruntez cette route à droite et passez le pont sur le Moulinet. Au carrefour qui suit (cote 86 m) : à droite.

4h30 18,0 **Dausse.** Au carrefour, suivez à gauche la D 661 vers Penne-d'Agenais sur 100 m pour virer à droite après le salon de coiffure. Montez ensuite au-dessus de la salle des fêtes sur le chemin interdit aux véhicules à moteur.

En haut, virez à gauche pour emprunter la route sur une centaine de mètres avant de vous engager à droite sur un autre chemin interdit aux véhicules. Vous filez ainsi à flanc et en sous-bois.

19,4 Croisement de chemins et de sentiers : le GR s'en va à gauche sur le chemin à plat. Vous croisez une route pour continuer en face sur un joli chemin en sous-bois.

20,8 Vous suivez tout droit la petite route qui se prolonge, à la hauteur de la maison, par un sentier en sous-bois. Au carrefour, 340 m plus loin, descendez à gauche (cote 208 m). Vous aboutissez au

chemin du château que vous remontez à droite jusqu'au terme du goudron.

5h30 **22,2** **Château de Noaillac** (privé) : dos à l'entrée, prenez tout droit le chemin de terre à gauche de la grange ; 200 m plus loin, encore à gauche. À la maison, descendez son chemin d'accès.

23,4 Croisement de routes : empruntez celle qui monte à gauche (poste de gaz ; 159 m) sur plus de 800 m. Dans un virage, suivez à droite le chemin et, au-dessus, traversez la petite route pour suivre le sentier en face. Plus loin, passez sous une palombière. Poursuivez sur le chemin goudronné et, 120 m après, au carrefour, virez à gauche (muraille) avant de tourner à droite sur la crête. Point de vue sur Penne-d'Agenais.

Descendez tout droit sur le village par un chemin assez raide.

26,0 Passez la porte fortifiée de Ferracap*, puis tournez de suite à droite rue de Peyragude. Après la dernière maison, montez le sentier à droite et contournez ensuite la colline par la droite (grotte).

6h40 **26,5** **Penne-d'Agenais.** Sanctuaire Notre-Dame-de-Peyragude (vue sur la vallée du Lot) : descendez son chemin d'accès, puis la rue en face. Au bout, tournez à droite pour atteindre la porte de la Ville*.
* De la porte de Ferracap, vous pouvez descendre tout droit la rue Ferracap et la rue du 14-Juillet pour rejoindre la porte de la Ville et l'office de tourisme.

Château de Noaillac

PENNE-D'AGENAIS, LA VILLE PERCHÉE

Ville forte, Penne-d'Agenais, haut perchée au-dessus du Lot, fut ceinturée de remparts par Richard Cœur de Lion ; la côte de Ricard conserve encore son nom neuf siècles plus tard. De vieilles maisons, les unes de pierre, d'autres de colombages à remplages de brique, bordent les rues qui s'élevaient tout au sommet vers le château du roi. Il n'en reste que quelques ruines, mais le panorama est vraiment souverain. À côté se dresse la basilique de Peyragude (la pierre pointue), moderne mais très vivant centre de pèlerinages.

TOURNON-D'AGENAIS, BASTIDE FRANÇAISE

La bastide de Tournon-d'Agenais, dont les monuments sont indiqués dans l'itinéraire, dominant la vallée du Lot et ceinturée de remparts que contournent la route d'accès, fut fondée en 1270 par Alphonse de Poitiers. C'était le cinquième fils de Louis VIII et le frère de Saint-Louis ; par son mariage avec la fille du comte Raymond VII il rattacha Toulouse à la France après le drame cathare. Tournon était donc une position française face aux Anglais d'Aquitaine. Place forte protestante, elle eut à souffrir des guerres de Religion. Le beffroi est du XVIIe.

CHEMIN FAISANT, D'UN CHÂTEAU L'AUTRE

Passé Anthé, hors GR, vue sur un lac dominé par le château et la chapelle Sainte-Foy. Le modeste village de Dausse est dominé par le château fort (privé) de Puycalvary, d'origine médiévale, remanié à la Renaissance. Plus loin, le chemin contourne le château, également privé, de Noaillac.

Beffroi à Tournon

Église Saint-Nicolas à Pujols

Penne-d'Agenais

Pujols

'UNE CITÉ à l'autre. Cet itinéraire est toujours plus ou moins parallèle à la vallée du Lot, mais préfère naviguer sur les crêtes et les forêts de chênes. L'ambiance de la marche ne change guère et c'est tant mieux car elle est toujours très agréable. Cette étape se termine comme elle a commencé. Comme Penne-d'Agenais, Pujols, la cité perchée au dessus de Villeneuve-sur-Lot, est aussi classée comme l'un des « plus beaux villages de France ». Autrefois, les pèlerins cherchaient la sécurité au cœur des fortifications et celles de Pujols avaient fière allure à la fin du XIIIe siècle. Pour avoir une idée de la citadelle d'antan, allez visiter la maquette qui se trouve au bureau du tourisme, puis partez à la découverte des rues aux maisons à colombages, de la place de la Halle, du vieux puits et de l'église Saint-Nicolas. Profitez au maximum de cette étape courte qui tombe à pic avant la plus importante annoncée pour demain.

🌐 CARTES UTILES

🌐 IGN 56 Marmande – Agen, au 1/100 000

🌐 IGN 1939 O Penne-d'Agenais, au 1/25 000

🌐 IGN 1839 E Villeneuve-sur-Lot, au 1/25 000

🏃 RENSEIGNEMENTS PRATIQUES

✤ PUJOLS (47300)

→ OT, place Saint-Nicolas, 05 53 36 78 69

→ Boulangerie, épicerie, bars

→ HR des Chênes, 21 ch., de 50 €/pers. à 99 €/3 pers.pdj 10 €, Bel-Air, 05 53 49 04 55

→ CH Domaine de Mothis, 3 ch., nuitée 45 à 54 €, pas de repas, réservation, M. Guillucq, 05 53 40 99 29

Maisons à Pujols

00,0 Penne-d'Agenais. Devant la porte de la Ville, traversez la place Gambetta pour descendre la rue en sens interdit à droite (avenue de la Myra-Motiq). Vous passez devant la poste d'abord, puis laissez ensuite à gauche la rue Jean-Moulin. 30 m après, descendez tout droit une voie fermée à la circulation (pente raide).

02,1 Au stop, prenez en face la rue de la Tuque, en sens interdit au départ, en laissant un embranchement à droite. Plus loin à la fourche, empruntez la rue de Canet à droite.
Traversez la D 103 pour continuer en face (sens interdit). Doublez le moulin, puis traversez le pont de pierre et tout droit la zone artisanale (moulin à vent à gauche).

03,7 Prenez la D 661 à droite sur 100 m avant de bifurquer sur la route à gauche. 500 m plus loin, au carrefour avec un poteau électrique, tournez à droite. Après la première maison (Sarrazy), continuez à gauche ; à la seconde prenez tout droit le chemin herbeux.

04,3 À la hauteur du hangar, passez à droite au-dessus du verger. À la bifurcation, dans la forêt du pech de Vacquery, il faut poursuivre à gauche, et tout droit au carrefour avec une plaque.

05,8 Carrefour en T : prenez le chemin de terre en forêt (coteau de Castelmerle). Plus bas, c'est tout droit et, à la sortie du bois, le sentier descend franchement.

06,8 Carrefour de routes : le GR continue en face sur le goudron sur 50 m seulement avant de descendre le chemin de terre à droite (cote 163 m), sous la route. À la sortie du bois, longez un verger de pruniers à droite.
Près de la ferme (la Marsalle), descendez le chemin de terre à droite. En bas, montez le chemin à gauche afin d'atteindre un carrefour à l'entrée de cette ferme. Descendez à droite la petite route ; plus bas continuez sur la gauche et passez le pont.

2h00 08,5 Chapelle Saint-Germain (cote 102 m). Empruntez la route à droite

227

juste un instant avant de virer à gauche vers Grande Borde. Au-dessus, montez d'abord à gauche et ensuite tout droit sur le sentier au-dessus de la maison et du verger. 300 m plus haut, vous récupérez un chemin à suivre à gauche. Le goudron le prolonge 400 m après.

10,2 Carrefour dans un virage : continuez sur la route à gauche. Vous passerez ainsi devant un pylône, puis vous laisserez à gauche le chemin de Salabeille pour prendre ensuite le premier chemin blanc à droite (sans balise), puis de nouveau à droite en direction du Pech de Reyssac. À la fourche, allez à gauche en restant sur le goudron. 500 m après, descendez tout droit sur le chemin de terre après la dernière maison. À la bifurcation à la sortie du bois, continuez à descendre.

12,3 Entrée de villa, suivez un chemin goudronné tout droit et, au premier carrefour, descendez à gauche.

12,9 N 21 : traversez et longez ensuite la voie rapide à gauche ; au rond-point, prenez en face la côte du Casse.

À la fourche, 350 m plus haut, continuez à droite et à l'autre au-dessus allez à gauche par la voie sans issue, mais de suite empruntez à gauche le chemin de terre annoncé par des conteneurs. 200 m plus loin, prolongez sur un chemin blanc ; après le virage tournez à droite sur le goudron et encore à droite au carrefour.

Un sentier poursuit tout droit en montée. Plus haut, il longe une clôture sur la gauche. Récupérez ensuite un chemin puis une voie goudronnée dans le quartier de Lacassagne. Allez tout droit aux deux carrefours. Dans le virage, avec un réservoir d'eau à droite, continuez tout droit. Après les rochers, traversez le parc pour suivre la route à droite.

Vous entrez dans Pujols : au-dessus de la mairie et à gauche du monument aux morts, montez par la rue en sens interdit : passage des Ponts-Castel.

4h00 **16,2 Pujols.** Place de l'Église (office de tourisme).

LA PETITE CITADELLE DE PUJOLS

De la muraille qui ceintura Pujols, il reste une tour ronde seigneuriale et deux portes, l'une à l'ouest, fortifiée, et l'autre en ogive par laquelle nous entrons dans le clocher tour de l'église. Celle-ci, Saint-Nicolas (XVIe, flamboyante), est à nef unique à quatre travées voûtées en étoile, chœur ajouré de cinq fenêtres, chevet pentagonal. Sauf les dalles sculptées d'un ancien mausolée, le mobilier est Renaissance : bénitier sur pied armorié, statues, reliquaires. Les chapelles latérales du transept ont des tribunes avec cheminées, apanage du seigneur. Antérieur d'un siècle, Sainte-Foy-la-Jeune, prieuré dépendant de Conques se dresse sur la falaise méridionale. Sur ses murs, des fresques évoquent scènes bibliques et vies de saints, dont le martyre de sainte Foy d'Agen.

À VILLENEUVE-SUR-LOT, TROIS VITRAUX DE SAINT JACQUES

À 2 km de Pujols, Villeneuve-sur-Lot, fondée en 1264 par Alphonse de Poitiers (voir Tournon-d'Agenais), mérite bien ce qualificatif accolé en 1874 : ses deux moitiés sont à cheval sur le fleuve, reliées par un Pont-Neuf et un Pont-Vieux. Celui-ci, quoique reconstruit depuis avec ses tours, remonte à 1285. Les boulevards reflètent une enceinte polygonale disparue dont subsistent les deux ports (de Pujols au sud et de Paris au nord).

La prodigieuse église Sainte-Catherine, néoromano-byzantine, ne date que de 1900, mais ses bâtisseurs y ont incorporé vingt-trois vitraux Renaissance, récupérés dans l'ancienne église gothique en ruine. Ils évoquent des scènes évangéliques et des vies de saints, tel saint Éloi, patron des orfèvres, et sainte Foy d'Agen. Trois représentent saint Jacques, avec des donateurs et un pèlerin. Bernard Palissy a peut-être participé à leur création : né en 1510 à Saint-Avit (47), il fut en apprentissage chez un maître verrier villeneuvois.

LE PAYS DU PRUNEAU D'AGEN

Ne quittons pas la vallée du Lot et ses vergers sans une pensée pour le pruneau d'Agen, dont la région de Villeneuve est grosse productrice. La prune d'Ente ramenée, dit-on, des croisades, ovale et violette, est récoltée en juillet, très mûre, quand le suc est prêt à éclater, puis cuite au four. Fruit sec apprécié du randonneur, le pruneau se consomme aussi en purée, en confiture, confit à l'armagnac, fourré de pâte d'amand, ou en garniture de l'oie farcie ou du lapin aux pruneaux.

Laugnac

Pujols

Agen

'ABSENCE D'ACCUEIL oblige le pèlerin à effectuer une longue étape entre Pujols et Agen. Du coup, on quitte la vallée du Lot pour atteindre celle de la Garonne. L'étape est certes longue, mais jamais ennuyeuse à travers un jeu de vallées et de collines rythmé par les différentes découvertes. Ici le hameau de Sainte-Colombe-de-Villeneuve, là une église en pleine nature comme à Sembas, ou celle de Caissac en ruine au milieu d'un bosquet. Ailleurs un pigeonnier ou encore un château, un moulin à vent et de belles fermes. La terre est riche et le climat favorable, les prairies et les champs côtoient les vergers.
Le soir, vous dormirez peut-être

à Agen, capitale du Lot-et-Garonne et ville la plus importante sur cette variante du chemin de Compostelle. Connue pour son pruneau, elle recèle bien des trésors à visiter comme la cathédrale Saint-Caprais, mais que restera-t-il de vos forces et de vos envies après 35 km ?

🌐 CARTES UTILES

🌐 IGN 56 Marmande – Agen, au 1/100 000
🌐 IGN 1839 E Villeneune-sur-Lot, au 1/25 000
🌐 IGN 1840 E Agen, au 1/25 000

🚶🚶 RENSEIGNEMENTS PRATIQUES
✤ LAUGNAC (47360) HC 1 km

→ CH Moulin de Quissac, 6 places, nuitée 46 €, réservation, Mme Bannet, 05 53 87 58 44

✤ AGEN (47000)

→ OT, 05 53 47 36 09, www.ot-agen.org
→ Tous commerces et services, gare SNCF et routière
→ Relais des Pèlerins, 8 places, nuitée 5 €, CO,

gestion libre toute l'année, réservation évêché, 43 bd E-Lacour, 05 53 66 10 23

➜ H Régina, 24 ch., 27,50 à 37 €, 139 bd. Carnot, 05 53 47 07 97

➜ H des Ambans, 9 ch., 22 à 30,50 €, 59 rue des Ambans, 05 53 66 28 60

➜ Stim'Otel, 58 ch., 60 €/2 pers., soirée étape 72 €, tarifs spéciaux, 105 bd Carnot, 05 53 47 31 23

➜ HR Le Périgord, 20 ch., 39 à 51 €/pers., 45 à 57 €/2 pers., 42 cours du XIV-Juillet, 05 53 77 55 77

➜ H Atlantic, 44 ch., de 52 €/pers. à 78 €/4 pers., 133 av. Jean-Jaurès, 05 53 96 16 56

00,0 Pujols. Depuis l'office de tourisme, suivez la rue principale à gauche de la petite halle. Au bout, après la porte des Anglais, prenez la rue à gauche et tout droit descendez le chemin herbeux assez raide. En bas, prenez la petite route à droite.

01,0 Traversez la D 226 pour aller vers le moulin de Barran. Prolongez tout droit ensuite sur le chemin de terre (panneau d'interdiction aux véhicules).
Au carrefour, laissez à gauche un balisage et l'ancien tracé du GR pour continuer en face.

02,0 En haut sur le Pech du Rat, suivez le goudron dans une zone pavillonnaire. À la bifurcation, le GR part à gauche sur un bout de chemin avant de traverser la route pour continuer en face en direction de las Moulinières. Au bout du goudron, un chemin à plat prolonge votre marche.
Prenez ensuite la route tout droit un instant avant de prendre à gauche la voie sans issue (panneau « Mohair et lapin »). Vous laissez plusieurs chemins à gauche.
À la fin du goudron, empruntez le sentier en face. 50 m plus loin, au premier carrefour, descendez à droite ; au suivant poursuivez en face (lavoir).

04,5 À la rencontre du goudron, montez à droite et empruntez le chemin qui suit. Laissez un premier sentier à gauche, passez au-dessus d'une ruine et ignorez un autre sentier. Au bout, montez la route à droite.

1h30 06,2 Sainte-Colombe-de-Ville-neuve. 100 m avant l'église (cote 191 m), descendez à gauche le chemin vers Magagnou, mais dans le premier virage allez tout droit entre les buis. Plus bas, continuez la descente et passez un petit ruisseau.
Au carrefour en T près d'un bosquet, prenez à gauche ; au suivant continuez vers les grottes. Vous passez à droite du lac. Au bout de ce dernier, laissez un embranchement à gauche.
Longez le ruisseau jusqu'au prochain carrefour où le GR vire à droite, puis monte entre deux prairies. Il continue à flanc sous de petites falaises de calcaire.
À la première fourche après un vieux lavoir, allez à gauche ; au-dessus montez à droite.

08,8 Grottes de Lastournelles : contournez la maison d'accueil par la droite, le long d'une haie, et empruntez ensuite la route à gauche. Laissez un peu plus loin un embranchement à droite.
En face de Fontcaubès, tournez à droite sur un chemin herbeux (203 m) afin de pénétrer plus loin dans la forêt.

09,8 Carrefour de GR : laissez l'ancien GR à gauche et poursuivez en face. À la sortie du bois, allez à gauche ; 30 m avant la route, virez encore à gauche sans tenir compte de la croix du GR. Suivez la route tout droit.
Après la courbe de la route, à la hauteur d'un poteau électrique, prenez à droite un chemin entre les champs.

11,0 Après la ferme les Plantous, virez à droite afin de suivre tout droit la petite route. Dans le virage, utilisez le chemin empierré à gauche et un peu plus loin continuez tout droit sur le chemin herbeux.
À la fourche à l'entrée du bosquet, le GR continue à droite et passe à côté d'une palombière.
À la nouvelle bifurcation, à la sortie du bois, allez à gauche entre les champs et prenez ensuite la route à gauche.

3h10 12,5 Sembas. Passez à gauche de l'église vers le Prieuré. Au bout de la ligne droite, laissez le domaine de Tournayre à gauche et, 80 m après, descendez à gauche de la vielle ferme. Traversez un bosquet, puis descendez dans le vallon (clôture à refermer). Après le passage à gué (passage boueux), allez à gauche sur 30 m afin de prendre un chemin à droite entre deux haies.

Vous retrouvez le goudron que le GR emprunte tout droit en laissant un chemin à gauche dans un virage. Prenez ensuite la route à gauche.

15,0 Carrefour avec la C 501 (197 m) : allez à droite en direction de Lacastagnal. Contournez cette maison par la gauche sur un chemin herbeux qui traverse ensuite un vallon.

16,1 Château de Lavedan : tournez à droite et de suite à gauche en passant entre la maison et le pigeonnier.

Traversez la D 113 pour suivre la direction de Marsac et passer derrière l'église. Suivez ensuite sur le chemin blanc qui permet d'atteindre le château d'eau. Au bout, après le réservoir d'eau, poursuivez tout droit à droite de la haie. Ce chemin fait un coude à droite à la hauteur d'une maison.

4h30 **17,8** Route de Laugnac : prenez cette **D 13** sur 90 m à droite (Laugnac est à 1 km) pour vous engager ensuite sur le chemin à gauche. Plus loin, le GR continue sur le goudron et passe devant Bourran.

19,0 Dans la montée après le ruisseau, virez à droite vers Camp Soubrat. À cet endroit, continuez tout droit en passant à gauche de la maison (manque de balise) et entrez dans le bois. Tournez ensuite à droite en lisière, puis traversez la forêt.

20,2 À l'angle du bois, laissez à droite un balisage jaune. Au bout du chemin, virez à gauche sur le goudron et, au carrefour 260 m plus loin (cote 193 m), poursuivez en face (manque de balises). Dans le virage, continuez tout droit sur le chemin de terre, puis franchissez le ruisseau de Bernadette. Ensuite, progressez tout droit sur le goudron d'un chemin d'accès. Prenez la route à droite sur un peu plus de 200 m avant de tourner à gauche entre…

Serre

21,6 Deux cèdres à la Pastoure. Après ces maisons, l'itinéraire descend sur le chemin à droite. En bas, après le pont, il vire à gauche en direction de Bernadette et au bout de la ligne droite monte à droite sur un chemin gravillonné. Au-dessus de la petite maison restaurée, il continue à droite sur le chemin de terre.

À la sortie du bois, il longe la clôture, puis atteint tout droit une grosse pierre ronde où vous rejoignez le chemin d'accès à une ferme, que vous remontez à gauche.

23,1 Croisement sur la crête (pas de balise ; cote 190 m) : allez en face sur le chemin herbeux qui plus loin traverse un bosquet. Suivez ensuite la petite route à gauche.

6h10 24,4 Carrefour avec une croix avant l'**église de Doulougnac.** Descendez à gauche jusqu'à Vergnes. Là, prenez à gauche de la grange un chemin de terre qui descend en lacet. En bas, suivez le goudron à gauche, puis continuez sur la route, à gauche.

26,3 Virez à droite en direction de Saint-Julien et, 150 m plus loin, à la bifurcation prenez à droite l'allée de Longueval. Passez deux ponts, puis longez un verger sur 50 m pour prendre sur main gauche un sentier entre deux haies.

27,5 Sur le haut, le GR débouche à l'angle d'un verger. Il va à gauche pour atteindre la petite route de Paulhac qu'il suit à droite (en face ignorez la direction Tréjan). 250 m plus loin, et avant deux poteaux électriques, tournez à gauche sur un chemin herbeux annoncé par un panneau d'interdiction aux véhicules motorisés. Le chemin descend assez fortement et plus bas passe à gauche de la ferme.

28,5 Passez le pont sur le Ségone (67 m) et montez tout droit la route de Ridounel. Sur le haut, tournez à gauche vers Saint-Marty (voie sans issue). Au bout et à droite c'est un chemin de terre assez raide que le GR emprunte. Sur le haut, il permet de fréquenter les abords d'une église en ruine et, au-delà, prend la petite route à droite (conteneurs).

7h40 29,9 Caissac : traversez le hameau et en suivant descendez le sentier (panneau ; interdit aux véhicules). Passez sous la ligne électrique (pylône).

Après le ruisseau, longez à droite un instant la voie rapide afin de passer sous la route (tunnel « boviduc »), de tourner à gauche et de longer de nouveau la route de l'autre côté. Montez ensuite le chemin à droite bordé d'une clôture barbelée. Plus haut, ce chemin vire vers la droite (bus rouillé).

Aux maisons (Pifoulet), empruntez tout droit le chemin empierré, puis goudronné. 200 m plus loin, prenez la route à gauche.

31,5 Traversez la route des Moulins pour prendre en face la direction de Lescale. Forte descente qui passe à deux reprises devant l'IMPRO Vérone. En bas continuez sur la route.

32,5 Au stop (entrée d'Agen), prenez à gauche la D 302 (avenue de la vallée de Vérone), et très rapidement empruntez le chemin à droite juste avant un transformateur EDF. Montez entre deux haies d'arbres. Plus haut, ce chemin vire à droite et navigue longuement à flanc (bouquets de bambous).

33,3 Prenez en face la rue de Tibet ; à son terme (transformateur EDF) tournez à droite. Descendez en suivant l'avenue Joseph-Amouroux. Vous passerez dessous l'Hermitage.

34,7 Place des Grands-Hommes, tournez à gauche dans l'avenue de la Paix. Au bout prenez à droite.

9h00 35,0 Agen. Pont sur le canal (pas loin de la gare). Le GR 652 ne traverse pas le pont : il suit le canal par le quai Georges-Leygues, mais c'est déjà le début de l'étape suivante…

Iris des marais

CHEMIN FAISANT, PAR GROTTES ET VIEILLES PIERRES

Au bas de Sainte-Colombe-de-Villeneuve, le lac des Banierettes est bordé d'un arboretum. Le chemin passe devant les grottes de Lastournelles, aux sept salles ornées de concrétions (ouvertes tous les jours en saison et le week-end hors saison). À Sembas, église romane, baies du XVe. À Marsac, ancien prieuré bénédictin Saint-Jacques (XIIe).

Hors chemin, à 1 km de la D 13, Laugnac conserve les restes du château seigneurial et une église flanquée d'une tour carrée. L'église de Doulougnac est partiellement du XIe. La colline de l'Ermitage, que l'on contourne à l'entrée d'Agen, est le site de l'antique Aginum. On y voit les grottes où vécurent les premiers chrétiens.

VINGT-DEUX SIÈCLES D'HISTOIRE D'AGEN

Deux siècles avant J.-C., l'oppidum d'Aginnum était la place forte des Nitiobriges celtes, face à une Aquitaine méridionale proto-basque. Ce ne sont pas les Agenais, mais les Sotiates (de Sos) que Crassus eut à vaincre en 56 av. J.-C. La *pax romana* apporta à Agen une prospérité dont témoignent statues et mosaïques. Les martyres de saint Caprais et de sainte Foy (décapités au IIIe siècle, annoncent la christianisation.

Après les Barbares, la guerre de Cent Ans y sévit, mais sa position de cité frontalière changeant souvent de maîtres aida à son émancipation : dès le XIIIe siècle, consuls et jurats cohabitaient avec l'évêque comte. La Renaissance y fut illustrée par les humanistes Scaliger père et fils. Agen connut alors un essor économique dont témoignent les hôtels anciens.

DES HÔTELS MUSÉES À SAINT-CAPRAIS

Le musée municipal est réparti entre quatre hôtels des XVIe et XVIIe communiquant entre eux (préhistoire, objets antiques, sarcophages du VIe, pierres sculptés médiévales, éclectique collection de peintures et des faïences).

Avant la cathédrale Saint-Caprais, une première basilique fut bâtie au VIe siècle autour des reliques, puis rasée par les Normands. Une deuxième collégiale du XIIe fut ravagée par les huguenots en 1591 et son cloître à la Révolution. Il en reste abside, absidioles et modillons romans ; le portail et l'intérieur sont gothiques.

D'autres découvertes sont à faire dans la ville : maisons médiévales, hôtels classiques, esplanade gagnée comme un polder sur la Garonne, et la statue du poète gascon Jasmin (1798-1864), précurseur du félibrige, fils d'un pauvre tailleur, lui-même coiffeur.

Pigeonnier à Lavedan

Agen : le pont-canal

Agen

Laplume

OUS QUITTONS discrètement la capitale de l'Agenais en suivant le canal du Midi qui fait un grand saut au-dessus de la Garonne. Grâce à ses 23 arches, le pont-canal enjambe le fleuve avec majesté. Ainsi les péniches, et surtout les bateaux de plaisance, voguent tranquillement à quelques dizaines de mètres au-dessus des eaux tumultueuses de la Garonne.

Le cheminement a d'abord du mal à quitter le goudron, mais dès qu'il prend un peu de relief, au château de Roquefort, il retrouve sentes et chemins à travers les collines. Ainsi le GR se faufile au mieux à travers bois et champs et atteint tranquillement Moirax. Un village remarquable pour sa position et

surtout son prieuré du XIIe siècle qui trône toujours au milieu des maisons à colombages. Le reste de l'étape conduit aux limites du Gers qui pointe son nez à l'horizon tout proche. En fin d'étape, il faudra quitter le GR pour trouver les hébergements près de Laplume.

🌐 CARTES UTILES

🌐 IGN 56 Marmande – Agen, au 1/100 000

🌐 IGN 1840 E Agen, au 1/25 000

🏃 RENSEIGNEMENTS PRATIQUES
✣ ROQUEFORT (47310)

→ CH Le Château, 2 ch., 05 53 67 89 05

LAPLUME (47310)

→ SI, 64 Grande rue, 05 53 95 16 67

→ Commerces et services

→ CH Cazeaux, 1 ch., 05 53 95 10 29

→ CH Pouzergues, 3 ch., 05 53 97 15 25

00,0 Agen. Pont sur le canal (près de la gare), poursuivez sur le quai Georges-Leygues, à droite. Passez sous le premier pont.

00,7 Traversez le pont canal et, après la première écluse, croisez une petite route pour continuer le long du canal.

02,7 Après la quatrième écluse, laissez un pont à gauche et poursuivez en face sur le bord du canal qui décrit un coude vers la droite. Plus loin, continuez au-delà du panneau d'interdiction aux véhicules (future voie verte).

03,4 Empruntez le premier pont à gauche et, de l'autre côté (47 m), longez à droite le canal sur l'autre rive. 400 m plus loin, quittez le chemin de halage à gauche pour traverser une passerelle avant d'emprunter une petite route à gauche.

04,5 Au premier carrefour, allez à gauche, puis au prochain virez à droite sur le chemin du Barrail. Doublez ainsi l'église. Au carrefour suivant le GR poursuit tout droit vers Roquefort. Traversez le hameau de Labernèze.

07,1 Passez sous l'autoroute.

2h00 07,8 Roquefort. Après les feux tricolores, continuez en face un instant avant de prendre la rue à gauche du restaurant La Licorne. Longez la place à droite et passez devant la bibliothèque. Au stop, prenez en face la petite route.

08,5 Au pied du château, empruntez le chemin à droite qui le contourne. À la première bifurcation, progressez à gauche sous les arbres. Plus loin, le GR suit les contours tourmentés de la lisière jusqu'à un carrefour de chemins où il monte à gauche. Sur le haut, il prend à droite la rue du Sartre et, au rond-point, continue tout droit sur le chemin du Château.

10,7 Estillac : juste avant l'église, descendez à gauche la petite route, puis en bas traversez la D 931 pour suivre en face le chemin de Mariotte.

Après la dernière maison de ce hameau, descendez le chemin de terre qui se prolonge par le goudron. Aux deux carrefours, virez à gauche et dans le virage engagez-vous tout droit dans le chemin en creux entre deux haies (pas de balisage).

11,9 Après le gué, suivez le chemin à droite le long d'une peupleraie. À la fourche, prenez à gauche, puis laissez un embranchement 30 m plus loin à droite. Tout en montant, longez une clôture avec un balisage bleu.

12,9 Bourrut (123 m) : suivez la petite route à droite sur un bon kilomètre. Au stop, croisez la route de Segougnac. Un chemin prolonge le goudron et descend tout droit dans le vallon du ruisseau de Brimont. Il remonte sur l'autre versant où vous retrouvez le goudron à la hauteur de la station d'épuration. Au-dessus, suivez la route et tout droit entrez dans...

4h00 15,9 Moirax. Place devant le prieuré. Continuez dans la rue et au stop (mare) virez à gauche afin de passer devant

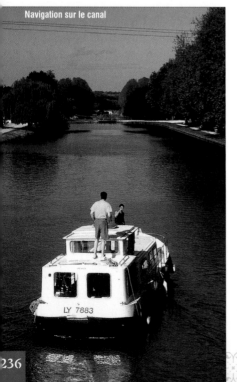

Navigation sur le canal

LY 7883

l'école. Vous laisserez un chemin à gauche. Entre les deux dernières maisons, poursuivez sur le chemin herbeux en dessous qui vire à gauche de suite. Plus loin il fait un coude vers la droite et, dans la descente, le GR va à droite à la fourche. En haut de la montée, ignorez un autre chemin à gauche à l'angle de la clôture.

16,6 Poursuivez tout droit sur la petite route qui descend en S. Après le deuxième virage, ignorez le chemin à gauche et plongez dans le vallon. Passez le pont sur le Dourdé et en montant laissez à gauche un sentier balisé en jaune.

17,4 À droite du portail, le GR longe d'abord la clôture avant de l'abandonner pour se diriger vers un bosquet. Au carrefour en T, virez à droite afin de passer en dessous une cabane.

18,2 Traversez une petite route pour vous engouffrer dans le chemin creux en face. Contournez plus loin un champ par la gauche et entrez de nouveau dans le bois. Joli passage en tunnel sous les chênes. En bas, suivez le chemin empierré à gauche sur 90 m pour descendre, avant la chaîne, dans le pré par un sentier à droite. Traversez le pont en bois sur le Jorle pour gravir un passage raide. Dépassez une cabane près d'un lac et traversez le bois en suivant.

19,6 Empruntez la petite route à gauche (138 m). Plus bas, traversez un pont sur le Jorle qui vous permet d'emprunter le chemin herbeux à droite. Ce dernier monte longuement entre les champs.

22,1 Après les maisons de Tourillon, continuez sur le goudron. Après le stop, suivez la D 282 à droite sur 650 m environ. À la hauteur d'une villa, prenez un chemin d'accès à gauche. Avant la maison, prenez le chemin herbeux à droite qui descend tout droit. En bas, prenez la petite route à droite jusqu'au prochain carrefour*

6h00 23,8 Tout droit pour aller vers **Laplume** et ses chambres d'hôtes. Ensuite montez à gauche vers les Aouillès.

Moirax

⬤ SUR LE PONT-CANAL, LES BATEAUX PRENNENT L'AIR

Le pont canal, que nous suivons en repartant, est une des curiosités d'Agen : des péniches y voguent au-dessus de la tête des Agenais. Construit en 1839, long de 523 m. sur vingt-trois arches, il permet au canal latéral à la Garonne de passer de la rive nord du fleuve, qu'il suivait depuis Toulouse, à la rive sud qu'il suivra jusqu'à Bordeaux. (Le canal du Midi, créé par Riquet, fut mis en service en 1681 entre Sète et Toulouse, mais c'est seulement en 1856 qu'il put être prolongé jusqu'à l'Océan.)

⬤ DE ROQUEFORT-SUR-GARONNE AU CHÂTEAU DE MONTLUC

Aucun rapport avec le fromage de brebis mûri dans les grottes de l'Aveyron : les nombreux Roquefort du Midi furent autant de roches fortifiées. Celui-ci aussi ; les ruines de son château (privé) dominent la Garonne. Autre château, mais habité et visitable sur demande, celui d'Estillac. Bâti au XIIIᵉ, remanié à la Renaissance, il fut fortifié en 1567 par Blaise de Montluc qui y écrivit ses *Commentaires,* mémoires de soldat.

⬤ L'ÉGLISE DE MOIRAX, HAUT-LIEU DE L'ART ROMAN

Moirax conserve en partie son enceinte médiévale et une tour de défense. Son église, qui dépendait d'un prieuré clunisien fondé en 1049 par Guillaume de Moyracho, est un exemple parfait d'art roman : plan basilical, haute nef centrale voûtée en berceau, bas-côtés avec croisées d'arêtes, abside est en cul-de-four, ainsi que les absidioles s'ouvrant sur les croisillons du transept, chapiteaux historiés, coupole sur trompe coiffant le chœur carré. La façade a un portail en plein cintre, aux voussures de billettes. Seuls ajouts ultérieurs : les ogives XVᵉ du transept et les panneaux (XVIIᵉ) sculptés par Jean Tournier, de Gourdon. Une de ses stalle représente saint Jacques pèlerin.

⬤ LAPLUME, ANCIENNE CAPITALE

Laplume fut la capitale de la vicomté de Brulhois, contrée limitrophe de la Lomagne au sud-est, et des Serres, entablement calcaires agenais, au nord. Intégré dans le Lot-et-Garonne, son nom serait bien oublié si par bonheur ne prospéraient les vins VDQS des Côtes de Brulhois. Cette capitale n'est qu'un village-rue au rebord d'un plateau, mais son ancienneté est soulignée par de vieilles maisons et surtout par son église Saint-Barthélémy (1541), édifice Renaissance flanqué d'une tour quadrangulaire à la base et octogonale au-dessus. Le tout était à l'origine coiffé d'une flèche que la foudre détruisit en 1680.

Fût de moulin à Moirax

Laplume

La Romieu

 PRÈS LAMONTJOIE,
le relief s'adoucit
en entrant dans le Gers :
les chemins parcourent
toujours une campagne bigarrée où
l'agriculture variée s'épanouit avec
l'élevage, les fruitiers et les céréales.
Une dernière ligne droite
dans le vallon du Petit Auvignon
aboutit à la dernière étape sur
cette « variante de Rocamadour ».
Les tours et les clochers majestueux
de La Romieu, monuments
flamboyants et étonnants au cœur
de la campagne gersoise, marquent
la rencontre avec le GR 65, sur
le chemin du Puy-en-Velay vers
Saint-Jacques-de-Compostelles.
Bon vent à ceux qui continuent
sur le chemin des étoiles !

🌐 CARTES UTILES

- 🌐 IGN 56 Marmande – Agen, au 1/100 000
- 🌐 IGN 63 Tarbes – Auch, au 1/100 000
- 🌐 IGN 1841 O Condom, au 1/25 000

👫 RENSEIGNEMENTS PRATIQUES

❖ LAMONTJOIE (47310)

➔ CH Marin, 6/8 pers. de 60 à 75 €,
Mme Allenet, 05 53 95 14 17

❖ LA ROMIEU (32480)

Voir p. 128. Il y a ensuite 8 km pour aller
jusqu'à Condom.

Clocher à la collégiale

00,0 Après la ferme les Aouillès, empruntez le chemin de terre à droite ; au carrefour avec la D 15, prenez en face la petite route. Dans le virage après deux ruines, empruntez tout droit le chemin de terre.

02,1 Retrouvez plus loin une route (132 m) que vous suivez à droite (pas de balise) en laissant en suivant deux chemins sur la gauche.
Dans la descente et dans le premier virage, quittez le goudron pour un chemin de terre à droite et laissez, un peu plus loin, un embranchement à droite.

03,4 Passez à gauche de la mare ; plus loin le chemin passe derrière une ferme, puis se faufile entre deux haies, devenant étroit.

1h10 **04,6** Près de la ferme de **Maubergère,** prenez la D 282 à gauche jusqu'au carrefour 350 m plus loin.
Tournez à droite sur la D 268 (cote 180 m) en laissant la direction de La Romieu à gauche. Dans le virage (près de Serre), prenez à gauche* (en face du retour de Laplume) le chemin d'accès à deux maisons et ensuite poursuivez tout droit sur le chemin herbeux entre les haies. En remontant, il passe devant l'ancien cimetière.

08,1 Après la maison Marin, poursuivez tout droit sur le goudron.

2h30 **10,1 Lamontjoie.** À la bifurcation à l'entrée du village, allez à droite afin de dépasser l'église grâce à un étroit passage. Juste après, descendez à gauche la Grande rue, en face descendez les quelques marches, puis la rue en face. Après le virage, virez à gauche sur le chemin bordé d'une murette. On évite plus loin une ferme par la droite.

10,9 Petit pont de pierre : suivez toujours le chemin entre les champs, puis le long d'une haie.

11,5 Perron (151 m). Suivez la petite route à gauche sur plus de 800 m. Au carrefour avec une croix, prenez à droite en direction de la Fontaine. Laissez un chemin herbeux tout en continuant sur le gravier. Passez le ruisseau et remontez en face.

Vous êtes dans le Gers

À la hauteur de la maison, continuez tout droit sur le chemin herbeux (pas de balise). Plus haut, au carrefour de chemins, poursuivez en face le long de la haie : sans le savoir vous entrez dans le département du Gers.

14,2 Peu après le ruisseau, doublez une ferme abandonnée (le Breton) et virez sur la gauche juste au-dessus. Plus loin, le chemin passe entre deux haies plantées qui naviguent à travers champs (zone sans balise). Retrouvez le goudron sous un carrefour et virez deux fois à gauche (cote 166) pour atteindre…

4h00 15,8 Pouy-Roquelaure. Passez à droite de l'église et, au bout de la place (eau près du monument aux morts), suivez la rue à droite. Quand celle-ci vire à gauche, engagez-vous sur le chemin à droite (panneau du GR 652). Rapidement, prenez le chemin herbeux à droite. Vous retrouvez ensuite le chemin que vous venez de quitter. Il descend dans le vallon, passe le ruis-

seau près d'un gros peuplier. Continuez tout droit à une intersection de chemins (passage humide).

17,6 Traversez la D 36 et poursuivez tout droit sur un chemin qui court dans le vallon du ruisseau du Petit Auvignon. À un croisement de chemins, ne tenez pas compte de la croix rouge et jaune et continuez tout droit. Ensuite le GR se rapproche du ruisseau que vous ne traverserez à aucun moment. Le GR 652 devient commun au GR de pays balisé jaune et rouge.

21,5 Suivez à droite le chemin goudronné en laissant la direction Lasserre à gauche ; dépassez la ferme Soucaret (142 m).
Au stop : allez en face pour passer la porte fortifiée.

5h45 23,0 La Romieu. Place Étienne-Bouet, avec des arcades ; mairie et commerces. Fin de la variante de Rocamadour. Pour retrouver le GR 65 : allez vers l'ouest sur la route en direction de Condom.

CHEMIN FAISANT, DE LAMONTJOIE À ROQUELAURE

Montjoie, du latin *Mons Gaudii* (mont de la joie), est un nom typique des chemins de Saint-Jacques. Bastide frontalière fondée en 1299 par Philippe le Bel sous le nom de Lamontjoie-Saint-Louis, celle-ci conserve en son église Saint-Louis (XVᵉ) une chasse en cuivre émaillé contenant une main d'un saint roi. Entre Lamontjoie et le château de Roquelaure, nous rechangeons de région : le Lot-et-Garonne est en Aquitaine et le Gers en Midi-Pyrénées. Le château en équerre de Pouy-Roquelaure est du XVIIᵉ.

LA ROMIEU, CITÉ DU PÈLERIN, BERCEAU D'UN CARDINAL

La Romieu est aussi un toponyme jacquaire gascon. *Lou Roumiù*, d'abord nom de celui qui allait à Rome, fut étendu à tous les pèlerins. Un *camî*

roumiù est un chemin vers Compostelle.
Dès 1082, la sauveté de La Romieu, prieuré bénédictin de Saint-Victor de Marseille, fut une halte pour les pèlerins de Rocamadour, la dernière avant le commanderie d'Abrin sur la voie du Puy. La seconde chance de la cité fut de voir naître, vers 1260, Arnaud d'Aux de Lescout, d'une branche cadette de la maison d'Armagnac. Prêtre, il fut le vicaire de son cousin Bertrand de Goth, alors archevêque de Bordeaux. Or Bertrand de Goth, devenu le pape d'Avignon Clément V, fit son cardinal vicaire de cousin en 1312, et le cardinal d'Aux dota son village natal d'une collégiale, en 1318, deux ans avant sa mort.

DE LA SAUVETÉ MÉDIÉVALE À LA COLLÉGIALE GOTHIQUE

La place centrale à arcades, les remparts, les fossés, une des quatre portes fortifiées venue jusqu'à nous donnent une idée de ce que furent – bien avant les bastides – les sauvetés où l'église accordait sa sauvegarde aux *poblants.*
En dépit des guerres de Religion (en 1569, profanation de la tombe du cardinal et incendie du cloître), puis de la Révolution, la collégiale de La Romieu reste un bel échantillon de gothique méridional. La nef, haute de 15 m, étayée de contreforts, comprend quatre travées voûtées en ogives, l'abside polygonale est percée de hautes verrières, des tombeaux disparus subsistent quatre enfeus. Elle est flanquée à l'est et à l'ouest de deux puissantes tours. L'une, octogonale, superpose sacristie, salle capitulaire, belvédère à quatorze fenêtres et regards quadrilobés sous le toit. La seconde, donjon-clocher de 33 m, est flanquée d'une tourelle escalier. Le cloître gothique, dégradé, donne accès à une troisième tour, celle du Cardinal, seul vestige de son palais disparu.